¿Quién Es Israel?

¿Quién Es Israel?

por

Batya Wootten

Traducido al Español
por Natalie Pavlik

¿Quién es Israel?

Publicado por: Key of David Publishing, Saint Cloud, FL
Distribuído por: House of David, PO Box 700217, Saint Cloud, Florida 34770   http://www.mim.net
Impreso en los Estados Unidos de America.

Todas las citas son usadas con permiso.

Salvo indicación contraria, todas las citas de la Sagrada Escritura son de la Versión de la Biblia de Casidoro de Reina, Versión Revisada del 1960, Lockman Foundation, publicada por Holman Bible Publishers, Nashville; y la Nueva Versión Estándard de la Biblia, Verso Rápido de Windows, © 1992-1999, Craig Rairdon y Parsons Technology.

Versículos señalados VKJ son de *Versión King James* de la Biblia.

Versículos marcados *Lamsa* provienen de La Santa Biblia de Manuscritos Antiguos Orientales, © 1968 por A. J. Holman, Nashville.

Versículos marcados NVI son de la Nueva Versión Internacional, © 1995 por La Sociedad Bíblica Internacional publicada por Zondervan Publishing House, Grand Rapids.

Versículos marcados TAB son de la *Biblia Ampliada*, © 1964 por y Zondervan Publishing House, Grand Rapids.

Versículos marcados TNKH provienen del *Tanakh*, Una Nueva Traducción de las Sagradas Escrituras, © 1985 por la Sociedad Judía de Publicación, New York.

Versículos de *26 Traducciones de la Santa Biblia* , © 1985 por Zondervan Corporation, Mathis Publishers, Atlanta, son señalados de acuerdo con su traducción particular.

Nota:
Para enfatizar algunas Escrituras, las letras itálicas o un substituto de palabras alternas se han usado, especialmente para los nombres del Padre y del Hijo. También, con todos los versículos, excepto los de la Biblia, el uso de paréntesis () indica que el texto ha sido añadido por el autor.

ISBN 1-886987-08-4

ONE STICK IN HIS HAND
EZEKIEL 37:15-28

Edición Limitada a Colores
En Excitantes y Brillantes Colores—
por Crystal Lenhart
Disponible a través de:
House of David, PO Box 700217, Saint Cloud, FL 34770
www.mim.net

Sobre La Portada

"Una Vara" pintura contribuída por
Crystal Lenhart, Sheridan, WY.
Para obtener copias de Una Vara (vea la página anterior).

Lo siguiente proviene de la carta que acompañó la generosa contribución de Crystal:

Estimados Angus y Batya,

Espero estén ustedes satisfechos con el cuadro. Como dije, me siento honrada de ser parte de este projecto....

Hace un tiempo atrás pasé a través del libro de Esdras mientras estudiaba el proceso de restauración. Los dos primeros puntos que el Padre me mostró, fueron que el pueblo debía apoyar el proceso de restauración con sus recursos físicos de acuerdo con sus posibilidades (Esdras 1:4, 2:68-69), y que El tocaría los corazones de aquellos que serán parte del proceso (Esdras 1:5). Yo sé que mi corazón ha sido tocado y debo hacer lo que puedo para contribuír. Por tanto, es con gozo que traigo esta ofrenda voluntaria. Sean bendecidos.

En una nota al margen, he aquí "la pequeña barra de pan" el Padre me dió esta mañana:

Si lo escrito en Génesis 1:11 y Gálatas 6:7 es verdad, si Yahweh plantó/sembró Israelitas en todas las naciones, entonces al tiempo de la recogida ¿No recogería Israelitas en lugar de Gentiles? Los campos están blancos para la cosecha y nosotros somos parte de un equipo trillador para recoger lo que ha sembrado Yahweh: ¡Israelitas!

En Yeshua,
Crystal
Sheridan, Wyoming

O casa
de Efraín Israel
y casa de Judah...
El Padre llamó tu nombre,,
un árbol de olivo verde, bello en fruta
y forma. Pero, por tus muchos pecados, El
pronunció mal contra tí. Pero no te desanimes,
O casa de Israel, no te desanimes O casa de Judah
porque el Padre ha prometido: "Y sucederá que después
de desarraigarlos y de esparcirlos, y de que algunos se
vuelvan como vides degeneradas y extrañas, entonces Mi
compasión se encenderá una vez más, y los reuniré. Yo los
traeré de regreso, cada uno a su propia herencia, cada
uno a su propia tierra. Sí, esta es Mi promesa a ellos.
Porque estas dos ramas de olivo son Mis dos testigos.
Y les daré autoridad a ellos, porque ellos son los
dos hijos de aceite fresco que se
encuentran parados
delante del
Señor de
toda
la tierra..
(Jeremías
2:18-21;
11:10,16
-17; 12:15;
Oseas 1-2;
Zacarias 4:11-14;
Apocalipsis 11:3-4.)

Dedicación

Primero, le dedico este libro a mi Padre Celestial.
Yo pregunté, y en Su misericordia, El respondió.
Que este trabajo ayude a concluír
Su Divino propósito en la Tierra.
En segundo lugar, le dedico este libro a mi esposo, Angus.
Sin su consejo constante y sabio
y ánimo siempre presente, éste trabajo no existiría.
Gracias, Angus, por ser mi esposo y amigo

Agradecimiento Especial

De todo corazón le doy "las gracias" a los muchos amigos que nos ayudaron durante la producción de este libro.

Especialmente, le doy las gracias a Natalie Pavlik, una sierva verdadera del Mesías, por posibilitar este libro a todos nuestros amigos de habla hispana.

Le pido a nuestro Padre Celestial, que ve todas las cosas hechas "en secreto," que abiertamente remunere a cada uno de ustedes con Sus más escogidas bendiciones.

Que sean bendecidos desde Sion.

Todah Rabah!

Batya

Contenido

Prefacio

Es mi observación que el Dios de Israel a menudo escoje a un equipo de hombres y mujeres para trabajar hombro a hombro, en unidad, con el propósito de conservar su plan para Israel en Su rumbo. Y que algunas veces, El decide escoger el lado femenino del equipo. Por ejemplo, El usó a Sarah para asegurar que la promesa le fuera dada a Isaac en lugar de a Ismael (lo cual era lo que Abraham deseaba), y El usó a Rebeca para malograr el plan de Isaac de pasar la promesa a Esau en lugar de a Jacob (a quién Dios había escogido) (Génesis 21:9-12; 27:4-10).

Le agradezco a Dios, por usar a mi esposa, Batya, y su fidelidad, para mantener a nuestro equipo en buen rumbo. Por su tenacidad, nosotros ahora entendemos a "Israel" y somos bendecidos al ser usados por el Padre para llevar a cabo Su voluntad—esto es, tener un pueblo propio.

Al inicio de los años setenta, nos involucramos profundamente en el nuevo Movimiento Mesiánico Judío. Su visión inicial era doble: Primero, permitirles a los judíos Creyentes el conocer a Yeshua como su Mesías sin tener que "renunciar" a su herencia judía. Segundo, revelar el Mesías de Israel a la "Iglesia" desde una perspectiva judía - y así animarla con una apreciación a los principios eternos de la Torá ("Instrucción"), al igual que a las verdades reveladas en las Fiestas de Israel.

Desde su comienzo, el movimiento atrajo a los llamados "Gentiles"—muchos, muchos de ellos. De hecho, fueron más personas no judías, las que acudieron a los principios levantados por el judaísmo Mesiánico, que el mismo pueblo judío. Los primeros se encontraban doblemente motivados: querían apoyar a sus hermanos judíos y al mismo tiempo cambiar las tradiciones erradas, por las de la Torah del Padre, y por sus Fiestas. Ellos también eran atraídos al resurgir de Israel.

Desde sus comienzos, apoyamos los esfuerzos de nuestros hermanos judíos. Entre otras cosas, establecimos el Catálogo de Materiales Mesiánicos de la Casa de David, nuestro cometido siendo el desarrollo y distribución de materiales que ayudaran a los Creyentes a comprender ambos, sus "raíces" y sus hermanos judíos.

Sin embargo, pronto nos sentimos inquietos del papel de las personas no-judías en el movimiento. Por el bien de la brevedad, digamos que, a la sazón, "la herencia Mesiánica Judía" se basó en la persona teniendo un padre judío "visible" (s) cuando uno entraba en el movimiento (o simplemente estar casado con una persona que llenaba los requisitos). Habiendo aceptado al Mesías, estos "judíos físicos" también se estimaban como "judíos espirituales." En contraste, los "gentiles" que se unían al movimiento, a lo sumo, eran vistos sólo como herederos "espirituales."

Este criterio resultó en dos clases de ciudadanía—lo cual pronto causó problemas. A muchos no-judíos se les hizo sentir como si fueran "ciudadanos de "segunda clase."

Tratando de resolver este problema, apelamos al liderato para establecer un "procedimiento de conversión" que igualara a todo el mundo—ambos "físicamente" y "espirituamente."

No sólo fue esta propuesta inaceptable por el liderazgo mesiánico judío, sino también inaceptable para mi esposa. Ella razonó que, a pesar que todos "tenemos que arrepentirnos", si después también tenemos que "convertirnos" entonces algo equivocado debe haber en "nuestro nacimiento"— algo hay "mal." A menudo ella decía: *"La declaración de un hombre mortal no cambia el hecho de quién yo soy. Lo que yo necesito saber es "¿Quién soy yo para el Padre?"'*

Esta situación, acoplada con el desafío de encontrar libros escriturales que explicaran a "Israel" (para nuestro Catálogo), la condujo a gemirle al Padre con la pregunta, "¿Quién es Israel?"

Este libro presenta la respuesta del Padre a esta importante pregunta. Estoy seguro que el Espíritu Santo lo usará para guiar a un Israel creyente a regresar al camino de "Que venga tu Reino a la tierra, como lo es en el cielo." Nos ayudará a cambiar de rumbo, así preparando el camino para el regreso del Mesías, y la restauración del Reino a Israel.

Este libro no solo contesta la pregunta de *"¿Quién es Israel?,"* sino también otras dos preguntas que cambiarán su vida: *"¿Donde está Israel?"* y *"¿Cuál es el Destino de Israel?"*

Más significativamente, también le ayudará a encontrar respuestas para algunas preguntas muy personales: *¿Quién es usted? ¿Porqué se encuentra usted donde está? ¿Cuál es su destino?*

Pienso que mi esposa se sintió llamada a escribir el primero de nuestros libros sobre este tema, porque en nuestro equipo, ella es la "quisquillosa" (esta es la clase de persona que se necesita para trabajo de investigación). También, ella nunca se tranza por nada menos que la verdad absoluta—sin importarle las consecuencias. Y, entre nosotros, ella es más articulada que yo. Pero, sus libros hablan a nombre de ambos. Cada palabra. También siento que existe otra razón....pienso que el Padre quiso que esta verdad actual fuera planteada por el lado femenino de Su Creación, porque para reunir a un Israel dividido—antes que nada se necesita el toque reconciliador y alimentador del "amor de una madre."

En el diseño grandioso del Padre, a menudo las madres resuelven peleas entre los niños pequeños, y—Efraín (Israel) y Judá son como dos, niños celosos y batalladores, y que ambos necesitan ser justamente y equitativamente corregidos. También, cuando un "Israel renovado, y reunido", comienze a despertar, será como el hijo que primero necesita prestar atención a las "*instrucciones de su madre*" (Proverbios 1:8;6:20).

La Sagrada Escritura nos ordena a "no abandonar la Torah de nuestra madre."[a] Y sin duda, la "Torah de Mama" muchas veces tiende a tratar con la "*actitud de nuestros corazones.*"

¿Que clase de mensaje recibimos de esta pequeña enseñanza?

El entrenamiento comienza con nuestras madres, y sólo cuando el hijo tiene una buena actitud de corazón—entonces podrá ser entrenado para que llegue a ser "*un bar mitzvah—un hijo de los mandamientos.*"

La Torah comienza con la *actitud del corazón*.. Y la mujer, ella siendo "intuitiva" llega más al corazón de un asunto que el hombre que tiende a ser más orientado a la "realidad." Quizás, para poder reunir a Israel una vez más, primero tenemos que volvernos como niños pequeños (Mateo 18:3) y ocuparnos más de los asuntos de nuestros corazones.

Más allá de explicar la "identidad" de Israel, este libro se trata de un llamado a su restauración. Es un clamor para una restauración que demanda que todos aquellos involucrados tengan la actitud correcta del corazón.

Por otra parte, parece que a veces, nuestro Padre ha usado a una mujer para hacer que los hombres se alisten. Y si alguna vez ha existido una generación donde los hombres necesitan alistarse y enceder el fuego, es de seguro en esta generación. Hay muchos en esta generación que prefieren sentarse a mirar las señales, que alistarse y hacer maravillas.

---

a Vea el Heraldo de la Casa de David, Vol. Once, Décimo Libro, *La Torah de Mamá.*

Batya, en el espíritu de la Deborah de tiempos antiguos, ha emitido una llamada para los hombres que se sientan y esperan (al estilo de Barak). Es una llamada para "¡Levantarse!" (Jueces 4-5). Es una declaración, porque los días están ya aquí, cuando el Santo de Israel está uniendo en Sus manos las "varas" de Efraín y Judá ¡Ezekiel 37:15-28! Ella proclama la verdad de que Efraín y Judá pronto ganarán victoria sobre sus enemigos, y para preparar el camino para el regreso de nuestro Rey, y ayudará a establecer Su Reino aquí en la tierra. (Vea Isaias 11:11-16).

Finalmente, sé que la inspiración dada por Dios en este libro me ha cambiado radicalmente. Y, he visto cambios dramaticales en miles de cientos de personas. Demás decir, que ¡también lo puede cambiar a usted! Por tanto, le doy la bienvenida a los rangos de los radicalmente cambiados—a la multidud de precursores que se preparan para el día cuando los reinos de este mundo se convertirán en el restaurado ¡Reino de Israel!

Angus Wootten
Director
Alianza Mesiánica Israel
Saint Cloud, Florida

Introducción

*T*odo comenzó bien inocentemente en el inicio de los años setenta. Nos convertimos en Creyentes [b] del Mesías de Israel, y pronto nos encontramos rodeados de judíos Creyentes. Conjuntamente, descubríamos que Jesús era judío, que Su nombre hebreo es Yeshua, [c] que El guardó las Fiestas de Israel, y que El ama al pueblo judío.

Más y más se amplió nuestra lista de descubrimientos exitantes. Todos estábamos inspirados, y queríamos darnos a conocer, porque eran tan pocas las personas que sabían, y tan pocas las que comprendían. Entonces, obtuve la brillante idea de un catálogo que incluyera los libros pertinentes, la música y las herramientas necesarias que ayudaran a poner estas verdades vivificantes en las manos de otros creyentes como nosotros, que también estaban siendo despertados a esta verdad. Debido a que yo era la dueña de una tienda de antiguedades, y conocía algo de mercadeo—y debido a que mi esposo, Angus, se ofreció a proveer los fondos necesarios del negocio de petróleo que el

---

b Usamos "Creyente" para describir a aquellos que han sido comprados con la sangre del Mesías (Cristo) de Israel en lugar de la palabra "Cristiano," esto es debido a que este último título ha sido a menudo tan mal usado (Mat 7:23; 1 Cor 6:20; 1 Pet 1:17-19).
c *Yeshua* (ישוע) es Mesías es Su nombre en Hebreo que significa "El es salvación" (Mat 1:21). *Jesús* es derivado de la transliteración griega de Yeshua, *Iesous* (Ιησοῦς).

tenía a la sazón—fue por ambos decidido que yo creara el catálogo. Así nació el Catálogo de la Casa de David.

Poca cuenta nos dimos que al proveer materiales al recién nacido "Movimiento Judío Mesiánico" era igual que crear un catálogo exclusivo para empapeladores mancos.

No obstante, todos los amantes del pueblo judío que fuimos encontrando, pensaron que nuestro pequeño catálogo era la cosa máxima desde el papel preempastado. Nuestro "Maná Mesiánico" en forma de papel, finalmente se convertió en 48 páginas de joyería, de platos de Pascua, shofars, mezuzzahs, talits, [d] regalos, etiquetas adhesivas, importaciones de Israel, música Mesiánica, y montones de libros. Si, recuerdo. Fueron los *libros*....

Así como no nos dimos cuenta de las repercusiones de crear un catálogo para estos "pocos seleccionados," así tampoco nos dimos cuenta que yo—una esposa ignorante, madre, y comerciante—tuviese que leer centenares de libros sobre "Israel," para que posiblemente pudiera escribir descripciones sobre ellos.

Inconscientemente, el dilema en el cual pronto me encontré fue que comencé a sentir cierta responsabilidad por los libros que presentaba delante del pueblo del Padre. También, tenía que decidir cuales podíamos ofrecer y cuales no. Y, mientras más leía, más pesado se hacía el sentido de responsabilidad.

Pronto me dí cuenta que "Israel" era un título tan codiciado como maldecido; y que tanto los cristianos como los judíos, lo reclaman para sí; y que por sus reclamaciones antagónicas, han estado de punta unos contra otros por casi dos mil años. Realmente, si la verdad es informada, sus hostilidades datan de tiempos muy antiguos

Después de mucha investigación, concluí que la mayoría de libros sobre Israel esencialmente cayeron en una de tres categorías:

---

d *Mezzuzah* (plural, *Mezuzzot*): Caja decorativa que contiene ciertos versos de Escritura, se ponen en los dinteles de las casas. *Shofar* (plural, *Shofarim*): Cuerno de carnero (s) usado para llamar a la congregación. *Talit*: Manto de oración judío.

1) "La Iglesia ha remplazado a Israel" hipótesis.
2) "La Iglesia es el Israel Espiritual"y los judíos el "Israel Físico" teoría.
3) "La Iglesia e Israel son entidades separadas y nunca de este lado del cielo se encontrarán" doctrina.

Mientras más estudiábamos mi esposo y yo, más notábamos que al examinar la estructura de estas enseñanzas, probaban estar llena de huecos. Examinadas a la luz de la Sagrada Escritura, cada una de estas teorías apareció defectuosa.

Conjuntamente, claro vimos que existía un problema, pero no podíamos encontrar una solución Bíblica. Supimos que el Padre ama al pueblo judío, y que El ama también al no judío. Pero, ¿Donde caben ellos en el plan para con "Israel"? Este dilema cautivador me condujo especialmente a gemirle a mi Padre Celestial. Me trajo a un lugar donde literalmente le rogué, "¡Por favor, dejáme comprender !"

"¿Quién es Israel?" Es una pregunta que por años nunca me dejó. Pensé en ella en mi camino al trabajo, donde administraba mi creciente Catálogo Mesiánico. Oraba sobre esto cuando descansaba por las noches, recostada sobre mi cama, sabiendo que era responsable de mandar libros a todo el globo—libros que ayudaban a formar la opinión que muchas personas tenían sobre "Israel." Consideré las consecuencias de hacer que gentes creyeran las teorías erróneas encontradas en esos libros. Y todo el tiempo, dirigí la palabra a mi Padre Divino sobre este asunto, porque verdaderamente me preocupó.

Así fue, que yo caí en cuenta de la verdad de una de las promesas de mi Padre. "Me buscaréis y me encontraréis, porque me buscaréis con todo vuestro corazón." (Jeremías 29:13). Llegué a saber verdaderamente lo que El quería decir cuando dijo: "Clama a mí, y te responderé; y te revelaré cosas grandes e inaccesibles que tú no conoces" (Jeremías 33:3, TAB).

Durante mi búsqueda por la verdad acerca de Israel, yo no tenía interés en conocer lo que el hombre equivocadamente creía ser verdad. Por tanto, yo pregunté, y en Su misericordia, El respondió.

A través de Su Santa Palabra, el Todopoderoso comenzó a enseñarnos, a mi esposo y a mí, "la cosas grandes e inaccesibles." Esto cambió nuestras vidas—para lo mejor. Desde aquel tiempo, hemos visto repetidas veces, que la verdad acerca de "ambas casas de Israel" (Isaías 8:14) ha cambiado la vida de otros. Hemos visto a Creyentes llenos de nueva esperanza e inspiración en lo que se refiere a su llamado en el Mesías; porque el Padre les ha revelado la verdad acerca de las promesas a Judá y sobre el "*melo hagoyim,*" ~ywgh alm, ("plenitud de los Gentiles") prometida para Efraín (Génesis 48:19; Romanos 11:25; Isaías 8:14).

Hemos visto a creyentes estimulados, fortalecidos, llenos de gozo y esperanza, sobre la pronta reunión de las "dos varas" de Efraín y Judá. (Ezequiel 37:15-28).

Aunque el intento de la gente es hacerla complicada, hemos encontrado muy simple la verdad acerca de Israel.

Hace mucho tiempo el Padre dividió a Israel en dos casas: Efraín (Israel) y Judá; como Sus "dos testigos" fueron enviados en dos diferentes direcciones para llevar a cabo dos propósitos diferentes; y en estos útimos días El los está reuniendo, para que confirmen Su verdad en la tierra (1 Reyes 12:15,24; Oseas 1:11; Juan 8:17).

Simplemente dicho, esa es la esencia de este libro. Todo lo demás es comentario. Por tanto, mientras lee, por favor recuérdese de lo simple del transfondo:

Dos casas—Dos direcciones—Dos diferentes propósitos— Ahora es el tiempo de volverlos a reunir.

Y ahora, para que pueda captar un destello del gran amor que el Padre tiene para usted, y pueda comenzar a ver el futuro glorioso que El le ha planeado como parte de Su pueblo "escogido," mucho deseo compartirle lo que la Sagrada Escritura dice sobre "todo Israel."

Batya Wootten
Saint Cloud, FL

*Que las palabras de este libro sean como aceite sanador para ti..
Y que te ayuden a iluminar tu camino de regreso a tu hogar y al Santo
de Israel, el Dios de tus padres.*

Primera Parte

Lo Prometido

1

Creyendo Lo Que Abraham Creyó

*L*a fe del pueblo de Israel comienza con "el padre de todos lo que creen" (Romanos 4:11). Comienza con Abraham. Nosotros también debemos comenzar de la misma manera; desde el principio. Para esto hacer, viajemos a través de la arenas del tiempo, a un montículo en el desierto, a un lugar donde sentado bajo la noche estrellada, un anciano experimenta una visión.

La Palabra vino a Abram en una visión, diciendo: "No temas Abram, Yo soy tu escudo, y tu galardón será muy grande."

Pero Abram dijo, "O *Yahveh Elohim* [Señor DIOS], ¿Qué me has de dar, pues no tengo hijos de mis propios lomos? No me has dado descendencia y mi único heredero es un siervo nacido en mi casa, Eliezer de Damasco."

"Tu siervo," dijo la Palabra, "No será el que te herede. Sino alguien que salga de tus entrañas será el que te herede—solamente un heredero de tu propio cuerpo recibirá tu bendición"

Entonces El le dijo al anciano patriarca, "Ven afuera, Abram, y mira a las estrellas. Si acaso la puedes contar, entonces sabrás el número de descendientes que saldrán de tu propio cuerpo, en cumplimiento a Mi soberana promesa para tí."

Abram salió de su tienda de campaña, y miró al claro cielo de la noche. No podía ver el final de las estrellas, ni tampoco encontró fin al confort que sintió en la promesa que se le había hecho.

Allí parado en el desierto, Abram sonrió. Aunque su cuerpo era ya muy entrado en años, se enderezó mientras miraba hacia el oscuro azul de un cielo rociado de luz. Dando vueltas y vueltas, el hombre de fe vió millares de estrellas. Y Abram le creyó a Yahveh (יהוה); y El se lo reconoció como justicia. (Vea Génesis 15:1-6.)

Las Multitudes de Abraham—Una Multitud Escandalosa

El Nuevo Pacto dice de Abraham, "Sin debilitarse en la fe, él tuvo muy en cuenta su cuerpo ya muerto (pues casi tenía cien años) y la matriz muerta de Sara; pero, con respecto a la promesa de Dios no dudó por falta de fe. Al contrario fue fortalecido en su fe, dando gloria a Dios, plenamente convencido de que Dios, quién había prometido, era poderoso para hacerlo. Por esta razón "le fue contado por justicia." (Romanos 4:19-22).

Abraham contempló su cuerpo y la matriz de Sarah porque él buscaba el cumplimiento físico de la promesa "llena de estrellas" de Yahveh para él. "Abraham no estaba satisfecho con sólo tener un heredero "adoptado". En respuesta a su deseo, Yahveh le dice: "Ninguno, sino el que salga de tus entrañas será tu heredero" (Génesis 15:4, TNKH).

Si estudiamos esta historia en contexto, podemos ver que, Abraham buscó un heredero biológico que resultaría en un gran número de herederos. Además, cuando él tenía noventa y nueve años de edad, el Santo de nuevo vino a él y le dijo "Yo soy el Dios Todopoderoso, camina delante de mí y sé perfecto. Yo cumpliré mi pacto entre Yo y tú, y te multiplicaré en gran manera..' Y Abram se postró sobre su rostro y Dios [*Elohim*] habló con él diciendo: "He aquí que mi pacto es contigo: Tú serás padre de multitud de naciones. Ya no se llamará tu nombre Abram, o 'Padre exaltado' sino tu nombre será Abraham, padre de una multitud. Pues te he constituido en padre de una multitud de naciones. Yo te haré muy fecundo; de tí haré naciones'" (Génesis 17:1-6).

Abraham creyó que él sería el padre de multitud de naciones, *hamon goyim* (~yywg !wmh). *Goyim* (~yywg) es la palabra Hebrea para Gentiles, o naciones. [1] *Hamon* (!wmh) significa un ruido, sonido, tumulto, riquezas, multitud, muchedumbre, un gentío.[2] Con estas palabras, el Todopoderoso decretó que de los lomos de Abraham saldrían una *"multitud de naciones [Gentiles]"*—una gente que causaría una conmoción tumultuosa o un gran ruido (acerca del Dios de Abraham) en todo el mundo. De Abraham vendría una gente destinada a ser "extremadamente fructuosa."

¿Hemos Fallado el Milagro?

Como seguidores del Nuevo Pacto y seguidores del Camino ¿Hemos fallado el total impacto de la bendición de Abraham? ¿Hemos pintado un cuadro mental implícito de herederos que primordialmente no están relacionados con Abraham—cuando la Escritura explícitamente declara que él tendría miríadas de herederos físicos? ¿Hemos malentendido su promesa? Si es así ¿nos ha causado pasar por alto una maravilla gloriosa? ¿Nos ha causado fallar el

---

1 Concordancia Exhaustiva de Strong # H 1471 dice *goyim* significa, "una nation extranjera...paganos...pueblos" (Thomas Nelson, 1984;también, Parson's Technology QuickVerse Bible Software Program, 1996-99, Cedar Rapids). El Nuevo Brown-Driver-Briggs-Gesenius Hebreo-Arameo Lexicon (BDBL) dice que la palabra significa "nación, pueblos," y es "usualmente [usado para hablar] del pueblo no-hebreo" (#H1471, Hendrickson, 1979; también, Parsons Technology, 1999). *El Libro de Estudio Teológico del Viejo Testamento* Vol.,2 Moody, 1981 (*TWOT*), dice, "goyim...usualmente se refiere a las naciones paganas de alrededor" (# 326e).
2 Hamon: Strong y *BDBL* # H 1995; también TWOT palabra # 505a.

regocijarnos en una de las maravillas del Santo?

Yahveh dijo que El haría del "más insignificante de todos los pueblos.... tan numerosos como las estrellas de los cielos" (Deuteronomio 7:7; Exodo 32:13). No viendo esta verdad, ¿hemos pasado por alto el milagro de Su soberana multiplicación de la semilla de Abraham?

Nuestro Padre [Yahveh] prometió a Abraham que de sus lomos envejecidos saldrían miríadas—naciones llenas —de herederos biológicos. Ese es el significado primario de su bendición, y la forma primaria en la cual debería ser interpretado. Por lo tanto, comenzamos nuestra investigación, simplemente creyendo lo que Abraham creyó: De sus lomos saldrían incontables descendientes.

Es esta promesa la que seguiremos a través de la Escritura. No trataremos de probar que el rebaño del Mesías Yeshua incluye algunos que no son *parientes* de Abraham, pues muchos imparten esta enseñanza. Ni negaremos legitimidad de membresía en el redil para *cualquier* creyente que *no* se sienta emparentado con Abraham. Solamente, por el bien de aquellos que sienten "que en realidad podrían ser de los lomos de Abraham," seguiremos las huellas bíblicas de las miríadas prometidas a él.

Investigando esta avenida *no* se debe decir que nuestro Dios no escogió o pudo escoger, a "otros" para que también participaran de la promesa de Abraham. Creer que hoy día Abraham tiene miríadas de herederos físicos en la tierra, no significa que todos los creyentes tienen que estar emparentados con él, para tener una relación con Dios. Eliezer fue cariñozamente amado por Abraham, al igual que Abraham ciertamente ama a todos los que creen en el Santo de Israel.

Hemos examinado esta faceta de la promesa de Abraham, no para ser "altaneros" y "probar" descendencia patriarcal para ninguna persona o grupo, sino, lo hemos hecho por las siguientes razones:

La mayoría de las personas deciden quién es Israel sobre estas indemostrables aserciones actuales. Si realizado o no,

la mayoría define a Israel basada en alguna idea de descenso físico—sin tomar en cuenta lo abstracto o vago de sus definiciones. Percibida descendencia física de los patriarcas es un factor primario de uno, en la "decisión de Israel." Así es que, si vamos a contestar a la pregunta, entonces nos vemos forzados a dirigir este asunto según este patrón universal. Porque, es necesario de todos los que buscan conocer la verdad sobre Israel.

Nuestra intención es cuestionar y aún refutar este patrón erróneamente concebido.

Decir que a menudo Israel es medido de esta manera, no es negar que muchos usan correctamente atributos "espirituales" para definir a Israel; pero aún así, la "división biológica abstracta" es el patrón.

Debemos cuestionar el patrón que tan decisivamente determina los fundamentos de nuestra fe. Porque, después de conocer al Mesías Yeshua (Jesus[3] el Cristo), es natural que uno se haga las preguntas: "¿Quién es Su pueblo escogido?" "¿Quienes son los herederos de Abraham?" "¿Quién es Israel?"

A pesar que hacemos estas preguntas, nuestro estudio será basado en la comprensión básica de que—en este tiempo—la conección genética a los patriarcas no puede ser probada. (Sin embargo, mucho trabajo se está llevando a cabo hoy día para probar la "descendencia patrilineal"). [4]

---

3 *Yeshua* (ישוע) es su nombre en hebreo y significa "El es salvación" (Mat 1:21). *Jesus* es derivado del griego, transliteración de *Yeshua, Iesous* (Ιησοῦς).

4 *The Jerusalem Report Magazine*, en su portada (10 de mayo, 1999),declara: "Bajo la ley religiosa, la calificación de *kohen* es obtenida por la herencia patrilineal. Debido a que el cromosoma Y es pasado de padre a hijo...Varios artículos encontrados en este número afirman la descendencia tribal es determinada "patrilinealmente". Vea *Addendum*, página 263, y la *House of David Herald, Decoding the Priesthood*, Vol 11 Book 6.

Tambien, el siguiente artículo apareció en *Jerusalem Post International Edition* (Chicago), 11 de enero, 1997:

Eslabón genético encontrado entre los kohanim por Judy Siegel

"Entre los judíos de la tribu sacerdotal (kohanim)—tanto Askenazi como Sefardi —se ha encontrado que comparten un variación del cromosoma Y, eslabonán-
(continued...)

Adicionalmente, ya veremos que este principio aplica tanto para el judío como para el que no es judío.

No vale la pena que nadie argumente, o trate orgullosamente de probar sus derechos basado en una "genealogía indemostrable." Esto quiere decir, que el pueblo judío no puede probar que *están físicamente emparentados* con Abraham, e inversamente nadie puede probar que los Creyentes que no son judíos *no* son descendientes físicos de Abraham. [5]

Entonces, seguimos nuestro curso solamente por fe, usando la Sagrada Escritura como guía de viaje y como memoriales en el camino. Seguimos adelante con la esperanza de poder restaurar a un pueblo de promesa que una vez se había perdido [6]

Con esta comprensión de propósito puesta en su lugar, podemos ahora continuar en nuestro camino...

Abraham, Isaac, Y Jacob: CoHerederos

Al no ver la promesa hecha a Abraham de millares de herederos biólogicos ¿son estos descendientes no-judíos robados de una bendición? Si la Escritura indica que son sus herederos ¿se les debe negar este entendimiento?

---

4 (...continued)
dolos como descendientes de Aaron el Sumo Sacerdote... Esto fue el resultado de un estudio conducido por el Prof. Karl Skorecki, un nefrólogo director de la medicina molecular del Hospital Rambam en Haifa y de la escuela de medicina Technion's, junto con colegas en Haifa, London y Arizona. Sus descubrimientos fueron publicados...en la revista de ciencia británica *Nature*. [Ellos]...tomaron muestras de hombre judíos no emparentados.... lavando la parte de adentro de las mejillas. Los fenotipos de 188 judíos seculares y religiosos que dijeron eran kohanim eran muy dferentes a los que dijeron que no...El cromosoma Y, encontrado solamente en hombres, es pasado patrilinealmente; mitocondrial ADN es transmitido por el cromosoma X de la madre ...Skorecki...añadió que era impresionante como las características de estos cromosomas fueron pasados hasta el día de hoy a pesar de períodos de asimilación a través de los siglos. Aún los judíos seculares parecen conocer si son de la tribu sacerdotal...."
5 Tanto los judíos como los no judíos deben evitar tratar de probar las "geneologías interminables" (1 Tim 1:4).
6 Deut. 30:3; Isa 11:1-14; 49:6; Jer 31:21; 33:7; Oseas 1-2; Hechos 15:16.

¿Podemos descartar este asunto como si no fuera "importante"? ¿No deben ser recibidas y reverenciadas *todas* las verdades del Padre? ¿No debemos ser un pueblo que descarta este asunto *solamente* si es probado *falso*?

También preguntamos: ¿Se les roba a los herederos no-judíos cuando se les dice, "Usted puede ser un heredero "espiritual" de Abraham, pero usted *no* es un heredero de 'Abraham, Isaac, y Jacob'"? ¿Podemos justamente separar sus bendiciones? ¿No nos revela la Escritura que de ellos es una bendición común? [7]

Yahveh le dijo a Isaac, "A ti y a tu semilla.... Así cumpliré el juramento que le hice a tu padre Abraham" (Génesis 26:3). Después, Isaac le dijo a su hijo, Jacob, "Que El te dé [Yahveh] la bendición de Abraham" (Génesis 28:4). Y el cronista dijo, "El pacto que él (Dios) hizo con Abraham, y de su juramento con Isaac. El lo confirmó a Jacob por estatuto, como pacto sempiterno a Israel" (1 Crónicas 16:16-17). Y, el Nuevo Pacto (*Brit HaDashah*) revela que Abraham "habitó como extranjero en la tierra prometida.... con Isaac y Jacob, los coherederos de la misma promesa " (Hebreos 11:9).

La Escritura no apoya la teoría de que uno puede ser "heredero de Abraham" pero "no de Abraham, Isaac, y Jacob." Usted es un heredero de los tres o usted no es heredero, puesto, que de ellos es una bendición común, También, la Escritura revela que "Todos ellos fueron elogiados por su fe, sin embargo, ninguno de ellos recibieron lo que había sido prometido....solamente juntos con nosotros serían hechos perfectos" (Hebreos 11:39-40, NIV).

Teleioo (teleiovw), la palabra griega traducida *perfecto*, también es traducida como completo, llevado a cabo, consumado, terminado, cumplir, perfecto. Sin nosotros (Creyentes del Nuevo Pacto), la bendición de los patriarcas es imperfecta. Está incompleta.[8]

Pedro el apóstol escribe, "Los profetas que profetizaron de

---

7 Gen 15:5; 17:4; 26:4; 24:60; 28:3,14; 48:4,16,19.
8 *Strong* # G 5048.

la gracia que fue destinada para vosotros, escudriñaban para ver qué persona y qué tiempo indicaba el Espíritu del Mesías que estaba en ellos ....A ellos les fue revelado que, no para sí mismos sino para vosotros, administraban las cosas que ahora os han sido anunciadas por los que os han predicado el evangelio por el Espíritu Santo enviado del cielo" (1 Pedro 1:10-12).

La Ekklesia/Kahal Prometida

¿Qué es esta bendición profetizada? Entre otras cosas es la promesa de Yahveh, "Yo multiplicaré tu descendencia como las estrellas del cielo" (Génesis 26:4).

Rabah (hbr), *o multiplicar*, significa incrementar, extremadamente, volverse numeroso, grande.[9] La bendición dada a Rebekah, esposa de Isaac fue, "Que seas madre de millares de decenas de millares," o, "*miríadas*" (Génesis 24:60).[10] Ambos, pasaron su multitudinaria bendición a su hijo Jacob: "Que Dios...te haga fecundo y te multiplique hasta que llegues a ser multitud de pueblos." (Génesis 28:3).

De Jacob, Yahveh llamaría una *congregación*—un *kahal* (lhq). La traducción principal de esta palabra hebrea es *congregación* y es especialmente usada para describir una asamblea, congregación, o convocación, llamados en unidad por el Todopoderoso para propósitos religiosos.[11]

De acuerdo con el *Libro de Palabras Teológicas del Antiguo Testamento*, "*kahal* es usualmente traducida *ekklesia* en la LXX [*Septuaginta*]." [12] *Ekklesia* (ejkklhsiva) es

---

9 *Strong* y *BDBL* # H 7235; *TWOT* # 2103, 2104.

10 Strong y *BDBL* #'s H 505 y 7235.

11 *TWOT* # 1991a. También vea *Strong* y *BDBL* # H 6951.

12 *TWOT* palabra # 1991a; página 790. Septuaginta: tradicción griega del Antiguo Pacto hebreo completado 200 años antes del nacimiento del Mesías. De 122 usos en la VKJ, más de 60 veces la palabra *kahal* (*kehilat*) es traducida *ekklesia* (*Hatch y Redpath Concordancia de la Septuaginta*, 1983, Baker, p 433); treinta y seis veces es traducida *sinagoga*, como en Génesis 28:3 (*TWOT* palabra # 1991a). Sin embargo, al igual que *ekklesia*, ambas *kahal* y sinagoga también describe una

(continued...)

la palabra del Nuevo Pacto traducida (o mal traducida) *iglesia*; esta palabra habla de "sacar afuera", de una *reunión*, especialmente de una *congregation* religiosa, una asamblea.[13]

En el *Brit HaDashah*, los israelitas antiguos son llamados "la *ekklesia* que estaba en el desierto" (Hechos 7:38). Y, el Mesías Yeshua usó ekklesia para describir la asamblea que El iba a construír (Mateo 16:18, 18:17). Aparentemente, tanto El como los Creyentes del primer siglo, pensaban que ambas eran una sola o la misma cosa. Al igual que nuestro Dios es "Uno," de la misma manera al final de todo, El tendrá solamente un "pueblo escogido." [14]

La asamblea de herederos de Abraham son llamados a responder a un llamado: el SEÑOR Dios, *Yahveh Elohim* llama a Su pueblo, y ellos responderán a Su Santo Nombre.

En adición a esta gran asamblea religiosa que el Padre juró llamar, El también le prometió a Jacob:

"Tus descendientes serán como el polvo de la tierra. Te extenderás al occidente, al oriente, al norte y al sur" (Génesis 28:14, VKJ).

La palabra extenderse es traducida de *parats* (#rp), que significa irrumpir, salir (del vientre o de un recinto), incrementar.[15]

La bendición común dada a Abraham, Isaac, y Jacob fue de ¡una gran congregación de descendientes físicos! Abundantes cantidades de bebitos herederos, muchos y muchos pequeñitos, gigantescos grupos de tataranietos, esta es la promesa que hizo tan felíz a Abraham en aquella ¡excitante salida nocturna en el solitario desierto!

---

12 (...continued)
asamblea (Strong palabra #'s H6951; G4864).
13 *Lexicon del Nuevo Testamento Griego-Inglés de Thayer's*, Baker, 1983, p 196a; *Strong* # G 1577. En Hechos 19:32 *ekklesia* es usada para definir a una multitud confusa que gritaba contra Pablo. Por tanto, *asamblea* puede ser una traducción más apropiada.
14 Un Dios: Deut. 6:4; Marcos 12:29. Un Pueblo: Num 15:15; Eze. 37:19; Juan 17:11.
15 *Strong* y *BDBL* # H 6555; *TWOT* # 1826.

Tal fue la fe que tenía nuestro antepasado.
De ahí concluímos lo siguiente:

- Abraham esperó tener múltiples herederos de sus propios lomos.
- El creyó que sería el padre de multitud de naciones.
- A Isaac le fue dado el mismo juramento.
- A Jacob/Israel le fue dada la bendición de Abraham.
- Abraham, Isaac, y Jacob son coherederos.
- El Padre dijo que de Jacob saldría un *kahal-congregación-ekklesia*.

Las multitudinarias bendiciones de Abraham fueron pasadas a Isaac y después a Jacob. Les fueron dadas al que fue renombrado *Israel*.

Y ahora, en búsqueda de respuestas a nuestras preguntas sobre "Israel" y armados con un bosquejo de la bendición de fructuosidad prometida a Jacob, entramos a la primera vez que el nombre *Israel* fue dado.

2

Israel: Una Bendición

El nombre, Israel, es mencionado más de 2,570 veces en la Escritura. Es usado por primera vez en Génesis 32:28. Allí encontramos a Jacob luchando con un Ser Angelical.

En aquella noche decisiva, el cielo encendido de estrellas, sirvió de dosel al combate que tomaba lugar en el desfiladero usualmente tranquilo. El mundo entero sería finalmente afectado por el resultado de la batalla, pero en esta noche iluminada por la luna, los únicos expectadores eran los ejércitos celestiales. Ellos miraban con admiración mientras que dos seres rodaban por el polvo, sus extremidades entrelazadas como una enredadera. Miraban cuando con inflexible determinación, Jacob se aferraba al "ser celestial." Los seres celestiales veían que el angel misteriosamente no podía vencer a Jacob, pero sí tuvo el poder de dislocarle la cadera, solamente con tocarla.

Entonces, después de haber luchado toda la noche, el ser angelical habló y dijo "Déjame ir, porque ya raya el alba."

Pero Jacob contendió. "No te dejaré, si no me bendices" Y, el angel le preguntó, "¿Cuál es tu nombre?"

"*Ya'acov*," respondió con el nombre que significaba "el que asió el talón."

El ser angelical respondió, "No se dirá más tu nombre *Ya'acov*, sino *Yisrael*, porque has contendido con lo Divino y con los hombres y has prevalecido"…. y lo bendijo allí" (vea Génesis 32:26,27,29-30).

Yisrael. Es un nombre que fue dado como "*bendición*." Pero ¿Qué significa ser "Israel"? ¿De que manera es una bendición?

Interesantemente, las respuestas sugeridas a estas preguntas importantes nos proveen de dos cosas, un panorama de Israel y un estándar para los hijos de Israel.

Jacob es derivado de la raíz *a'kov* (bq[); se cree que significa "Asió el talón." (Algunos dicen, agarrar por el talón; circumventar [hacer tropezar el talón]; aguantar [aguantar por el talón]; quedarse; suplantar.) [16]

Aparentemente, Jacob fue nombrado así porque él agarró el talón de su hermano durante su nacimiento; más adelante, posiblemente en cumplimiento a su nombre, *Ya'acov*(bq[y) aprovechó el momento oportuno para adquirir de su padre la bendición del primogénito.[17]

Pero entonces, un cambio tomó lugar. Nuestro antepasado se encontró con el Angel en el desierto. El se encontró con *Yahveh Elohim Tsa'va'ot* ([twabc ~yhla hwhy)—*El SEÑOR Dios de los Ejércitos*.

Está escrito que Jacob "luchó con el angel y prevaleció," y que Jacob "lloró y buscó Su favor." También, él confesó su nombre propio de *Yaacov*—uno que adquiere suplantando. Y, después de lamentarse, y prevalecer, Yahveh lo llama, *Yisrael* (Oseas 12:2-4). De nuevo se le aparece a Jacob el Santo de Israel—esta vez en Betel—y le dijo, "Tu nombre es Jacob, pero no se llamará más Jacob. Tu nombre será Israel" (Génesis 35:10).

---

16 *Strong* y *BDBL* # 3290; Diccionario Interpretativo de la Biblia, Vol. 2, Abingdon, 1962, pp 782-83.

17 Muchos super enfatizan el tiempo de Jacob como "suplantador" y al resumen lo desechan. (Gen 27:36; Jer 9:4; Oseas 12:3). Pero, no sería adecuado ver que, Jacob, ¿deseaba con todo su ser, el privilegio de ser el heredero primogénito del patriarca? ¿No vió el "Dios de Jacob" (Exo 3:6) este deseo como algo bueno?

De este encuentro tan importante, Oseas escribió: "En Betel le halló y allí habló con nosotros. ¡Yahveh, Dios de los Ejércitos, Yahveh es su nombre"! (Oseas 12:4-5).

Nuestro Padre le dió a Jacob el nombre de *Yisrael*, y, al mismo tiempo, allí "El habló con nosotros." A través de esta bendición el Padre también le habló a la *semilla* de Jacob—las multitudes que se encontraban en los lomos de Jacob cuando el Padre le llamó "Israel." El le habló a todos aquellos que serían parte de Israel. Nuestro Padre habló con *nosotros* a través de Jacob. [18]

El Significado del Nombre...

El nombre *Yisrael* (larXy) es derivado de dos palabras: *sarah*, (hrX) y *el* (la). Se dice que significa, "Dios prevalece."[19] A través de los años, muchos han estudiado la etimología (origen y desarrollo) de este nombre enigmático, nombre/título, y seguramente, solamente Aquel que lo dió ciertamente conoce su significado completo.

La Concordancia de Strong define Israel como, "El reinará como Dios."

El Lexicon Gesenius Hebreo dice, "contendiente, soldado de Dios," y que significa "luchar." [20] *Sarah* es listada como, "tener poder, contender, persistir, esforzarse, perseverar y "prevalecer, tener poder (como un príncipe)" [21] *El* es dado como "fortaleza... poderoso; especialmente el Todopoderoso," y como "El persistente, perseverante." [22]

La Escritura revela que Jacob "luchó con el Angel" y que "contendió con Dios [Elohim]" (Génesis 32:24; Oseas 12:3-5).

---

18 Debido a que "toda Escritura es útil para enseñanza," este principio aplica a todos que "han sido traídos a los pactos de Israel." Porque, comparten la "ciudadanía de Israel" (2 Tim 3:16; Ef. 2:11-22). Cuando se escribió el versículo de esta "doctrina útil" se refería específicamente al texto del "Antiguo Pacto"(Tanakh), puesto que los textos del Nuevo Pacto todavía no habían sido reconocidos como tal.

19 *Brown-Driver-Briggs' Definiciones del Hebreo*, # H3478, Parsons, 1999, Findex.com.

20 *Strong* # H 3478. *Gesenius*', Hendrickson, 1979, p 370, # 3478.

21 *BDBL* '# H 8280 (TWOT # 2287); *Strong* # H 8280 (TWOT # 93) respectivamente.

22 *Strong* # H 410; *BDBL* # 3478, Hendrickson, 1979, p 975 respectivamente.

(Por tanto, el *Angel* debe ser *Elohim*.[23]) En adición, *luchar* y *contender* ambas son traducidas de la palabra *sarah*.

En este encuentro, Jacob demostró la abilidad de distinguirse como prototipo del "príncipe que cogeaba." El representó al que a pesar de sus "faltas," le había sido dado cierto poder en la tierra.

El *Libro de Palabras Teológicas del Antiguo Testamento* dice de este encuentro:

"La lucha de Jacob fue espiritual, en oración, tanto como física. En ella, el patriarca ¡prevaleció! No fué que Jacob derrotó a Dios, sino que finalmente obtuvo la completa sumisión que el pacto requería....él persistió en no dejar ir al Angel hasta que El no lo hubiera bendecido."[24]

Jacob se sostuvo. Por tanto, él prevaleció. Por eso, su nombre fue cambiado a *Yisrael*—que se dice significa:

Uno Que Contiende,

Un Príncipe Poderoso Prevaleciente,

Un Soldado de Yahveh,

Uno Que Reina Con el Todopoderoso.[25]

Jacob cedió, contendió, y prevaleció.

¿Que pueden aprender sus herederos de esta experiencia?

Uno de los mensajes transmitidos es que a través del arrepentimiento y la perseverancia, en el poder y fuerza del Todopoderoso, a Jacob se le dió el nombre de *Yisrael*. De la misma manera, nosotros debemos buscar el favor de nuestro Padre, cediendo a Sus caminos, y siempre "sosteniéndonos." Este es el secreto para prevalecer.

También, el llamado de Jacob para ser "Israel" le fue dado

---

23 Gén 16:7,13; 21:17; 22:11,15-16; 32:29-30; Exo 3:2; 13:21; 14:19; Dan 3:25,28.
24 *TWOT* # 2287.
25 Esta no es una definición exacta, sino una recopilación de varias interpretaciones.

como ser humano, lo cual indica que fue llamado a ser "Israel," aquí, en esta tierra. Así también nosotros, mientras vivamos, en el poder y fuerza del Todopoderoso, debemos perseverar y buscar la victoria.

Además, después que Jacob luchó con el Angel, desde ese momento comenzó a caminar cojeando (Génesis 32:25,31-32). Al igual, nosotros, después de haber tenido un encuentro personal con nuestro Mesías, debemos tener un "caminar diferente." Nuestro caminar debe ser tan decisivamente diferente que todos los que están alrededor nuestro lo puedan fácilmente notar.

¡Lareshet Et Ha'aretz! ¡Poseer La Tierra!

Los herederos de Abraham están supuestos a ser "victoriosos." Porque, Yahveh dijo:

"De cierto te bendeciré y en gran manera multiplicaré tu descendencia como las estrellas del cielo y como la arena que está en la orilla del mar. Tu descendencia poseerá las puertas de sus enemigos" (Génesis 22:17).

Ser Israel es poseer, *yaresh*, Xry, (el verbo es *lareshet*) ambas, las puertas de sus enemigos y la Tierra prometida a sus padres (Génesis 15:7; 28:4; Deuteronomio 1:8). Basado en el significado de *yaresh*, ellos están supuestos a "Tomar, quitar, tomar poseción, heredar, desheredar, ocupar."

Como herederos de Jacob, Israel es llamado a tener éxito —totalmente.[26] Sin embargo, Israel solamente tendrá éxito si es dirigido por el *Ruach haKodesh* (el Espíritu Santo). Aquellos que *piensan* que son dirigidos por el Espíritu—*pero en realidad no lo son*, no tendrán éxito (Levítico 18:28; 20:22). Los hijos de Israel, en cuyas manos finalmente la Tierra será estregada tienen que ser *verdaderamente* dirigidos por el Espíritu de Yahveh. La importancia de ser verdaderamente dirigido por el Espíritu Santo del Padre, es un punto esencial que nunca debe ser subestimado.

---

26 Strong y *BDBL* # H 3423. Vea también Gén 27:29.

¿Dónde se encuentra Israel para poder ser poseedor victorioso de puertas?

Israel es llamado a ganar señorío en este mundo. Porque, en el Cielo, no hay nada sobre qué triunfar. Allí todas las cosas están en órden. La poseción de Israel de las puertas de sus enemigos debe ocurrir aquí—en la tierra. Sin embargo...

Nosotros "no luchamos contra sangre ni carne, sino contra principados, contra autoridades, contra los gobernantes de estas tinieblas, contra espíritus de maldad en los lugares celestiales" (Efesios 6:12; Génesis 4:7). Luchamos contra la oscuridad que ata.

Aún más, nuestro primer objetivo debe ser el tomar "cautivo" nuestros *propios* pensamientos, trayéndolos a la obediencia del Mesías. Porque Su reino, el cual no es de este mundo, *debe ser primero establecido en nuestros propios corazones* (2 Corintios 10:5; Juan 18:36; Mateo 7:3-5).

Entonces, y solamente entonces, estaremos equipados para ganar las batallas aquí en la tierra.[27]

El Llamado Doble de Yisrael

Nuestro llamado a prevalecer debe ser templado con la comprensión de que "carne y sangre no heredará el reino de Dios" (1 Corintios 15:50). Porque, nuestro Dios es Espíritu, y para ser heredero de Su Eterno Reino de Israel,[28] uno tiene que ser "espiritual." "Dios es espíritu, y es necesario que los que le adoran, le adoren en espíritu y en verdad" (Juan 4:24).

El llamado a ser Israel comienza aquí, con personas viviendo en cuerpos de carne y sangre. El patrón establecido por el Creador es el siguiente: primero una semilla es sembrada en un cuerpo natural, después es levantada en un cuerpo espiritual (1 Corintios:36-50). [29]

---

27 2 Cro 20:15-22; Jos. 10:25; Zac 10:5; 14:14;1 Tim 1:18; 2 Tim 4:7.

28 Su Reino de Israel: Vea 1 Cro 14:2; 17:14; 28:5; 29:23; 2 Cro 9:8; 13:5,8; Isa 9:6-7; Lucas 1:32-33; Ef. 5:5; Heb 1:3; 3:6; 8:1; 10:12.

29 Vea el Herald de la Casa de David, Vol. 11, Libro 7, *El Principio de la Semilla.*
(continued...)

Lo mismo es verdad para Israel. El llamado es doble—comienza en el reino físico y culmina en el reino espiritual

Nuestro llamado es igual al de nuestro antepasado. Y, a Jacob se le dió su título porque rehusó desistir. El no se acobardó. Por esto, fue renombrado Israel. Tal es el llamado de todos los seguidores del Mesías de Israel. Yeshua dijo, "Y seréis aborrecidos de todos por causa de Mi nombre, pero los que *perseveren hasta el fin* serán salvo" (Mateo 10:22).

¡Que podamos ser contados entre los que perseveran.!

¿Quién Reinará?

Ser Israel es ser uno que reina con el Todopoderoso. Por tanto, de la pregunta "¿Quién es Israel" nace otra pregunta: *¿Quién reinará con el Todopoderoso?* Dándose cuenta o sin darse cuenta, muchos pelean sobre este asunto tácito de reinar.

Tristemente, algunos quieren tener derechos exclusivos al título de Israel por razones equivocadas. Quieren ser pre-eminentes. Quieren ser aquellos que reinarán (1 Corintios 4:7-8; Gálatas 4:17). Sin embargo, el Mesías declaró, "Si alguno quiere ser el primero, deberá ser el último de todos y el siervo de todos" (Marcos 9:35).

Para complacer al Mesías de Israel, uno tiene que convertirse en siervo de siervos.

Siervos—Israel.

Conceptos Inseparables.

Israel es también un título otorgado.

A Jacob le fué dado el nombre Israel. Al igual es para nosotros. En esta vida, una persona puede darse a sí mismo un título propio por una temporada, pero al final de todas las cosas, un título solamente podrá ser otorgado por el Todopoderoso. El Padre dice, "Israel es *Mi* hijo, *Mi* primogénito" (Exodo 4:22; Salmo 89:27; Jeremías 31:9).

---

29 (...continued)
La Unidad y Propósito de lo Físico y lo Espiritual, por Ephraim y Rimona Frank.

Israel es un nombre dado por el Padre a Su hijo (hijos).
Solamente el Padre puede desheredar a un hijo. Los hermanos, quizás lo quieran hacer, pero no es su prerrogativa.

Israel, es un hijo.

Para averiguar lo que más adelante ocurrió con la
bendición del que luchó y prevaleció, nos preguntamos: ¿A
quién le dió Jacob la preciosa bendición que sus padres le
dieron? ¿Quién la heredó? ¿Qué sucedió después? ¿A quién
le pertenece ahora?

3

El Primogénito Heredero de Jacob

Las dos esposas de Jacob, Lea y Raquel, y sus siervas, Zilpa y Bilha, le dieron a Jacob doce hijos, los cuales fueron conocidos como las Doce Tribus de Israel.

Lea fue la madre del hijo primogénito de Jacob, Rubén, y el título de "primogénito" le pertenecía a él. Sin embargo, las Crónicas nos revelan que Rubén no fue el heredero de Jacob, sino que el "derecho de primogenitura le perteneció a José" (1 Crónicas 5:2).

"Rubén...fue el primogénito, pero cuando profanó el lecho de su padre, su derecho de primogenitura fue dado a los hijos de José, hijo de Israel; de modo que no fue registrado en la genealogía como primogénito" (1 Crónicas 5:1).[30]

Jacob le dió el derecho de primogenitura al hijo primogénito de su amada Raquel. Se lo dió a José y a los hijos de José.

¿Qué cosa es esta primogenitura que Jacob le dió a José? ¿Qué incluía? En el Israel antiguo, el derecho de primogenitura incluía una doble porción y preeminencia familiar

---

30 *Diccionario Bíblico de Unger*, Moody, 1974, dice, "Jacob le quitó el derecho de primogenitura a Rubén [vea Deut. 21:17] debido a su incestuosa conducta... y lo transfirió a José adoptando a sus dos hijos" (p 368). También vea *Wycliffe Enciclopedia Bíblica*, Moody, 1983, p 27.

(el derecho de actuar como el futuro gobernante de la familia). El Todopoderoso ordenó que el padre debe "reconocer al primogénito...dándole una doble porción de todo lo que posee, porque éste es el principio de su fortaleza; a él le pertenece el derecho del primogénito" (Deuteronomio 21:17).

Al primogénito se le daba la doble porción para que pudiera estar equipado para actuar como pariente-redentor de sus hermanos.[31] El *derecho*, o *mishpat* (jpXm) del primogénito (*bekor*, rwkb),[32] habla de preeminencia, primogenitura, el derecho de actuar como gobernante de la familia, para dispensar justicia, para ser el redentor de la familia.

Concerniente a este privilegio, los libros de texto nos dicen:

"Las promesas...a los patriarcas eran consideradas como unidas al...primogénito." [33] El "primogénito... le pertenecía a Jehovah," y "era el sacerdote de toda la familia." [34] El "tenía el respeto como líder de sus hermanos...y una doble porción." [35] "El recibía el derecho de heredar el liderato de la familia... (Génesis 43:33)." [36] "Estado de preferencia ...santidad, autoridad, soberanía, responsabilidad, y derecho de sucesión debido a [él]....él se convertía en la futura cabeza de la familia... y personificaba el alma y carácter del grupo social, siendo responsable de su continuación y bienestar." [37]

Esta fue la posición que Israel le confirió a José y a sus hijos. En adición, José recibió la doble porción.

Pero, José, también tenía algo más...

Cuando era joven, José tuvo dos sueños proféticos, y en

---

31 Vea, Ex. 6:6; Lev. 27:13; Rut 3:9; 4:4; Isa. 59:20.
32 *Strong* # H 4941 (también *TWOT* 2443); y 1062 respectivamente.
33 *Enciclopedia Bíblica Wycliffe* Moody, 1983, p 609.
34 Unger'Diccionario Bíblico, Moody, 1974, p 367.
35 *Zondervan Enciclopedia Pictorial* Vol. 2, Zondervan, 1976, p 540.
36 *El Nuevo Diccionario Bíblico de Harper*, Harper & Row, 1973, p 194; 2 Chr 21:3.
37 *Diccionario de Intérpretes de la Biblia*, Vol. 2, Abingdon, 1962, pp 270-271.

ambos, sus hermanos se inclinaban ante él (Génesis 37:5-28). Estos sueños "Mesiánicos" hablaban de la futura posición de liderazgo de José—una idea que molestó a sus hermanos. Ellos no podían concebir que este décimoprimer hijo llegara a ser el líder de la familia. La propia idea de que él gobernara sobre ellos los irritó tanto, que cuando lo encontraron sólo, y después de haberlo tirado en una fosa, lo vendieron a un grupo de mercaderes ismaelitas que pasaban en camino a Egipto.

No obstante, después de un tiempo difícil en Egipto, José se elevó al poder, nombrado segundo después del Faraón. El también se casó con Asena, hija de Potífar, sacerdote de On, y conjuntamente tuvieron dos hijos, Manasés y Efraín.

La historia intrigante de cómo la bendición primogénita fue pasada de José a sus hijos, se encuentra en Génesis cuarenta y ocho. Para ver el desarrollo de la historia, debemos ser transportados una vez más, a través de las arenas del tiempo. Esta vez, nuestro destinatario es la tienda del patriarca localizada en Egipto.

"Tu padre está enfermo," el joven mensajero dice mientras se inclinaba profundamente delante de su señor. José, vicerregente de Egipto, congregó a sus hijos, quienes lo siguieron apuradamente y se encaminaron hacia la tienda de Jacob. Lágrimas llenaban sus ojos, mientras se acercaba a la cama de su anciano padre.

Al ver a su hijo amado, el anciano, recobró sus fuerzas, y sentándose, le dijo a José:

"El Dios Todopoderoso...me dijo, 'He aquí, yo te haré muy fructuoso y numeroso, y te haré una multitud de pueblos.'"

Jacob le dijo esto a José, porque sabía que había llegado el tiempo de traspasar la bendición que iba a resultar en el cumplimiento de la promesa que el Todopoderoso le había hecho: que él, Jacob/Israel, sería padre de una gran congregación de pueblos.

"Y ahora," dijo el anciano Israel, "tus dos hijos, Efraín y Manasés tráemelos para que yo los bendiga."

José acercó a sus hijos hacia su padre. Y, con Efraín y Manasés parados delante de él, Israel hábilmente movió su mano derecha sobre la cabeza de Efraín, y poniendo su mano izquierda sobre la cabeza de Manasés, los bendijo diciendo:

"*Que se conviertan en abundantes multitudes sobre la tierra..*"

José escuchó a su padre decir estas preciosas palabras hebreas sobre sus hijos, *Va'yig'de'lu la'rov...* (brl wldgIyw):

"Que se multipliquen y proliferen abundantemente, como multitudes de pescados—que se vuelvan ingentes multitudes...."[38]

El patriarca continuó bendiciendo a los hijos de José:

"Manasés llegará a ser un pueblo. Sin embargo su hermano menor, Efraín, será más grande que él, y sus descendientes llegarán a ser "una plenitud de Gentiles."

De nuevo, las palabras hebreas volaron en el aire egipcio. Los descendientes de Efraín llegarían a ser el *"melo ha'goyim."*

Las palabras atemorizaron a José. Los hijos de Efraín llegarían a ser *¡una plenitud de Gentiles!—¡La abundancia de las naciones! ¡Serían tan numerosos que tendrían que habitar las tierras de otras naciones!*[39]

José se paró al lado de la cama de su padre. El observaba mientras Jacob definía cómo se cumpliría la bendición

---

38 La *Serie del ArtScroll Tanach* (*commentario del Talmud, Midrashic* y fuentes Rabínicas; (de aquí en adelante llamado *ArtScroll*) tradujeron el versículo, "Que proliferen abundantemente como pescados" (*Génesis*, Vol. 6, Mesorah, 1982, pp 2115-2117). Estes versículo también puede ser traducido, "Que se multipliquen y que crescan en multitudes de pescados" (como es traducido de la Concordancia del Tanach de Rimona Frank, editor hebreo). Quizás esta traducción pega mejor, porque "pescadores de hombres"serían mandados a recoger al Israel dispersado. (Mat 4:19).

39 *ArtScroll* dice *m'loh* significa una "plenitud" y, "Connota abundancia... significando: Su semilla se volverá la abundancia de las naciones....Tendrán que habitar tierras de otras naciones" (*Génesis*, Vol. 6, Mesorah, 1982, p 2121). *Melo* también es usado en el Salmo 24:1: "La tierra es del Señor y su plenitud. [*melo*] (KJV); o, "todo lo que contiene" (NASB). *Strong* define melo (# 4393) como "plenitud," y *goy* (#1471) como "Gentil, paganos, nación, pueblo."

prometida. El observó, mientras Israel le daba la bendición de una nación individual a Manasés. El escuchó a Jacob declarar que los de Efraín llegarían a ser la plenitud de los Gentiles.

Los hijos de José eran parte del plan de Yahveh para darle a Abraham *miríadas de descendientes*. Y la forma en que sería consumado estaba siendo declarada: *Primeramente sería una sola nación, después serían un conjunto o congregación de naciones.*

José sonrió. Se sintió honrado de ser parte de todo esto.

"El Dios de mis padres estará contigo José, El os hará volver a la tierra de vuestros padres." el patriarca dijo mientras se arrecostaba sobre su cama..

Jacob había conferido la bendición prometida a José y a sus hijos, y ahora él podía descansar (vea Génesis 48:1-22).

La Alegoría

El Padre le prometió a Jacob: "Una nación y un conjunto de naciones saldrán de tí" (Genesis 35:11). Aún así, Israel comenzó como "una" sola nación, hasta que vino el Pastor Dios de Ezequiel 34 y de Juan 14 y comenzó a reunir a una "congregación de naciones."

Así, vemos a Manasés alegóricamente bosquejando a aquellos del Pacto Antiguo de Israel, un *sólo pueblo*, étnico, y Efraín bosquejando a todo Israel del Nuevo Pacto, aquellos que son una *congregación* de muchos *pueblos* étnicos.[40]

La Doble Porción

El Todopoderoso le dijo a Jacob, "He aquí, te haré fecundo y te multiplicaré y haré que llegues a ser una multitud

---

40 Vea, *In Search of Israel*, capítulo 6, *La Alegoría* (Batya Ruth Wootten, 1988), y Capítulo 11 de este libro. También como es enseñado por Ephraim Frank, los dos hijos de José fueron nombrados Manasés (significando *olvidar*) y Efraín (*fructuoso*) y basado en el significado de sus nombres colectivos, los herederos de José fueron destinados a *olvidar* (sus raíces) pero, finalmente se volverían un pueblo *fructuoso*.

[*kahal*] de naciones. Yo daré esta tierra como posesión perpetua a tu descendencia después de ti." (Génesis 48:2-4).

José fue el hijo de Raquel, la amada de Jacob y él "amó a José más que a todos sus otros hijos" (Génesis 37:3). Por ser su primogénito heredero (Génesis 48:21-22), Jacob le dice:

"Y ahora, tus dos hijos, Efraín y Manasés, que te nacieron en la tierra de Egipto antes de que yo viniese a tí en la tierra de Egipto, serán míos; como Rubén y Simeón serán míos." Y, "Sean ellos llamados por mi nombre y por los nombres de mis padres Abraham e Isaac." (Génesis 48:5,16).

Con esta acción Israel "adoptó" los dos hijos de José.

Sin embargo, no fue una adopción en el sentido normal. Estos dos jóvenes eran en actualidad los "*nietos biológicos*" de Jacob. Como tal, fueron "adoptados" a una posición de "*hijos.*"

Si miramos en contexto, notamos que esta adopción realmente define la posición de adopción de (nietos) "naturales," a "hijos en el espíritu."

Aún así, Pablo el apóstol habla de sus hermanos "quienes son israelitas," diciendo, que a ellos "les pertenece la adopción de hijos" (Romanos 9:4).

Regresando a Jacob, notamos que en su tiempo en la historia, su declaración de que "Sean ellos llamados por mi nombre" pudo haber sido una fórmula reconocible de adopción. [41] A travéz de este proceso de "adopción", José recibió la doble porción del primogénito. (Deuteronomio 21:17). Después de esto serían como *dos* tribus: Manasés y Efraín.

Luego Jacob extendió su bendición un paso más

Cuando José puso a sus hijos delante de su padre, "Tomó José a ambos: a Efraín a su derecha (a la izquierda de Israel), y a Manasés a su izquierda (a la derecha de Israel); y los acercó a el" (Génesis 48:9,13).

La Sagrada Escritura clarifica la posición de cada joven en

---

41 *Enciclopedia, Bíblica de Wycliffe* Moody, 1983, p 27.

relación a la derecha de Israel, porque de acuerdo con la *Serie de ArtScroll Tanach* "Uno tradicionalmente bendice a otro imponiendo su mano en la cabeza de la persona..... La mano derecha es la preferida para llevar a cabo los *mitzvos* [*mitzvot*], puesto que tiene supremacía espiritual."[42]   Y Génesis revela que, "Israel extendió su mano derecha y la puso sobre la cabeza de Efraín, que era el menor, y su izquierda la puso sobre la cabeza de Manasés, cruzando sus manos a propósito, a pesar de que el primogénito era Manasés" (Genesis 48:14).

Así, Jacob "puso a Efraín antes que Manasés." Y, declaró a Efraín el heredero de José.   Jacob/Israel dijo, "Efraín...será mío como Rubén," significando que, "Efraín será como *mi primogénito*" (Génesis 48:20,5).

Escribiendo el Testamento de José

En esencia, Israel escribió el testamento de José, el cual es confirmado en las palabras de Ezequiel cuando dice: "La vara de José...está en la mano de Efraín" (Ezequiel 37:19).

La poseción de la "vara" indica el liderato de Efraín sobre la tribu de José.   Puesto que el Padre instruyó a Moisés: "Habla a los hijos de Israel y diles, toma doce varas, una vara por cada casa paterna: doce varas.....Escribe el nombre de cada uno en su vara...una vara para cada jefe de su casa paterna" (Números 17:2-3).   El *palo* o *vara*, sirve como símbolo del liderato familiar,[43] y Efraín sostiene la vara de José.

El heredero de Abraham fue Isaac; el heredero de Isaac fue Jacob; el heredero de Jacob fue José; y el heredero de José fue Efraín.

Pero, ¿porqué la herencia de José le fue dada a Efraín, en lugar de a Manasés, quién en realidad era el hijo

---

42 *ArtScroll, Génesis*, Vol. 6, Mesorah, 1982, p 2098. *Mitzvot:* obras justas de misericordia.
43 *Matteh* ([הטמ] (vara), "significa 'Cayado' o 'baston.'" *TWOT* # 1352.

primogénito? ¿Porqué el candidato natural para recibir la bendición de primogénito fue una vez más pasado por alto a favor de otro? ¿Nos están comunicando un mensaje con estas acciones? ¿Nos está enseñando el Padre un principio en la manera que el primogénito patriarcal era escogido?

Elección Divina

El primogénito físico de Abraham fue Ismael, sin embargo, el Santo de Israel escogió como heredero a Isaac (el segundo nacido de Abraham). Después, Esaú, el primogénito de Isaac, fue pasado por alto a favor de Jacob. A su tiempo, Jacob ignoró a Ruben su primogénito y escogió a José, su decimoprimer hijo (el primogénito de Raquel). Finalmente, Manasés también fue pasado por alto a favor de Efraín.

Cada uno de estos herederos elegidos tenían una cosa en común: A pesar que todos eran herederos "biológicos," se conviertieron en "primogénitos herederos" a travéz de un tipo de "adopción" a esa posición.

Intervención Divina

También, a excepción del "misterioso Efraín," cada uno de estos primogénitos herederos requirieron intervención divina para poder nacer. Leemos de sus madres: "Y Sarai era estéril y no tenía hijos." Pero Dios dijo, "La bendeciré....y será madre de naciones" (Génesis 11:30; 17:16). "Isaac rogó a Yahveh por su mujer, que era estéril; y Yahveh accedió a su ruego y su mujer concibió" (Génesis 25:21). Y, "Raquel era estéril....Entonces se acordó Dios de Raquel. La escuchó y le dió hijos." (Génesis 29:31; 30:22).

En los casos de Isaac, Jacob, y José, la matriz de sus madres tuvieron que ser abiertas por Dios. Sin embargo, no se nos dice si éste también fue el caso de Efraín—a cuya discusión regresaremos más adelante.

De la misma manera, en los casos de Isaac, Jacob, José,

y Efraín, cada uno de ellos no recibió su posición en bases a su orden de nacimiento biológico. De hecho, se convirtieron herederos, al ser "adoptados" a la posición de primogénito.

¿Qué cuadro no pinta estos ejemplos?

Ellos retratan la verdad de que, "*aún si uno es heredero físico, es nuestro Padre quién hace nacer al "primogénito elegido.*" Ellos son determinados de acuerdo a *Su* elección. Es por esto que Pablo escribe que la herencia no es basada "En el esfuerzo o deseo del hombre, sino en la misericordia de Dios." (Romanos 9:16, NVI).

Una Reseña del Primogénito

El primogénito le pertenecía a Yahveh (Exodo 13:2,15). Como sacerdote de la familia, él era la expresión del alma y carácter del grupo social. Como cabeza de familia, recibía la autoridad y respeto de líder entre sus hermanos. Como primogénito, recibía la soberanía preeminente y una doble porción.

Excepto, que a pesar de esta regla, "era posible que el padre privara al primogénito de sus derechos....La Primogenitura siempre era considerada, pero, no siempre era decisiva....Los casos de transferencia de primogenitura aparecen como las excepciones que ilustran la elección divina." [44]

¿Fué Preeminente Efraín?

En Israel, el primogénito es preeminente, él es un sacerdote, un soberano, un redentor, y tiene una doble porción. Pero, como primogénito heredero de Jacob, ¿Llegó Efraín a cumplir a cabalidad su llamado de ser la próxima cabeza de la familia—la cabeza que expresa el alma y

---

44 *Enciclopedia Bíblica de Wycliff*, Moody, 1983, pp 609-610; 843.

carácter de Israel? ¿Se convirtió Efraín en un príncipe poderoso y prevaleciente?

4

Efraín: Una Reseña

Como individuo, el nombre de Efraín es mencionado solamente catorce veces en las Escrituras.[45] Se nos dice que nació en Egipto, que fue el segundo hijo de José y Asenat (la hija de Potífer sacerdote de On), y que fué nombrado *Efraín*, porque, su padre José dijo: "Dios me ha hecho *fructuoso* en la tierra de mi aflicción" (Génesis 41:52).

Finalmente, Efraín fue expuesto ante su abuelo, Jacob, y declarado el heredero primario de Jacob. Más adelante, se nos dice los nombres de sus hijos, y, la última mención de él en las Escrituras es encontrada en Génesis 50:23: "Y José vió la tercera generación de los hijos de Efraín."

Después de esto, el elusivo Efraín desaparece. Aquel cuyo nombre significaba "doble fructuosidad" simplemente desaparece[46]—sin registro de haber pasado adelante su bendición enriquecedora.

La bendición primogénita patriarcal fue pasada a Efraín, y su transición se detuvo con Efraín.

---

45 Gén 41:52; 46:20; 48:1,5,13,14,17,20; 50:23; Núm 26:28; 1 Cró 7:20,22.
46 *Strong* define Efraín (אפרים),como significando "doble fruta" (# H 669); *Lexicon Gesenius Hebreo*, Hendrickson, 1979, dice, "doble tierra" (# 69, p 73). Doble tierra, doble fruta es el significado del nombre de la persona a quién se le ha dado la doble porción.

Una Casa Dividida

Después que Jacob bendijo a Efraín, los descendientes de Efraín fueron considerados como una sola tribu. Años más tarde, diez de las doce tribus de Israel fueron colectivamente conocidas como "Efraín", o "Efrateos," y también "Israel."[47]

Esto fué debido a que un tiempo después de que los hijos de Israel entraron en la tierra de Canaan, se dividieron en dos casas: Judá y Efraín (o Israel).

Mientras todas las doce tribus fueron descendientes de Jacob/Israel y por consiguiente y justamente podían ser llamados "Israel," aquellos del reino del norte de Efraín eran los que primordialmente eran llamados "Israel," y los del reino del sur eran llamados "Judá" (2 Reyes 17:34; 1 Reyes 12:21).

Además, el Padre dice, "Israel es Mi hijo, Mi primogénito" (Exodo 4:22). Consecuentemente, así diciendo, "Israel" es un "nombre de primogenitura." Y al igual que el patrimonio pasó a José/Efraín, así también pasó el nombre de primogenitura.

Las Tribus Perdidas

El Reino del norte de Israel constó de diez tribus (1 Reyes 11:35), y duró poco más de doscientos años (975-721 A.C.)[48]

Sin embargo, debido a que los Efrateos seguían las costumbres paganas de sus vecinos gentiles, por un tiempo, algunos se unieron al pueblo más piadoso de Judá.[49]

---

47 Isaías dice, "Efraín" fue destrozado, y por esto no era más "un pueblo," él habla del día cuando Efraín fue separado de Judá (vea 7:5-9; 7:17), y le llama "Efraín" a las diez tribus separadas. (1 Reyes 11:31-37). También encontramos comparaciones de "Efraín, Judá" en 1 Reyes 12:21; Oseas 5:12,14; 6:4; 10:11; Zac 9:13; Eze 37:16-19. Por tanto, llamamos al "pueblo" del Reino del Norte "Efraín." Y, usamos el término "Efrateo" cuando nos referimos a ellos (vea Jueces 12:4-6), Al igual usamos "Judíos" para referirnos a aquellos de "Judá," e "Israelitas" para referirnos a aquellos de "Israel."

48 *Los Reyes de Judá e Israel por* by C. Knapp, Loizeaux Brothers, 1983, pg 27-28.

49 Sobre las tribus que se unieron a *Judá-aunque solamente por un tiempo-* notamos que, mientras que no podemos encontrar un listado de todas las tribus,

(continued...)

Durante su tiempo de estancia temporal con Judá, estos israelitas eran considerados sujetos a Judea. (1 Reyes 12:17). Pero, triste es decir, que Judá finalmente también cayó en los mismos pecados (Ezequiel 23:1-49; 2 Reyes 16:2-4; 17:19; 2 Crónicas 31:1). Y, ambas casas mantuvieron sus identidades distintas.

Aunque la Sagrada Escritura nos habla de ciertas mezclas y de matrimonios entre los dos reinos,[50] y, mientras los hombres podían moverse de su tierra tribal a tierra de otra tribu, no podían llevarse su herencia agraria con ellos. La tierra podía ser "vendida" solamente en bases de "arrendamiento," pero nunca "permanentemente" (Levítico 25:13,29-31; Jueces 21:24). Ciertamente, esta restricción limitaba el límite de entremezcla. Pero más importante, si una persona se mudaba al territorio de otra tribu, esa mudanza, no cambiaba, o no podía cambiar el linaje tribal al cual pertenecía.

No obstante, es posible que ambas casas, Israel y Judá, incluían una representación, aunque pequeña, de cada tribu, Aún así, ambas permanecieron entidades distintas hasta el fin. De hecho, entre ellos existía una guerra continua —la cual cesó solamente cuando Asiria, el enemigo norteño de Efraín, se llevó al pueblo de Efraín a la cautividad.[51]

Así fue como aquellos de Efraín/Israel fueron conocidos como "Las Diez Tribus Perdidas."

Efraín Y Los Samaritanos

La *Nueva Versión Internacional de Estudios de la Biblia*

---

49 (...continued)
sí sabemos que la mayoría eran Levitas (pero no todos:: vea 2 Cro 11:14; 2 Reyes 17:28; 1 Reyes 12:21 y la *Nueva Versión de Estudio de la Biblia*, Zondervan, 1985, comentario), y algunos de Efraín, Manasés, Simeón, Aser, Zabulun e Isacar (2 Cro. 15:9; 30:11,18).
50 1 Reyes 22:4; 2 Ki 8:18.
51 La última guerra fue en el 735 B.C. Vea Mapa Cronológógico del Antiguo Testamento por John H. Walton, Zondervan, 1978, p 62; 1 Ki 14:30; 15:16; 2 Ki 15:37; 16:5-6.

nos habla de los israelitas que fueron tomados cautivos por Asiria:

"...Israel experimentó su primera deportación bajo Tiglat-Pileser III (745-727 B.C.), una crueldad repetida por Sargon II (722-705 B.C.) al tiempo de la caída de Samaria. Las inscripciones de los últimos reyes se jactan de haberse llevado como botín alrededor de 27,290 habitantes de la ciudad.... estos fueron llevados a Asiria. a Halah (Calah?), a Gozan en el Río Habor, y aparentemente a las fronteras orientales del imperio (a las ciudades de los Medos, probablemente en algún lugar cercano a Ecbatana, la moderna ciudad de Hamadan)." [52]

Durante este tiempo, los asirios practicaban un método único de controlar las tierras recién conquistadas. Ellos esparcían a los ciudadanos líderes entre otras naciones, y mudaban a los líderes principales de otras naciones conquistadas a las tierras recién subjugadas. De esta manera, todo era desestabilizado y con menos probabilidad para unirse y sublevar.

Los registros asirios indican que las familias nobles fueron llevadas al cautiverio, mientras que los trabajadores agrícolas eran dejados atrás para cuidar de los cultivos. [53] Los agricultores y pescadores que se vieron forzados a quedarse y alimentar a sus conquistadores, finalmente fueron asimilados en el imperio Asirio.

Es posible, que algunos pocos "se hayan mantenido." Que algunos efrateos vivieran por generaciones bajo el reinado de sus conquistadores asirios sin olvidarse que eran "de Israel."

---

52 *Nueva Versión Internacional de Estudio de la Biblia*, Zondervan, 1995, (de ahora en adelante: NVI Mapa Biblia de Estudio, Exilio del Reino del Norte, pg 550. Nota: Este número no incluye a aquellos que más adelante fueron tomados cautivos. La Escritura declara que, "Tiglat-Pileser rey de Asiria fué y capturó Ijon y Abel-beth-maacah y Janoah y Kedesh y Hazor y Gilead y Galilea,toda la tierra de Naftalí; y se los llevó cautivos a Asiria" (2 Reyes 15:29). Se desconoce el número total de cautivos. Sn embargo, Amos 5:3 sí dice, "La ciudad que salía a la guerra con mil quedará con cien, y la que salía con cien quedará con diez."(también vea vs. 3:12). 53 *NVI Biblia de Estudio*, Zondervan, 1995, p 550.

Después que "Israel" cesó de ser un pueblo identificable (Isaías 7:8; Oseas 1:10; 2:23), y después de que algunos de Judá regresaron de Babilonia, desde este tiempo en adelante es posible que a los hijos de Jacob que se mantuvieron unidos les llamaron "judíos.." Como consecuencia, podemos tener pescadores "Efrateos," que eran llamados "judíos," como por ejemplo, el apóstol Pedro.

La Palabra nos revela la dispersión de Efraín y que fueron llevados "a Halaj, por el (Río) Habor, por el río de Gozán, y en las ciudades de los medos." Y que más adelante,"El rey de Asiria trajo gentes de Babilonia, de Cuta, de Ava, de Hamat y de Sefaraim; y las estableció en las ciudades de Samaria en lugar de los hijos de Israel. Ellas tomaron posesión de Samaria (capital de Israel) y habitaron en sus ciudades" (2 Reyes 17:6,24, TNKH; 1 Crónicas 5:26).

Entre esta mezcla de pueblo asimilado y transplantado, se encontraban los que con el tiempo se conocieron como los "Samaritanos." Este pueblo fue generalmente despreciado por los de Judá— este odio continuó aún hasta los tiempos del Nuevo Testamento/Pacto. Este odio parece haber sido fácilmente devuelto por los samaritanos (Lucas 9:52-53; Juan 4:9; 8:48).

Muchas Millas Aparte—Generaciones Posteriores

Para comprender lo que le sucedió a Efraín, tenemos que ver que al tiempo de ser tomados cautivos, tenían su propio rey y funcionaban como un reino separado. (2 Reyes 17:1-3). También, que fueron llevados a ciudades que variaban en distancia, desde 250 a 350 millas al norte de Babilonia —lugar donde Judá fue llevado. La cautividad de Judá tomó lugar 135 años más tarde, o varias generaciones más adelante. Sabemos también que Judá se estableció "junto al río Quebar" (Ezequiel 1:1), mientras que Efraín fue esparcido "hacia el otro lado del río Eufrates" (1 Reyes 14:15).

Esto significa, que habían muchas millas (considerando los métodos limitados de transporte), y varias generaciones (asumiendo que a la edad de 40 años ya tenían hijos), entre la deportación de Efraín para Asiria, y la posterior deportación de Judá para Babilonia. Así mismo, estos dos pueblos eran abiertamente hostiles uno al otro, al tiempo de ocupar la Tierra Prometida.

Sin embargo, hoy días muchas personas estan ciegas a las diferencias entre estos dos reinos. No ven las diferentes deportaciones y sus tiempos, ni las diferentes profecías y promesas que aplican a cada grupo.

Luce como si hubieran sido cegados a la verdad ......

Asimilados En El Medio Ambiente Extranjero

Después de la conquista de Asiria. ¿Que sucedió con el pueblo de los efrateos?

La *Enciclopedia Judaica* dice:

"Se nota que por regla general, no poseían el estado de esclavos o de una población oprimida. Los exiliados se establecieron primeramente en Mesopotamia como inquilinos agrarios del rey... los que entre ellos eran artesanos, eran empleados en proyectos estatales. Finalmente, algunos de los exiliados lograron estado económico y social y aún ocuparon altas posiciones en la administración de Asiria.....El establecimiento de raíces en la sociedad mesopotámica por una gran parte de los descendientes exiliados de los israelitas, resultó en su absorción eventual en el milieu extranjero." [54]

Todos los Judíos Eran Israelitas Pero No Todos Los Israelitas Eran Judíos

Para entender a "Israel," debemos darnos cuenta de que estos Efrateos antes de su deportación eran *Israelitas*, y nó *Judíos*. Mientras vivían en la Tierra, antes de su

---

54 *Enciclopedia Judaica*, Keter Publishing, 1972, Jerusalem, Exilio de Asiria, pg 1036.

deportación, estos israelitas no eran llamados judíos. [55] Ellos eran israelitas.

Una vez expulsados de su tierra natal, una vez dispersados, vivían y trabajaban en Asiria. Como se dijo anteriormente, echaron raíces en la sociedad mesopotámica, o sea, fueron absorbidos. En toda su apariencia *externa*, estos efrateos, lucían como "extranjeros." Como fue profetizado, se convirtieron en "*Gentiles*" (Génesis 48:19).

Los de Judea fueron llevados al cautiverio casi un siglo y cuarto más adelante. Por otra parte, dondequiera que se encuentran, el pueblo judío siempre ha buscado mantener una identidad separada de las naciones en las cuales habitan.

En contraste, los efrateos quisieron ser como los Gentiles.[56] Por esta razón, el Padre les permitió la asimilación entre las naciones. El les permitió que en su apariencia se convirtieran en "Gentiles."

Tal fué el destino de Efraín.

De esta historia breve podemos ver que el distintivo del pueblo de Efraín es su desaparición, o en particular su pérdida de identidad israelita. Esta condición de "perdidos", apenas pinta un cuadro de una poderosa congregación grandemente bendecida por el Dios de Israel.

¿Un Segundo Nacimiento?

¿Adonde están hoy día los efrateos?

La *Enciclopedia Judaica* dice que el historiador del primer siglo Josefus, declaró en sus *Antiguedades*, "Las diez tribus están más allá del Eufrates hasta el día de hoy, y son una

---

55 "Judío" es un derivado de "Judá" (Hebreo: [יהוד] *Yehudi*).

56 Aparentemente, en la diáspora algunos Efrateos trataron de (y todavía algunos tratan) de mantener sus "Raíces Israelitas." Pero, puesto que la mayoría de sus hermanos fueron tragados por las naciones (Oseas 8:8), estos que se sentían atraídos a sus raíces probablemente se unieron al pueblo de Judá, los que también abiertamente se aferraron a ellas.

inmensa multitud que no puede ser estimada en número."[57]

También, el teólogo y creyente judío del siglo 19, Alfred Edersheim, escribió en su respetado trabajo, *La Vida y Tiempos del Mesías Yeshua*: "La masa grande de las diez tribus en los días del Mesías, al igual que en nuestro tiempo, fué perdida para la nación hebrea."[58]

Edersheim también los llama: "Aquellos trotamundos de las diez tribus cuyas pisadas sin huellas parecen ser tan misteriosas como su posterior destino."[59]

En su estudio del pensamiento rabínico sobre las tribus perdidas, Edersheim concluye: "Respecto a las diez tribus esta verdad se destaca.... que, al igual que su persistente apostasía del Dios de Israel y de Su adoración, los había separado de Su pueblo, así también el cumplimiento de las promesas Divinas a ellos en los últimos tiempos aparentemente insinua como un segundo nacimiento para que una vez más sean Israel."[60]

Como es sugerido por Edersheim, ¿Han experimentado los efrateos un "segundo nacimiento"? ¿Han sido cumplidas las promesas Divinas hechas a ellos? Habiendo sido extraviados entre las naciones gentiles, ¿Se convirtieron en Israel una vez más?"

57 *Enciclopedia Judaica*, 1972, Keter, Diez Tribus Perdidas, pg 1004.
58 *Vida y Tiempos de Yeshua el Mesías*, 1973, Edersheim, pgs 15-16.
59 Edersheim, *La Vida y Tiempos de Jesus el Mesías*, pg 14.
60 Edersheim, La Vida y Tiempos de Jesus el Mesías, pg 15.

5

Yankees Y Rebeldes

Antes de su división, las dos casas de Israel estuvieron unidas bajo tres reyes sucesivos: Primero estuvo Saul, un benjamita. Después, de la tribu de Judá vino el rey David, quién "toda Israel y Judá amó" (1 Samuel 18:16). Más adelante, Salomón, el hijo de David, fué coronado rey.

Pero, Salomón cayó en pecado construyendo lugares de adoración a ídolos para sus esposas extranjeras. Esta idolatría sonó la campana de muerte para el reino unificado de Israel.

Por esto, el Eterno le dice a Salomón, "Porque ha habido esto en ti....ciertamente arrancaré de ti el reino, y lo entregaré a un servidor tuyo. Pero, por amor a tu padre David, no lo haré en tus días; lo arrancaré de la mano de tu hijo" (1 Reyes 11:11-12).

Judá, El Amado

Por la idolatría, el reino unido de Israel fué arrancado de las manos de Roboam, hijo de Salomón. Sin embargo, el Padre dijo, "No arrancaré todo el reino, sino que daré a tu hijo una tribu, por amor a mi siervo David y por amor a Jerusalén, que Yo he elegido" (1 Reyes 11:13).

Judá permaneció reino porque fueron amados por el bien de su padre David, y por el amor de Yahveh por Jerusalén, Su ciudad escogida.

Esto permanecerá inmutable para siempre. Romanos 11:28 dice del judío: "Pero en cuanto a la elección son amados por causa de los padres." El Dios de Israel ama al pueblo judío y siempre los está llamando hacia Sí.

Divididos Diez a Uno

Aún así, el Padre arrebató la mayor porción del reino bajo la soberanía de Judá. Cumpliendo Su juramento, le dió diez partes al siervo de Salomón —de nombre Jeroboam, el cual era efrateo.

En ese tiempo, el Padre le dijo a Jeroboam, "Yo arranco el reino de la mano de Salomón, y a ti te daré diez tribus " (vea 1 Reyes 11:11-12,26,31-35).

Diez tribus le fueron dadas a Efraín,[61] Israel fué rasgada en dos. Mucho más importante, fué *dividido* por el Omnipotente. Porque el Eterno declaró, "*porque de parte Mía ha sucedido esto*" (1 Reyes 12:24).

Norte Y Sur—Hermano Contra Hermano

Los israelitas fueron separados en dos casas después del reinado del rey Salomón. Su división puede ser comparada con la de los Estados Unidos durante la Guerra Civil: Unión y Confederación—Yankees y Rebeldes—Norte y Sur.

A pesar de esto, durante la Guerra Civil Americana, todos continuaron siendo "Americanos," aún cuando una batalla sangrienta ardía furiosamente, con hermano peleando contra hermano.

Así mismo sucedió en el antiguo Israel:

El Reino del Sur de Judá y el Reino del Norte de Efraín

---

61 Vea 1 Reyes 11:31-32; 12:21 y *NVI Biblia de Estudio* pie de página del mismo; también vea Josué 21.

repetidamente guerrearon uno contra el otro, Pero, a pesar de todo, ambos eran parte de una familia mayor, la familia de "Israel." Así, los de Judea fueron primordialmente llamados "Judá, Judío o Judeans."

Considerando nuestra comparación de "Yankees y Rebeldes," es irónico que una de las razones de la separación del antiguo Israel fue debida a cierto tipo de "labor esclava." Porque, muchos de la casa de José se habían reclutados como obreros para trabajar en la casa reinante de Judá.[62] Así fue, que el rey Salomón necesitó un administrador para controlar a sus trabajadores. Al ver Salomón que "Jeroboam era un valiente guerrero" y que "Era eficiente, lo puso a cargo de todo el trabajo forzado de la casa de José" (1 Reyes 11:28).

Sin embargo, después que Yahveh le dijo a Salomón que Jeroboam recibiría diez tribus, Salomón se llenó de celo,y buscó matar a Jeroboam. Por tanto, Jeroboam huye a Egipto, y allí permaneció hasta después de la muerte de Salomón.

A la muerte de Salomón, su hijo Roboam fué a Siquem, porque todo Israel había ido allí para proclamarle rey. Y cuando lo oyó Jeroboam hijo de Nabat (que aún estaba en Egipto, por causa del rey Salomón), rápido regresó de Egipto. Entonces mandaron a llamarle, y Jeroboam vino con toda la congregación de Israel, y hablaron a Roboam diciendo: " Tu padre agravó nuestro yugo; pero ahora, alivia tú el duro trabajo y el pesado yugo que tu padre puso sobre nosostros, y te serviremos."

Pero el necio Roboam ignoró el sabio consejo de sus ancianos de "aliviar" el trabajo. Al contrario, escuchó a los jóvenes que erróneamente le aconsejaron que lo hiciera aún más fuerte. (1 Reyes 12:1-14). Consecuentemente, comenzó la división de Israel.

---

62 Vea 1 Sam 8:11-19; 11:15; 1 Reyes 9:15,21, y NVI Biblia de Estudio pié de página.

Era de Parte Del YAVEH......

Al examinar esta división, tenemos que ver la Escritura que habla del rehuso de Roboam de escuchar a sus ancianos: "esto estaba dispuesto de parte del SEÑOR para que se cumpliera Su palabra....a Jeroboam hijo de Nabat " (1 Reyes 12:15). Esta división fué "de Yahveh." Lo que significa que existe una razón por la cual sucedió.

A pesar de todo, la reaparición de Jeroboam incitó a Roboam a dar un paso para tratar de reconquistar a todo Israel. Así, "el rey Roboam envió a Adoniram que estaba a cargo del tributo laboral, (aparentemene tomó el lugar de Jeroboam), pero todo Israel (Efraín) le apedreó y murió. Entonces el rey Roboam se apresuró a subir en un carro para huir a Jerusalén (su capital)." (1 Reyes 12:18). "Aconteció que al oír todo Israel (Efraín) que Jeroboam había vuelto, lo llamaron a la asamblea y le hicieron rey de todo Israel (el reino del Norte)." (1 Reyes 12:20).

El Tabernáculo Caído de David

Así fué dividido el Reino de Israel: Roboam fué el rey de Judá, y Jeroboam fué el Rey de Israel. La casa de David, una vez unificada, su tabernáculo una vez glorioso, había caído. Porque está escrito que, "Todo reino dividido contra sí mismo está arruinado"—así cayó la casa de David (Mateo 12:25).

Es esencial que veamos que este reino fue dividido en dos por el Omnipotente. "Fue un cambio de eventos que vino de la mano de Yahveh" (1 Reyes 12:15,24; 2 Crónicas 11:4). Vino de Su mano porque El tenía un plan. A pesar de sus diferencias innatas, y de sus muchos pecados, el Padre todavía usaría a Sus dos casas de Israel.

6

LoAmmi—No Mi Pueblo

D espués de convertirse en un reino dividido, el pueblo de Efraín comenzó a mezclarse con los paganos. "Efraín se mezcla con las naciones," dice Oseas. Finalmente fue escrito de los efrateos: "Efraín es como una torta a la cual no se le ha dado la vuelta." (Oseas 7:8).

Debido a que se mezclaron con los paganos, se volvieron "una torta sin volver," que significa que estaban "*medio-cocinados.*" Al igual que una torta que se cocina sólo de un lado, la metáfora sugiere que tuvieron sólo una relación *parcial* con el fuego refinador del Espíritu de Dios. Pero, el lado contrario estaba crudo, era *pagano*.

El pueblo de Efraín entretuvo dioses y doctrinas extrañas, que debilitaron su fortaleza—y los incapacitó para llegar a ser el príncipe poderoso y prevalecedor a que estaban llamados. Porque Israel "no ha de ser contado entre las naciones" (Números 23:9). Todo lo contrario, fueron llamados a ser un pueblo santo, separado y propiedad única de Yahveh.

Caminos extraños. Este fué el problema de los efrateos. Esta también fué la razón por la cual el Padre permitió que los asirios llevaran al cautiverio a las tribus impenitentes. Aún antes de dispersarlos entre las naciones, el Padre le envió un profeta, a Sus israelitas porfiados. Les envió a Oseas.

La familia de Oseas habló volúmenes proféticos para los efrateos: que bosquejó su condición espiritual—y su castigo inminente—y también de la bendición que el Padre finalmente derramaría sobre los descendientes arrepentidos de los israelitas.[63]

El Santo los juzgó por su lujuria de costumbres paganas. La "esposa" de Yahveh le estaba siendo "infiel." [64] Así, cuando El le habla a través de Oseas, le dice: "Vé, toma para ti una mujer dada a la prostitución e hijos (ten) de prostitución; porque la tierra es culpable de vil adulterio, apartándose de Yahveh" (Oseas 1:2, NVI).

Entonces Oseas se casó con Gomer [65] y tuvieron tres hijos. Y Yahveh declaró que los nombres de los tres niños bosquejaban el castigo que pronto El iba a ejecutar contra los efrateos. Pero, que finalmente, a través de un cambio de nombre y de énfasis, sus nombres bosquejarían las bendiciones que El otorgaría en sus descendientes dispersados.

Cuando Gomer tuvo su primer niño, un hijo, el Padre le dijo a Oseas, "Ponle por nombre *Jezreel*, porque dentro de poco yo castigaré ....y haré cesar el reino de la casa de Israel" (Oseas 1:4). (Note que esto marca el fin de su "reino," pero no el fin como *personas físicas*.) Pues el Padre hizo unas promesas definidas al pueblo dispersado de Efraín, que hasta el día de hoy no han sido cumplidas (Oseas 1:6,9-10; 2:1,23; Jeremías 31:20; Isaías 11:13-14; Zacarías 10:7.)

Entonces, Gomer concibió otra vez y dió a luz a una hija. Y Yahveh le dijo a Oseas, "Ponle por nombre *LoRuhamah*: porque no me compadeceré más de la casa de Israel; y no la soportaré más" (Oseas 1:6, VKJ).

Finalmente, cuando Gomer dió a luz a su tercer niño, un hijo, Dios le dice a Oseas, "Ponle por nombre *LoAmmi*, porque vosotros no sois mi pueblo, ni yo soy vuestro Dios" (Oseas 1:9).

---

63 Oseas 1:6,9-10; 2:1,23.
64 Ezequiel 23; Isa 54:5; Oseas 2:19-20.
65 *Gomer* se deriva de una palabra que significa *completo*. Vea *BDBL* # H 1586.

El Significado de Sus Nombres

El nombre del primer hijo fué *Jezreel*, que proviene de dos palabras: *zera* ([rz, semilla), usado en el sentido agrícola para sembrar, o dispersar; y *El*, uno de los nombres de Dios. Este nombre habla del proceso agrícola completo: el desparramamiento de la semilla, el ser escondida en la tierra, su muerte y su renacimiento, su crecimiento de una forma nueva más bella, y finalmente su cosecha. [66]

Jezreel. El esparcirá por todos lados—El sembrará. Este nombre indicó el destino de los efrateos. Profetizó el castigo incipiente y su fin bendito.

El segundo hijo fue llamada *LoRuhamah* (hmxr al): *No Compasión; No Misericordia*.[67] Esta hija fue así nombrada, porque el Padre no podía tener más lástima con los efrateos— hacer esto sería "sonreírle al pecado." El tenía que corregirlos.

LoAmmi (ym[al): *No Es Mi Pueblo*. El nombre del tercer hijo adecuadamente describió su pena inminente. [68] El Padre los castigaría dispersándolos. Durante una temporada, ellos "No serán Mi Pueblo."

Tragados Por Las Naciones

Yahveh *esparciría* (*Jezreel*) a los efrateos. El no podía permitirles permanecer más en Su tierra (Levítico 20:22). Porque querían ser como los Gentiles, El les iba permitir que se llenaran hasta rebozar; esparcidos entre las naciones para todas las apariencias externas serían gentiles.

Yahveh no podía pasar por alto las formas paganas de Efraín. Como Padre, tenía que corregir su comportamiento errado. Y por haber sembrado su zera (semilla) con sus prostituciones en la tierra de Sus enemigos, En castigo, esparciría

---

66 *Jezreel. Strong* # H3157; *TWOT* # 582; Oseas 1:4,11 NVI Biblia de Estudio pié de página..

67 *Strong* # H 3819.

68 *Strong* # H 3818: *Lo*, significa no, *Ammi*, significa, un, (o mi) pueblo.

su *zera* (descendientes) en la tierra de sus enemigos.[69]

La semilla desparramada de prostitución dió lugar a la semilla desparramada de humillación. Así está escrito, "Israel será tragado; pronto ellos serán entre las naciones como un objeto que nadie aprecia" (Oseas 8:8).

La palabra *tragados* es traducida del hebrew *bala* ([lb), que significa, "terminar con algo tragándoselo, devorar, poner fin, tragar." [70]

Típicamente, cuando una persona se traga un pedazo de carne, la digiere y virtualmente se convierte en parte de su carne. De una manera similar, toda la identidad efratea desapareció. Una vez "tragados," los efrateos finalmente se convirtieron en parte de las naciones. Se convirtieron en *LoAmmi /No Es Mi Pueblo*. Su identidad ya no era la del pueblo de Yahveh, porque actuaban como las otras *naciones gentiles paganas*—como aquellos que no eran Su "pueblo separado."

Por tanto, nuestro Padre juró, "Haré que la casa de Israel sea sacudida entre las naciones, como se sacude en un harnero, sin que caiga a tierra un solo grano." (Amós 9:9).

Efraín sería sacudido entre *todas* las naciones. Aquellos que "No Son un Pueblo" estaban destinados a ser encontrados en *todas partes del mundo.*

Todavía Permanece Una Promesa

A pesar de todo, a la *semilla* de estos descarriados, nuestro Padre también ha hecho un juramento: Los nombres de los hijos de Oseas serían algún día cambiados para representar las *bendiciones* que el Padre les otorgaría.[71] En un día futuro, los esparcidos "*responderán a Jezreel*" (Oseas 2:22).

En su segundo significado, *Jezreel* [72] habla del florecimiento de aquellos que habían estado escondidos, análogo a una semilla, el énfasis lo encontramos en la

---

69 Oseas 8:8; 9:3,17; Amós 7:11; 9:9. *Zera/descendientes*. Vea Génesis 12:7.
70 Strong # H 1104.
71 Oseas 1:6,9-10; 2:1,23, y *NVI Biblia de Estudio*, Zondervan, 1985,
72 Los Escondidos: Vea Salmo 83:3-4; 27:5; 31:20; 91:1; Col 3:3.

respuesta—anah (hn[) de la semilla: significando, que un día, la semilla esparcida de Efraín de nuevo comenzaría a *tomar en cuenta, a prestar atención* [al Padre y a Su Palabra]; comenzarían a *hablar*, y a cantar juntos, a *gritar*, a *testificar*, a *anunciar*, comenzarían a dar *testimonio* de Aquel que antiguamente era llamado su Esposo y Hacedor.[73]

Tal fue el destino de los del reino del Norte —sus multitudes estaban destinados a cumplirlo a cabalidad. Porque Yahveh juró concerniente a ellos, "No obstante, el número de los hijos de Israel será como la arena del mar, que no se puede medir ni contar. Y sucederá que en lugar de lo que se les dijo: Vosotros no sois mi pueblo, se les dirá: 'Hijos del Dios Viviente'" (Oseas 1:10).

Cuando los hijos de Efraín comiencen a responder en su *diáspora*, cuando comiencen a oir, y brindar testimonio acerca del Omnipotente—en ese día, finalmente harán como se les dijo: "Decid a vuestros hermanos: 'Ammi', y a tus hermanas, 'Rujama'" (Oseas 2:1).

De No Misericordia a Vasos de Misericordia

Los que una vez fueron llamados "*No Es Mi Pueblo*, estaban destinados a responder, y para Yahveh una vez más serían "*Mi Pueblo*" Esos una vez llamados *LoRujama*, o *No Misericordia*, serían *Rujama*—vasijas en las que El despliega *misericordia* (Romanos 9:23): "Yo la sembraré para mí en esta tierra, y tendré compasión de la no compadecida; y diré al que no era mi pueblo, ¡Pueblo mío eres tú!, y el dirá ¡Dios mío!" (Oseas 2:23, VKJ). Ellos le dirán a sus hermanos de la gran "compasión" del Padre. Se revelarán, aún como el Salmista oró:

"Oh Dios, no guardes silencio. No calles oh Dios, ni permanezcas inmóvil.....Porque he aquí que rugen tus enemigos y los que te aborrecen han levantado la cabeza. Contra tu pueblo han consultado astutamente; han entrado

---

73 *Strong* # H 6030.

en consejo contra tus *escondidos*. Han dicho: Venid y destruyámoslos, de modo que dejen de ser una nación y no haya más la memoria del nombre de Israel.....Han conspirado juntos, de común acuerdo; han hecho pacto contra ti. Las tiendas de Edom, los ismaelitas....Moab.... Amon ....Amalek, los Filisteos....." (Salmo 83:1-9).

Identificaciones Efrateas

Hasta ahora, hemos encontrado ciertas identificaciones que nos muestran a aquellos escondidos, que a menudo son llamados las "Diez Tribus Perdidas." Pues, a pesar que sus pisadas corporativas no han dejado huellas, aún así, sus hijos han sido decicidamente marcados.

- Efraín se volvería un *melo ha'goyim*, una plenitud Gentiles (Génesis 48:19) [74]
- Serían esparcidos y recogidos de entre todas *las naciones*.
- Ellos experimentarían un segundo nacimiento (*Jezreel: nacido de nuevo*) y una vez más serán conocidos como "Israel."
- Ellos serían como la arena del mar en número.
- Uno de sus nombres sería "*Hijos del Dios Viviente.*".
- Ellos proclamarían a sus hermanos las "Buenas Nuevas" de la gran misericordia de su Dios.

¿Podemos encontrar en algún lugar de la faz de la tierra un pueblo que llena todos estos requisitos?

---

74 *ArtScroll, Génesis*, Vol. 6, Mesorah, 1982, dice *m'loh* significa una "plenitud" y, "Connota abundancia...significando: Su semilla se volverá la abundancia de las naciones ....Tendrán que habitar las tierras de otras naciones." (p 2121). También vea *Strong* # H 4393 y 1471. Es importante notar que el Salmo 24:1 usa la palabra *melo*, y la Biblia King James la traduce: "*La tierra es del SEÑOR y toda su plenitud.*" También, de acuerdo con Gesenius' (Hendrickson, p 163a, palabra # 1471), *goyim* es "especialmente usada para las (otras) naciones además de Israel."

7

Muchos Israels—Un Israel

Por dos mil años después del llamado del Padre a Jacob, las doce tribus de Israel—a pesar que finalmente fueron divididas en dos casas por el Omnipotente (1 Reyes 11:26; 12:24)—parecían ser los herederos de Jacob.

Entonces en Israel un Hijo nació. Este hombre se dió a Sí mismo el nombre de "el Hijo del Hombre." Pero, también, fue un hombre con muchos nombres: Emanuel, el Cordero de Dios, el Hijo de David, el Buen Pastor, la Gloria de Israel...

Paradójicamente, las interpretaciones incorrectas de la vida y muerte del llamado Príncipe de Paz, sirvieron para dividir a Israel una vez más. Sobre El, otra guerra comenzó en Israel: una batalla por el título de "Israel."

Este conflicto ha continuado por más de 1900 años, enfrentando hermano contra hermano. Es una batalla, que trae mucho dolor al corazón de nuestro Padre Celestial.

Hoy día, dos pueblos—muchos adherentes al cristianismo y virtualmente todos los seguidores del judaísmo—ambos alegan ser dueños del deseado título de "Israel." Estos dos pueblos han declarado ser los verdaderos herederos de los patriarcas. Y la mayoría de cada grupo, le niega al otro el derecho al título.

¿Cuál es la verdad? ¿Quién es Israel?

Preguntamos porque, la identidad del pueblo específico a quién este título importante pertenece no debe ser vaga. Como pueblo "escogido," los "Israelitas" son destinados a reinar con el Dios de toda la tierra. Por tanto, ¿Quienes son.?

Por siglos la "Iglesia" reclamó el título de la "*Nueva Israel*" Muchos reclamaron que habían "reemplazado" al pueblo judío "rechazado." Así es que impartieron la enseñanza de que *ellos eran* el pueblo escogido de Dios. Sin embargo, con el nacimiento del Estado de Israel, y con Yahveh abiertamente ayudando al regreso del pueblo judío, y con los números crecientes de creyentes judíos llegando a la escena— se originó una pregunta sobre "Israel." Se puede decir, que causó una "crisis de identidad" entre los creyentes no judíos.

¿Quién es Israel?

En el pasado, las respuestas más comunes a esta pregunta crucial han sido:

- ℧ Jacob, cuyo nombre fué cambiado a Israel
- ℧ Los Hijos de Jacob—Las Doce Tribus
- ℧ La Tierra dada a las Doce Tribus
- ℧ El Pueblo Antiguo del Pacto del Dios de Israel
- ℧ Las Diez Tribus del Reino del Norte
- ℧ La Iglesia [75]
- ℧ El Pueblo Judío
- ℧ El Moderno Estado de Israel

---

75 El nombre "Iglesia," al igual que el de "Israel," es un nombre de multi/facetas nombre/título, y debemos saber lo que el autor quiere decir con su uso: ejemplo: existe un "sistema de iglesia" que persigue a los verdaderos Creyentes (Ap. 3:16; 2 Tim 3:1-12; Mat. 5:20), y existe una *iglesia verdadera*, una *ekklesia eterna*—la cual incluye todos aquellos que en verdad buscan seguir al Dios de Israel (Hechos 7:38; 2 Tes 1:1; 2:13). También, existe la "Sinagoga de Satanás" que se opone al Mesías. (Juan 8:44; 10:33; Ap. 2:9; 3:9). En este libro, la palabra "iglesia" es a menudo usada para incluir a aquellos que en esta vida "claman" pertenecer a "la Iglesia." Este mismo estándar es usado para incluir a aquellos que al final de todo, el Padre Mismo no incluirá también es aplicado a los judíos/judaísmo. Confiamos, que al final, el Santo Mismo decidirá quién entre ambos pueblos es aceptable (Mat 7:23). Debido a que la palabra "iglesia" es a menudo malinterpretada, preferimos el griego *ekklesia* (*Strong*# G 1577) cuando nos referimos a los llamados. También, la palabra "iglesia" es posible que originalmente fue conectada con la palabra latina *kirk* (circo). Vea *Smith's Bible Dictionary* por W. Smith, L.L.D., Hendrickson, 1998, Iglesia, pg 117.

El Único Verdadero Israel

La lista de arriba incluye las respuestas más comunes a la pregunta de "Quién es Israel." Sin embargo, no incluye un "Israel" que sobrepasa por encima de los demás. Omite al más importante de todo "Israel." Fracasa en reconocer Aquel que verdaderamente es capaz de ser "Un Príncipe que Reina con el Todopoderoso." Deja afuera a.....

☰ Yeshua

El Israel Que Recogerá a Israel

Hay un "Israel" para Quién está señalado la tarea de "levantar las tribus de Jacob/Israel." Este Israel no es otro que el Hombre con muchos nombres, Yeshua. Porque El también es llamado, *Yisrael.*

En el libro de Isaías, ambos el Padre y Yeshua hablan:

"¡Oídme, oh costas, (las naciones)....Desde las entrañas de Mi madre mencionó Mi nombre (dice Yeshua). Hizo de Mi boca una espada puntiaguda....Y me dijo, 'Mi *siervo* eres Tú, Oh *Israel*, en Ti me *gloriaré*'....Y ahora dice Yahveh quién me formó desde el vientre para ser *Su siervo*, a fin de hacer que Jacob volviese a El y lograr que Israel se adhiriera a El,... Para levantar a las tribus de Israel y restaurar a los sobrevivientes de Israel; Yo te pondré como luz (Yeshua) para las naciones a fin de que seas mi salvación (Yeshua) hasta el extremo de la tierra " (Isaías 49:1-6).

Yeshua cumple a cabalidad estos versos en formas numerosas:

- Aquellos en las "naciones" oirían "al que fué *nombrado* desde el cuerpo de Su madre."
  Nuestro Padre Celestial nombró a Su Hijo, Yeshua, antes de que El naciese (Mateo 1:21).
- El que habla tiene una boca como una *espada*

puntiaguda.
Yeshua tiene una espada en su boca (Apocalipsis 2:16).

- El Padre le llama, "*Mi Siervo, Israel.*"
  El Padre le llama a Yeshua, "Mi *Siervo* a quién he escogido." (Mateo 12:18).

- El Siervo del libro de Isaías nombrado Israel no puede ser Jacob o sus descendientes, porque este Siervo restaurará a las tribus de Jacob y reunirá al pueblo de Israel.
  Ciertamente, Yeshua es el Buen Pastor quién está restaurando y reuniendo las *ovejas perdidas de Israel* (Salmo 23:3; Ezequiel 34:10-16; Juan 10:11-14; Mateo 15:24)

- Se dijo que en este Israel, el Padre se *gloriará.*
  Cuando fue presentado en el Templo como hijo primogénito, Simeón dijo que Yeshua era: "Luz para revelación de las naciones y *gloria* de Tu pueblo, Israel." (Luke 2:32). Al ser esa Luz, Yeshua, cuyo nombre significa *Salvación,*[76] está causando que la *salvación* del Dios de Israel alcance hasta los confines de la tierra.

También vemos que Yeshua es "Israel" en la declaración del Padre cuando dijo: "De Egipto llamé a Mi hijo." (Oseas 11:1). Y Mateo, hablando del regreso de Yeshua de Egipto dijo: "Para que se cumpliese lo que Yahveh habló por medio del profeta, diciendo: De Egipto llamé a MI hijo." (Mateo 2:15).

A pesar de que el versículo de Exodo aplica al Padre en la liberación de Egipto de los hijos de Jacob/Israel, éste también encuentra cumplimiento cuando El sacó de Egipto a Su Hijo, Yeshua/Israel.

<u>Yeshua es el Israel a través del cual los hijos de Israel están siendo reunidos al Dios de Israel.</u>
<u>Yeshua es Israel.</u>

---

76 Yeshua/Salvation: Vea Gén 49:18, *Strong* # H 3444.

Otra vez, de Yeshua el Padre dice, "Poca cosa es que Tú seas mi siervo para levantar a las tribus de Israel y restaurar a los *preservados de Israel.* Yo te pondré como luz para las naciones, a fin de que seas Mi salvación hasta el extremo de la tierra." (Isaías 49:6).

La Luz Gloriosa de Israel

El Padre también dice de Yeshua, "Te pondré como pacto para el pueblo, y como *luz* para las naciones, a fin de que abras los ojos que están ciegos y saques de la cárcel a los presos..." (Isaías 42:6-7).[77] Y, "El pueblo que anda en tinieblas vio una gran *luz*...." (Isaías 9:2).[78]

Yeshua vino "para que se cumpliese lo dicho por medio del profeta Isaías: Tierra de Zabulón y Neftalí camino del mar, al otro lado del Jordán Galilea de los gentiles (antiguos territorios de Efraín)—El pueblo que moraba en tinieblas vió una gran luz, a los que moraban en región y sombra de muerte, la *luz les amaneció*" (Mateo 4:14-16).

También Yeshua dijo de El mismo, "Yo soy la *luz* del mundo. El que me sigue nunca andará en tinieblas, sino que tendrá la *luz de la vida*.....Mientras estoy en el mundo, Yo soy la *luz* del mundo."

A través del Mesías y de Su pueblo "la Luz verdadera está brillando" (Juan:12; 9:5; 1 Juan 2:8).

Yahveh le ha dado a Yeshua el trono de Su padre David. Desde ese trono, El reina sobre la casa de Jacob ahora y para siempre. Suyo es un Reino que no tiene fin. El ha hecho purificación por nuestros pecados y ahora está sentado en los cielos a la derecha de Su Majestad. (Lucas 1:32-33; Hebreos 1:3).

El Reino de Yeshua es ahora y también lo será cuando

---

77 Pacto: Vea Jer 31:31-33; Lucas 22:20; 1 Cor 11:25.
78 Oseas 8:8; Amós 9:9; Isaías 8:14; Rom 11:11,25.

venga en su plenitud. [79] Yeshua ofrece un "nuevo pacto" (hecho con Israel) que es para ahora, y también para cuando venga en toda su plenitud. Cuando el día llegue que no tengamos que enseñar a nuestro vecino y hermano sobre Yahveh (porque todos lo conoceremos), entonces sabremos que hemos entrado en la totalidad de Su Reino del Nuevo Pacto. (Jeremías 31:31-33; Hebreos 8:8-12).

El Jugador Primario

Si deseamos comprender a "Israel," debemos ver que el "Jugador Primario" en este campeonato es Yeshua. Porque el Padre está "reuniendo todas las cosas bajo El" (Efesios 1:10). En El se "juntan todas las cosas" (VKJ). El está reuniendo todo bajo una cabeza, "que en Cristo sean reunidas bajo una cabeza todas las cosas, tanto las que están en los cielos como las que están en la tierra." (NVI). Porque El fue nombrado "heredero de todas las cosas" (Hebreos 1:2).

Yeshua. Si todas las enseñanzas, liderazgo y demás... no nos lleva a Yeshua, la dirección es errónea. Si no levanta en alto a Yeshua, no debe ser levantado. Si queremos ver a "Israel" miremos a Yeshua.

Israel: De Génesis hasta Apocalipsis

En la Escritura, nuestro Dios es llamado el Dios de Israel,[80] y la Biblia es un libro sobre el pueblo de Israel. En el libro de Génesis, o Comienzos, nuestro Dios le da el nombre de *Israel* a un hombre, y separa a un pueblo llamado *Israel*. En el último libro (Apocalipsis), Su Hijo, Yeshua—siendo el epítome de todo lo que es Israel—invita a Su pueblo a entrar a la Nueva Jerusalén. Ellos entran a

---

79 Exo 19:6; 2 Sam 7:12-16; Lucas 1:32-33; Dan 7:22; Lucas 12:32; Apo. 5:9-10; 20:6:1 Pedro 1:1; 2:5-10; Heb 1:3; 8:1; 3:6; 10:19.
80 Exo 5:1.

través de puertas que llevan el nombre de las Doce Tribus de Israel; estas son las únicas entradas.[81] Además, la Escritura nos dice que al final de todo, el "nombre de Israel será dicho con honor" (Isaías 44:5).

El Libro de Palabras Teológicas del Antiguo Testamento dice de este verso: "En la Restauración, el título de Israel será una verdad y no será más menospreciado."[82]

Aquellos que siguen al Dios de Israel, deben caminar en Su verdad sobre a Israel, y no deben de usar el nombre de Israel con "inexactitud.." A la vez, esto significa que:

Si los no judíos Creyentes en el Mesías, no son parte de Israel, entonces no deben de usar en lo que a ellos se refiere, la Escritura que le pertenecen a Israel.

Por otra parte, si son parte de Israel, una definición cristalina de la base exacta en la cual pueden reclamar el título, debe ser desarrollada.

Asímismo, si el pueblo judío es Israel, entonces su derecho al título no debe ser desvalorizado, o negado. Todo lo contrario, su uso del título debe ser estimulado..

Continuamos entonces, la búsqueda, de nada menos que toda la verdad que hablan las Escrituras sobre "Israel."

---

81 Apoc. 21:12.
82 *Libro de Palabras Teológicas del Antiguo Testamento*, Moody, 1980, Vol. 1, # 997, pg. 444.

Segunda Parte

Quién y Porqué

8

Un Regalo Inapreciable

¿Quién es Israel? ¿Porqué nececitamos saber? ¿No es suficiente estar en "*el Mesías.*"

¿Porqué necesitamos saber? Porque la forma en que definimos a "Israel" determina cómo interpretamos la Sagrada Escritura. Prepara el curso de pensamiento sobre quién es el pueblo de Dios, lo que visualizamos ser el llamado en sus vidas, y lo que pensamos sobre el propósito del Mesías en la tierra.

Si realizado o no, nuestra respuesta juega un papel profundo en nuestras vidas. Porque en el plan de juego del Dios de Israel, el pueblo de Israel son los jugadores. Y si no conocemos quienes son los jugadores, ¿Cómo podemos participar en el juego? O ¿Cómo podemos entender el plan de juego?

El pueblo de Israel es la "familia" del Dios de Israel. Es su pueblo "escogido." Pero, ¿Quienes son los que componen esta familia? ¿El pueblo judío? ¿Los Creyentes del Nuevo Pacto.?

La respuesta de muchos exclude a los Creyentes del Nuevo Pacto como *parte del* pueblo escogido de Israel. [83]

---

83 Decir "ser parte de" no es decir que son "todos" ni tampoco de que han
(continued...)

Pero, el Mesías Yeshua dice que El es "Uno" con el Padre. Lo que significa, que El es Uno con Aquel que se llama a Sí mismo "el Dios de Israel"[84]—con Aquel que llama a Israel, "un pueblo santo ...escogido...para Sí de todos los pueblos sobre la faz de la tierra." Yeshua es Uno con El que jura que solamente "si se pueden medir los cielos arriba" entonces El "desechará toda la descendencia de Israel." El es Uno con Aquel que jura, "Si no he establecido mi pacto con el día y la noche y si no he puesto las leyes del cielo y de la tierra, entonces desecharé la descendencia de Jacob." (NVI) (Deuteronomio 7:6; Jeremías 31:37; 33:25-26).[85]

Los Cielos ilimitados permanecen. La descendencia de Israel continuará siendo el pueblo escogido del "Dios Unico." Y el Dios de Israel continua amando al pueblo de Judá. Sin embargo...

Los Escogidos del Nuevo Pacto

En el Nuevo Pacto, el apóstol Pedro le escribe a "los extranjeros," y de ellos dice, "Pero vosotros soís linaje escogido, real sacerdocio, nación santa, pueblo adquirido para Dios" (1 Pedro 1:1; 2:9).[86]

Así es que, ¿Cual es la verdad? ¿Quién es el pueblo "escogido"? ¿Los "extranjeros" a quienes Pedro escribe, o el pueblo judío?

Otra manera para hacernos la pregunta sobre "Israel" es la siguiente:

Si el Dios de Israel una vez más llamara a Su pueblo al desierto, ¿Adonde *acamparían* Sus seguidores que no son judíos?

---

83 (...continued)
"reemplazado" a Judá.
84 Su declaración de "Unidad", fue la razón de que los "Judíos tomaron piedras para apedrearlo." (Vea Juan 10:30-31; 17:22; 1 Cor 8:6; 1 Tim 2:5; Deut 6:4; 7:6; 14:2; Marcos 12:29; Exod 5:1-2; 2 Sam 7:24).
85 Jer 30:1; 33:22,24; 46:28; Romanos 11:2-5,26-29.
86 Escogidos: vea 2 Tes. 2:13.

De nuevo, entender a Israel nos ayuda a una mejor comprensión del plan del Padre para los últimos tiempos. Pero, también nos da la respuesta a la pregunta de muchos creyentes no judíos quienes se preguntan:

"¿Quién soy yo para el Dios de Israel?"

Para responder esta pregunta, y para saber la importancia que pone el Padre sobre el título de "Israel" tenemos que ver que en Exodus 4:22 el Padre nos dice, "Israel es Mi hijo, Mi primogénito." por consiguiente, a la inversa también debe ser verdad que:

A) El "primogénito del Padre es Israel."
B) "Israel" es el título del "primogénito."
C) Ser el "primogénito" de Dios es ser "Israel."

Como seguidores del Mesías ¿no hemos sido llamados a "la asamblea/*ekkelsia* de los *primogénitos*.....a Yeshua, el mediador del Nuevo Pacto"? (Hebreos 12:23-24) ¿No pertenecemos a Su *ekklesia* del primogénito? ¿No se dice específicamente que a los creyentes no judíos les pertene la "ciudadanía de Israel"? (Efesios 2:11-22)

Sin embargo, cuando se refieren a este llamado vital, muchos se contentan con aplicar este título en un sentido "espiritual" abstracto. Todo lo que va más allá de una aplicación hipotética, es descartado. Otros creen que no hay diferencia si son parte, o no son parte, del pueblo de Israel. "Somos la 'Iglesia'" ellos dicen, "Pues, ¿porqué nos debe importar ser parte de 'Israel'?"

No Hay Lugar Para el Arrepentimiento

¿Porqué debe preocuparnos nuestra actitud de ser el "primogénito" de Yahveh?

Una razón es porque no debemos querer seguir las huellas insensatas de Esaú. Porque el Nuevo Pacto nos alerta: "Mirad que ninguno sea...inmoral y profano como Esaú, que por una sola comida vendió sus derechos a la herencia como primogénito." Porque, "ya sabéis que fue reprobado, a pesar de que después queria heredar la bendición, no halló más ocasión de arrepentimiento, aunque lo buscó con lágrimas." (Hebreos 12:15-17, NIV).

Esaú perdió una extraordinaria "bendición." Perdió algo muy bueno. Y a pesar, que derramó lágrimas sobre su error, nunca pudo recuperar lo que había perdido. Esto significa, que es probable que estamos tratando con un asunto que el Padre mismo compara con el "pecado de Esaú."

La Insensatez de Esaú

La historia amarga de Esaú comienza tan pronto Rebeca concibe. Cuando sus hijos luchan dentro de ella, un profeta le dice, "Dos naciones hay en tu vientre, y dos pueblos que estarán separados desde tus entrañas. Un pueblo será más fuerte que el otro, y el mayor servirá al menor."

"Cuando dió a luz a mellizos, el primero salió rojizo y todo velludo como una túnica de pieles, y llamaron su nombre Esaú. Después salió su hermano, con su mano asida al talón de Esaú, y llamaron su nombre Jacob" (Génesis 25:22-26).

Lentejas oh Lentejas

Sobre la primogenitura, podemos decir,[87] que Esaú fue el hijo primogénito de Isaac. Pero finalmente, Esaú vendió su primogenitura a Jacob, su hermano menor, y nada menos que por un plato de lentejas.

"Lentejas." Esaú perdió por un plato de "Lentejas."

Reresando de una cacería, el hambriento Esaú le dice a Jacob, "Por favor, dame de comer de ese guiso rojo, pues estoy hambriento." "Por esto fue llamado su nombre *Edom*" (significando "Rojo").

Pero, Jacob vio algo sin precio en la oportunidad presen-

---

87 El derecho a la primogenitura (Deut. 21:17).

tada delante de él. Para él, ser el primogénito heredero era inapreciable. Y Jacob aprovechó el momento. Con el aroma de su estofado fresco flotando en el aire de su tienda, Jacob le dice a su hermano, "Primero véndeme tu primogenitura."

El desaforado Esaú respondió, "He aquí que yo me voy a morir; ¿De qué pues me servirá la primogenitura?."

Pero antes de partir con el estofado codiciado, Jacob le dice, "Júramelo ahora."

Así es que Esaú juró; y vendió su primogenitura.

Entonces Jacob le dió a Esaú pan y estofado de lentejas; y comió y bebió y levantándose se fué.

De esta manera Esaú despreció su primogenitura. (Génesis 25:28-34).

"Voy a morir," el hambriento cazador le dijo a su hermano, "De qué me servirá la primogenitura?"

En otras palabras, "No me queda mucho en este viejo mundo, y me es difícil, por la debilidad de mi carne, poder sostener el título. Además, ¿en esta vida que diferencia hace si soy o no soy el heredero de Abraham y de Isaac...?"

Así Jacob le dió a Esaú unas cuantas lentejas y Esaú continuó su camino. Sin embargo, Yahveh decretó que con la actitud desinteresada demostrada por este hombre acongojado, él había "despreciado" su primogenitura..."

Esaú estaba supuesto a heredar el *derecho de la primogenitura*— el ser la próxima cabeza de su familia.[88] Pero no estimó el privilegio. Por tanto, el Eterno dijo de él:

"Acaso Esaú no era hermano de Jacob? Sin embargo, Yo amé a Jacob y aborrecí a Esaú...[y]...di su posesión a los chacales" y estaré "indignado para siempre" contra Esaú. El "será saqueado...y destruiré...los hombres sabios de ....Esaú ....todos serán cortados...con muerte....cubiertos de verguenza ...para siempre...Jacob poseerá las poseciones de ellos ....pero...Esaú será estopa....no habrá sobreviviente."

Al final, será dicho de Esaú "su descendencia ha sido destruída...y no serán más" (Malaquías 1:2-4;Abdías 1:6-9,17-

---

88 Deut. 21:17, *Strong* #'s H 4941 y 1062.

18; Jeremías 49:10).

Esaú. Borrado. Eternamente.

Los Creyentes del Nuevo Pacto y Esaú

¿Qué relación existe entre la eterna indignación de Yahveh contra el Esaú del Antiguo Pacto y nosotros que somos Creyentes del Nuevo Pacto.?

Pablo escribe que, lo ocurrido a nuestros antepasados ha sido registrado para que a nosotros nos sirva de *ejemplos*: "Estas cosas les acontecieron como ejemplos y están escritas para nuestra *instrucción...*" (1 Corintios 10:1,11).

También nos alerta de no ser "inmorales como Esaú ," y en una enseñanza comparativa, el escritor de Hebreos nos advierte:

"No os habéis acercado al monte que se podía tocar, al fuego encendido....sino....al Monte Sion y....a la asamblea y *ekklesia del primogénito*.....y a Yeshua, el mediador de un nuevo pacto....Mirad que no rechacéis al que habla. Porque si no escaparon aquellos que en la tierra rechazaron al que advertía, mucho menos nos escaparemos nosotros...."

Aún cuando la "voz del Padre estremeció la tierra....[al igual] El ha prometido...'Todavía una vez más estremeceré no sólo la tierra sino también el cielo....removiendo lo que puede ser sacudido....parad que permanezca lo que no puede ser sacudido. Así que, habiendo recibido un reino que no puede ser sacudido, tengamos gratitud, y mediante ella sirvamos a Dios, agradándole con temor y reverencia." (Hebreos 12:18-28).

Entregando Nuestra Primogenitura

Porque él no apreció ser el primogénito heredero, Esaú fué llamado un hombre "profano" (VKJ). El no tuvo ni temor, ni reverencia a este privilegio. Por eso fué fácilmente sacudido y "vendió" su primogenitura." (Hebreos 12:16)—la palabra griega es *apodidomi* (ἀποδίδωμι), que significa regalar, renunciar, entregar.[89]

Aún así, para los Creyentes del Nuevo Pacto, vender, regalar, despreciar o entregar su llamado de ser la "*ekklesia del primogénito*," es correr el riesgo de pecar como Esaú. No queremos ser como él, ni siquiera queremos ser uno de sus vecinos, porque ellos también se destruyeron. (Jeremías 49:10).

Hacer que el Padre nos llame Su "primogénito", es hacer que El nos de un regalo sin precio. Significa que el nos ve como uno con Yeshua, Su Israel. Por tanto, no debemos dejar ser sacudidos de nuestra posición como parte de Su pueblo escogido. No debemos dejarnos convencer de nuestro derecho dado por Dios a la primogenitura. Con determinación inmovible, debemos aferrarnos a la verdad de quiénes somos y al Santo de Israel.

Permitamos que el tipo indiferente de Esaú, sirva de aviso a todos los que sienten "que no les queda mucho tiempo en este viejo mundo" o que tendríamos que hacer "mucho esfuerzo para poder mantenernos." Tengamos cuidado con todos aquellos que creen que ser "primogénito" no es "verdaderamente importante."—porque aún en el Nuevo Pacto, el Padre también avisa: "...a Esaú aborrecí" (Romanos 9:13).

No obstante, no acusemos a los Creyentes que aún no comprenden la verdad acerca del pecado del "primogénito de Israel." Porque para todo hay tiempos y estaciones, y existen misterios en la Sagrada Escritura que a veces no son revelados "hasta que....".[90] Por esta misma razón, la mayoría de los Creyentes del Nuevo Pacto simplemente no se han dado cuenta de toda la verdad sobre todo Israel.

Además, en contraste a aquellos que simplemente no pueden ver, se encuentran los que "*voluntariamente* no quieren ver." Y Yeshua dijo, "Si fuerais ciegos, no tendríais pecado; pero ahora porque decís: "Vemos", vuestro pecado

---

89 *Strong* # G 591. Vea Gen 31:15; 37:28,36; Salmos 73:18; 74:3.
90 Vea Ecl 3:1; Daniel 12:4; Rom. 11:25-26; Lev 4:22-23; Heb 4:12; y el capítulo 12 de este libro.

permanece" (Juan 9:41). Cuando pensamos que lo sabemos todo y no estamos dispuestos a aprender, entonces esto se convierte en pecado. Si "pecamos voluntariamente, después de haber recibido el conocimiento de la verdad, ya no queda más sacrificio por el pecado." (Hebreos 10:26).

Así es que, seamos un pueblo que, en el día que oigamos Su voz, no se endurezca nuestros corazones. Que no rehusemos o pensemos ligeramente de nuestro glorioso llamado en el Mesías Yeshua—en *Yisrael*. Al contrario, seamos como Jacob, y aférrese con todo lo que valemos en El, y en toda Su totalidad y recibamos este regalo invaluable de las manos de nuestro Padre.

Aún ahora, pidan a Yahveh que nos bendiga, al igual que a Jacob. Pidan que les dé poder para que en el día final puedan ser contados dignos de ser llamados "Su Yisrael."

9

Escogidos Para Escoger

*B*ajando de la montaña, después de conversar con el Todopoderoso, Moisés le presentó a los hijos de Israel una oferta del Eterno. Una oferta imposible de rehusar.

"Vosotros habéis visto lo que he hecho a los egipcios, y, ...ahora pues, si de veras escucháis mi voz y guardáis mi pacto, seréis para Mi un pueblo especial entre todos los pueblos. Porque mía es toda la tierra. Y vosotros me seréis un reino de sacerdotes y un nación santa." (Exodo 19:4-6).

Eso fué todo. Israel fué para siempre "escogido."

Porque el Padre amó a sus padres, El *escogió* a sus descendientes después de ellos (Deuteronomio 4:37). El *escogió, bachar* (בחר), *designó* ,a los hijos Israel.[91]

Moisés dijo: "Vosotros sois un pueblo santo para Yahveh tu Dios; Yahveh tu Dios te ha *escogido* para que le seas un pueblo especial, *más que todos los pueblos que están sobre la faz de la tierra.* No porque vosotros seáis más numerosos que todos los pueblos, que Yahveh os ha querido y ha escogido sino porque Yahveh os ama y guarda el juramento que hizo a vuestros padres ....Pero Yahveh se agradó sólo de

---

91 *Strong* # H 977.

vuestros padres para amarles, y después de ellos eligió a su descendencia de entre todos los pueblos, es decir, a vosotros, como en el día de hoy" (Deuteronomio 7:6-8; 10:15).

Porque Israel es *escogido*, los Israelitas tienen que *escoger*: "Llamo hoy por testigos contra vosotros a los cielos y la tierra, de que he puesto delante de vosotros la vida y la muerte, la bendición y la maldición... *escoge* pues, la vida para que vivas, tú y tus descendientes" (Deuteronomio 30:19).

Creer y Ser Bendecido

"Y sucederá ...que si escuchas diligentemente la voz de Yahveh tu Dios, procurando poner por obra todos sus mandamientos que Yo te mando hoy, Yahveh tu Dios te enaltecerá sobre todas las naciones de la tierra. Y todas estas bendiciones vendrán sobre ti y te alcanzarán: Bendito serás en la ciudad, y bendito en el campo. Benditos serán el fruto de tu vientre y el fruto de tu tierra... Benditas serán tu canasta y tu artesa de amasar. Bendito serás al entrar, y bendito al salir" (Deuteronomio 28:1-6).

Si Israel "obedece," serán "bendecidos." Sus enemigos huirán de delante de ellos. El Padre los bendecirá en todo el trabajo de sus manos. Y por tanto, todos los pueblos de la tierra sabrán que el Dios de Israel bendice a Su pueblo (Deuteronomio 28:7-14).

Dudas y Serás Degradado

Así mismo, si los hijos de Israel rehusan obedecer, entonces las "maldiciones" vendrán sobre ellos y los alcanzarán.

"Pero si no escuchas la voz de Yahveh tu Dios a fin de procurar poner por obra todos Sus mandamientos y Sus estatutos que Yo te mando hoy, todas estas maldiciones vendrán sobre ti y te alcanzarán: Maldito serás en la ciudad, y maldito en el campo. Malditas serán tu canasta y tu artesa de amasar. Malditos serán el fruto de tu vientre y el fruto de tu tierra ... Maldito serás al entrar, y maldito al salir." (Deuteronomio 28:15-19).

Si los escogidos no obedecen, maldiciones, confusión, derrota y regaños reinarán en todo lo que tratan de hacer, porque se han olvidado de Aquel que los escogió. Si no obedecen, serán esparcidos, miserables, desgraciados, una gente maldita. (Deuteronomio 28:20-68).

Escogidos Para Siempre

"Vosotros sois mis testigos," dice el Padre sobre los israelitas (Isaías 43:10). Sin importar el camino que escogan, bendito o maldito, Israel sirve como "testigo" de su Dios. "Malo" o "bueno" (o en el medio), oveja negra, oveja blanca, o de cualquier tono de gris, listados, pintados, o salpicados, las ovejas de Israel siempre son algun tipo de "testigo." Esto es debido a que "los dones y el llamamiento de Dios son irrevocables." (KJV).

Todos los israelitas tienen un "llamado irrevocable" sobre sus vidas. (Romanos 11:29). Porque, nuestro "Dios no es hombre para que mienta, ...El dijo ¿y no lo hará? Habló ¿Y no lo cumplirá?" (Números 23:19).

El cumple todas Sus promesas. Y El ha escogido a Israel, para siempre. Israel ha sido para siempre escogida a escoger: "Escogeos hoy a quién servir O Israel" (Josué 24:15).

Escogidos Para Ser Testigos

El Padre llamó a Israel para ser "Sus testigos." Lo que significa, que fueron escogidos para un propósito específico: Esto es, que deben testificar al mundo entero que El y solamente El es "Dios." Están supuestos a proclamarle al mundo entero que El es "YO SOY", que nadie puede liberar de las manos del Eterno. Tienen que decirle al mundo que antes de El no había ningún otro dios formado, y no habrá ningún otro después de El. Tienen que declarar que no hay otro Salvador a salvo de El. "¿Hay Dios aparte de Mí? No, no hay otra Roca; no conozco ninguna." declara el Santo de Israel (Isaías 43:8-13; 44:8).

Israel debe ser "testigo" para el Santo de Israel.

Pero, esto presenta un problema. Porque, el Eterno inspiró las divinas palabras de la Torá.[92] Y más que nada, El es el Autor final del los Libros de Pactos de Israel: tanto en el Antiguo como en el Nuevo. Y, que en esos Libros, estableció una ley en Israel, que El mismo tiene que guardar.

Yahveh Debe Tener Dos Testigos.

Nuestro Padre estableció la regla en Israel, de que "dos o más" deben de dar testimonio sobre un asunto antes de que sea establecido, confirmado o creído como verdadero. (Números 35:30; Deuteronomio 17:6; 19:15). Este principio de testimonio dual es también defendido por el Mesías Yeshua y por el apóstol Pablo:

"En vuestra ley está escrito que el testimonio de dos hombres es verdadero" (John 8:17).

"Por la boca de dos o tres testigos se decidirá todo asunto" (2 Corintios 13:1).

Nosotros debemos entender este punto saliente de la ley Bíblica. En el Antiguo y en el Nuevo Pacto, el Padre y Yeshua establecieron el principio de que: para que un asunto pueda ser conformado/creído en la Tierra, primero tiene que ser apoyado por "dos o más testigos." [93]

---

92 Los Cinco Libros de Moisé: Génesis a Deuteronomio.

93 Nota: Esta ley también revela la *pluralidad* del Dios de Israel. Porque el declaró que "Un solo testigo no bastará para que se sentencie a una persona a morir." (Números 35:30; Deu 19:15). Una ejecución demanda o comienza con una *pluralidad de testigos*. En estos versículos la plabra uno es traducida de la palabra hebrea *echad*, lo que puede significar unidad, primero, similar, solo, solamente, igual, cada (Strong # H259; TWOT # 61). También, *echad* es usada para definir a nuestro Dios en la oración del *Shema*, Deuteronomio 6:4 afirmación de fé: "Escucha, O Israel...el Señor es uno [*echad*]."

(continued...)

Por esto ¿no es lógico concluír que *ellos también* tienen que tener testigos afirmativos antes de que Su verdad colectiva (Génesis a Apocalipsis) pueda ser "establecida" en la Tierra? El mismo Yeshua nos dijo que "La Escritura no puede ser quebrada?" (Juan 10:35). ¿Es posible que ésta es la razón por la cual, el Padre y Yeshua históricamente siempre han tenido a "dos testigos" en la Tierra?—Judá y Efraín. ¿Dos, que ahora pueden potencialmente servir para "confirmar" toda la verdad de su Palabra en la Tierra?

Dos Familias Escogidas

De nuevo, cuando Israel fue dividida, y Roboam quería hacer que Efraín regresara bajo el dominio "judío," Yahveh le avisa, "No subais ni combataís contra vuestros hermanos ....porque de parte Mía ha sucedido esto" (2 Crónicas 11:4).

Y, cuando los enemigos arremetieron contra este Israel segmentado, El dijo, "¿No has observado lo que ha hablado este pueblo, diciendo: "Yahveh ha desechado a las dos familias que escogió? Han tenido en poco a mi pueblo, hasta no considerarlo más como nación.""

"Pero, así ha dicho Yahveh: Si no he establecido mi pacto con el día y la noche, y si no he puesto las leyes del cielo y

---

93 (...continued)
Echad puede significar tanto sólo—como en *solamente*, o puede significar *juntos* —como en *uno/ unido/igual*. En los versículos de "testimonio humano," "echad" debe tomarse en su significado de "diversidad dentro de la unidad." Siendo verdad que nuestro Dios es el "Unico y Solo Dios de los Israelitas" —es también verdad que Su alegación de *echad* debe ser comprendida en su forma "plural.". Debido a que, "la Escritura no puede ser anulada" (Juan 10:35), y en ella, Yahveh es descrito como "testigo" contra el pueblo de Israel. (Mal 3:5; Lev 20:5; Deut 32:35; Salmo 96:13). Por tanto, si El es "singular," y ha sido "testigo" de muerte contra un hombre y lo lleva a la muerte, entonces, Yahveh mismo ha roto la Escritura. Sin embargo, si Yahveh es un correcto "testigo" Escritural contra el hombre, entonces El tiene que ser comprendido en el sentido de "diversidad dentro de la unidad" de la palabra "*echad*." Es por esto que la Escritura declara que El es "plural" con el Mesías Yeshua —con Aquel que finalmente será tanto Juez como Jurado (Juan 5:22-24,30-34: 12:48). Porque Yeshua es la Palabra Viva—y será Su Palabra la que un día futuro juzgará a toda la humanidad (Juan 1:1; Heb 4:12). (Vea el Heraldo de la Casa de David, Vol, Ocho Libro Nuevo, *¿Un Testigo?* Por Batya Wootten y Judith Dennis.)

de la tierra, entonces desecharé la descendencia de Jacob.....
Porque los restauraré de su cautividad y tendré de ellos
misericordia." (Jeremías 33:23-26).

Israel es compuesta de "dos familias" escogidas por el
Padre. Son Sus dos "*mishpachah*" (משפחה).[94] Sus "dos naciones
/reinos" (Ezequiel 35:10; 37:22). El les llama "Ambas casas
de Israel" (Isaías 8:14). Ambas han sido llamadas para
"confirmar" Su verdad en el mundo. Históricamente, ¿no
han sido Sus "dos testigos" en toda la tierra?

Seleccionado Para ser Probado

El Israel seleccionado también es puesto a "prueba." La
palabra *seleccionado o escogido* también puede ser traducida
como "*probado.*": "He aquí que te he purificado, pero no
como a plata; te he probado en el horno de la aflicción."
(Isaías 48:10).

El Libro Teológico de Palabras del Antiguo Testamento por
Moody Press, dice de la palabra hebrea bahar, o *escogido:*
"La raíz de la idea es de "examinar intensamente"...o de
probar como se encuentra en la connotación encontrada en
Isaías 48:10....La palabra es (primordialmente) usada para
expresar la elección de algo que tiene un significado último
y eterno." [95]

Ser *Israel escogido* es ser *probado.* ¿Bendición o maldición? ¿Cual de ellas escogerá Israel durante su estancia
terrenal? Además, este llamado eterno a escoger se aplica
a *todo* Israel—ambas casas—Judá y Efraín.

Shema Yisrael....Escucha, comprende, y obedece... O Israel.
Escoge este día a quién servirás (Josué 24:15).
Afirma tu rostro este día para que "pases la prueba."

---

94 *Strong* # H 4940, una familia, circulo de familiares, una tribu o pueblo,
95 *TWOT,* Moody, 1985, # 231, Vol. I, pg 100.

10

La Sangre, El Redentor, Y El Israel Físico

¿Quienes son los *herederos biológicos* de Jacob/Israel?

De acuerdo con muchas fuentes judías:

"El cromosoma Y es el guardián de la historia familiar de la parte del padre." Esto es debido a que, "escrito en las letras del ADN... existe un registro de los antepasados paternos de un hombre. " [96]

El judaísmo enseña que aquellos que pertenecen al "sacerdocio "judío." o los *Cohanim,* descienden de un solo antepasado masculino: Aaron. En el día de hoy, se ha probado que existe una similitud en el cromosoma Y de ellos, debido a un eslabón intacto: Estudios genéticos de los *Cohanim* en todas partes del mundo, confirma la verdad, que por tanto tiempo existió encerrada en la tradición oral. Dicho por el PBS Web Site: "...Investigadores han encontrado....un marcador que indica conexión paternal.....(lo cual

---

96 "NOVA Online: Tribus Perdidas de Israel ¿Porqué el cromosoma Y? 07 Junio, 2000 <http://www.pbs.org/wgbh/nova/israel/familyy.html>

es) potencialmente una herramienta poderosa que nos posibilita investigar la..... historia...."

¿Es esto verdad? ¿Es determinado patrilinealmente el descendiente israelita?

Según el *Jerusalem Report Magazine*, en su artículo destacado en la portada de la sección del "Mundo Judío", (10 de mayo del 1999):

"Bajo la ley religiosa, el estado de *kohen* es obtenido a travéz de la herencia patrilineal." (Vea *Addendum*, página 263; y pié de página 5, página 5.)

Si el estado de *kohen* es determinado por el padre—si los hijos de *Levi* son determinados de acuerdo con la relación en sus *genes* (albureando)—¿no se aplicaría la misma norma a *todos* los descendientes de Levi, sin tener que tomar su fe en consideración?. [97] Y esta misma norma ¿no tendría también que ser aplicada a los hermanos de Leví: Naftalí, Gad, Aser etcétera.?

Luce como si la respuesta tiene que ser "sí." La afiliación tribal era determinada de acuerdo con el padre. La Escritura repetidamente confirma la "línea de sangre," significando la *secuencia directa de antepasados* o "la línea directa de descendencia", en otras palabras, el pedigrí de una pesona, es tomado en consideración de acuerdo a sus padres. [98]

Por ejemplo:

- El pacto de la circumcisión es con el varón, para producir hijos dedicados a Yahveh (Génesis 17:10-11; Jeremías 4:4; Romanos 4:11).
- "Pero la tierra será repartida por sorteo, y recibirán su heredad según los nombres de las tribus de sus padres" (todas las mujeres que heredaban las

---

97 "Muchos entre los líderes" (¿sacerdotes?) creyeron en Yeshua (Lucas 8:41; 18:18; Juan 3:1; 12:42). Con seguridad, esto no causó que los líderes" del primer siglo, perdieran sus "indicadores genéticos." Por esto preguntamos: ¿Donde se encuentran sus *"herederos"* hoy día?

98 Línea de sangre:: *Tercer Diccionario Nuevo Internacional*, 3 Vol. Enciclopedia Británica, 1981; *Diccionario Herencia Americana*, Tercera Edicián, Houghton Mifflin, 1992, respectivamente.

propiedades de su padre, tenían que contraer matrimonio con alguien de la tribu a la que el padre pertenecía para que así la herencia permaneciera en la misma tribu. No podía ser pasada de tribu a tribu.) Adicionalmente, cuando una mujer se emparentaba con una persona de otra tribu, sus hijos eran considerados como parte de la tribu de su padre. (Números 26:55; 36:5-12; Ezequiel 47:13-14).

- *Para eliminar a los hijos de Israel*, el rey de Egipto mandó a matar a los hijos *varones*, pero dejaron vivir a las hembras (Exodo 1:12-22).

- El Padre "*eliminó*" las casas de Jeroboam y de Ahab matando a todos sus hijos "*varones*." (1 Reyes 14:10; 21:21-22; 2 Reyes 9:7-9).

- El Padre le dijo a Abraham que "Naciones y reyes" saldrían de sus "lomos" (Génesis 35:11, KJV).

- La "casa" de Jacob estaba definida como aquellos que "salieron de sus lomos." (Exodo 1:5, KJV).

- Más adelante, la casa de Jacob fue aun más definida: "Todas las personas que fueron con Jacob a Egipto, *sus descendientes directos, sin contar las mujeres de los hijos* de Jacob, todas las personas fueron sesenta y seis." (Génesis 46:26).

- La carta a los Hebreos hablan de Leví cuando estaban "*en los lomos de su padre* [Abraham]" (Hebreos 7:9-10).

Además de la evidencia Bíblica, encontramos en los textos *apócrifos* (que ofrecen una opinión más temprana) lo siguiente:

"Yo también soy un hombre mortal, como todos los demás, descendencia del primer hombre, quién fue hecho de polvo, y en el vientre de mi madre fuí hecho carne durante el espacio de diez meses, compactado en sangre de la semilla de su marido...." (Sabiduría de Salomón 7:1-3, *La Nueva Biblia en Inglés con los Textos Apócrifos*). [99]

---

99 *Apócrifa* (Griego: cosas escondidas): Catorce libros más fueron escritos después del cierre del canón hebreo, incluídos en la Septuaginta y la Vulgata Latina
(continued...)

Para confirmar más este concepto—para encontrar respuesta a preguntas casi irrefutables—examinaremos ahora las cualidades redentoras de la "línea de sangre" del Mesías.

La Sangre de Nuestro Redentor

La sangre del Mesías tiene que ser excepcional. Para que El sea nuestro "Redentor," Su sangre *no puede ser como* la de cualquier otro "hombre." Cuando vemos esta verdad, entonces comenzamos a darnos cuenta de otra respuesta a la pregunta sobre nuestro *Israel.* Porque la Palabra declara que: "ninguno de ellos puede redimir a su hermano o darle a Dios un rescate por él..... Pero *Elohim* redimirá mi vida de la tumba" (Salmo 49:7,15, VNI).

Yeshua es nuestro "Redentor," y sólo "Elohim" (Dios) puede "redimirnos" de la tumba. Un mero *hombre* mortal, un *eesh* (איש), un individuo varón,[100] no puede por cualquier medio redimir *eternamente* la vida de otro. Tal redención solamente viene de "Dios." (Podemos y debemos ser "redentores" en situaciones terrenales, pero no podemos redimir de la muerte).

Sobre el hombre que trata de redimir al hombre de la tumba, se dice que, "La redención de su vida es muy costosa; y se ha de abandonar para siempre el intento." (Salmo 49:8).

Sólo *Elohim* puede pagar el alto precio de redención *eterna.* Y, ese precio de redención es *sangre inmaculada..*

"Porque la vida del cuerpo está en la sangre, la cual yo os he dado sobre el altar para hacer expiación por vuestras personas; Porque es la sangre la que hace expiación por la

---

99 (...continued)
considerados no canónicos por los Protestantes, 11 libros están incluídos en la Biblia Católica Douay.
A pesar de su falta de "inspiración," la *Apócrifa* es un antiguo documento que ofrece una buena perspectiva de la comprensión primitiva de estos asuntos.
100 *Strong* # H 376.

persona.." "pues según la ley *casi* todo es purificado con sangre, y sin derramamiento de sangre no hay perdón" (Levítico 17:11,14; Hebreos 9:22).

En el libro, *La Química de la Sangre*, el difunto Dr. M.R. DeHaan, explica que un hombre mortal no puede pagar el precio de redención, porque la humanidad sufre de un "envenamiento sanguíneo universal."[101] Y que, la sangre del hombre limpia su cuerpo de impurezas y el proceso guarda relación con la manera en que la sangre del Mesías nos limpia (Su cuerpo) del pecado. Y que, cuando el Padre hizo de la tierra el cuerpo de Adán, él no era un ser viviente, hasta que el Creador le infundió el aliento de vida. Puesto que, "Entonces, el Señor Dios formó al hombre del polvo de la tierra. Sopló en su nariz *aliento de vida*, y el hombre llegó a ser un *ser viviente*" (Génesis 2:7).[102]

La Vida Está En La Sangre

DeHaan dice que la "*vida*" que Yahveh sopló en Adán tenía algo que ver con "*sangre*," porque fue "*vida*," y "*la vida/nephesh* de la carne *está en la sangre*" (Levítico 17:14).

Mientras estuvieron en el Jardín, el Padre le advirtió a Adán que no comiera del árbol: "Porque en el día que comas de él, ciertamente *morirás*" (Génesis 2:17). Pero Adán de todas formas comió, y el veneno de este bocado condenó a muerte a toda la humanidad. Como todos descendemos de Adán todos sufrimos de su "desorden sanguíneo." Puesto, que Yahveh "hizo de una (sangre), todas las naciones del mundo que viven sobre la faz de....toda la tierra" (Hechos 17:26).

Por tanto, cada uno de nosotros, sin excepción, es destinado a morir. Todos: judío, gentil, esclavo, o libre, todos

---

101 La Química de la Sangre, Zondervan, 1971, pg. 16.
102 *Aliento, neshamah,* viento, inspiración divina, intelecto, alma, espíritu. Vida, *chai,* viviente; bestia, viviendo, rápido, corriendo (*Strong* #'s H5397; 2416 respectivamente). Adán se convirtió en un "*Alma viviente,*" un "*chai nephesh.*" Nephesh: Strong # H 5315.

hemos sido contaminados por la sangre de Adán. Todos, excepto, Yeshua...

Yeshua es la única excepción a esta corrupción adámica. Puesto que no corre por sus venas la "sangre" de Adán, sino, la sangre impoluta de Su Padre Celestial.

Los Orígenes de la Sangre

DeHaan dice, que durante el embarazo, la mujer "no le contribuye sangre" al feto. Y que Dios creó a la mujer de esta manera para que un día El pudiera usarla para dar a luz al nuevo "Adán" (1 Corintios 15:45). El escribe:

"La sangre que se fluidifica en las arterias y venas de un niño sin nacer, no es derivada de la madre, sino producida dentro del mismo cuerpo del feto. Solamente después que el esperma ha fertilizado al óvulo, y un feto comienza a desarrollarse, es que la sangre aparece. Como simple ilustración....pensemos en el huevo de una gallina. Un huevo no fertilizado es simplemente un óvulo en una escala muy mayor que el óvulo del ser humano. Se podría incubar este huevo de gallina no fertilizado, pero nunca se desarrollará. Se secará completamente y no resultará en pollito. Pero si dejamos que se fertilice este huevo por el.....esperma masculino, la incubación dará lugar a vida en un embrio. Después de unas cuantas horas, se desarrolla visiblemente. En un poquito más de tiempo, vetas rojas ocurren, denotando la presencia de sangre. Y la vida está en la sangre."[103]

Acerca del misterio que es la "vida," entendamos que comenzó hace tiempo en el Jardín, cuando el Eterno sopló vida a un trozo de arcilla. Vemos este principio en una semilla de maíz. Si tomamos una semilla sola de maíz y la

---

103 *La Química de la Sangre*, Zondervan, 1971, pp 30-31.
En su columna en el *Parade Magazine* se le preguntó a Marilyn Vos Savant "¿Hay intercambio de sangre entre una madre y su feto?" Su respuesta: "Las células y bacterias de la sangre son demasiado grandes para pasar por la placenta...." (*Parade*, 2/16/92).

plantamos y la cuidamos, recogeremos una cosecha. En unos pocos años podemos tener acres y acres de maíz. Todo de la vida de un grano de maíz....[104]

De la misma manera, existe un "factor de vida" en la "semilla del hombre"—cuál factor comenzó con Adán—y el cual, indica la Biblia, es transferido de padre a hijo.[105]

De acuerdo al pié de página de la Nueva Biblia Versión Internacional de Estudio: "La sangre en realidad posee un principio vivo y la vida de todo el cuerpo es derivada de ella, es una doctrina de revelación, una doctrina que ha podido ser fuertemente confirmada por los experimentos de los más acertados anatomistas...."[106]

Un Hombre Mortal No Nos Puede Redimir

¿Que tiene que ver la "incapacidad del hombre" de "redimir" con el "*factor de vida*" que es pasado por el *padre*? Para comenzar:

- "La sangre del Mesías" fue "ofrecida" a Yahveh a nuestro favor (Hebreos 9:14).
- Yeshua "*nos santificó*" "*a través de Su propia sangre*" Hechos 26:18; 1 Corintios 1:2; Hebreos 13:12).
- El es nuestro *Redentor* (Lucas 24:21; Gálatas 3:13; 4:5). El "se entregó por nosotros para *redimirnos...* purificar para Sí mismo un pueblo propio" (Tito 2:14).
- "No somos redimidos con cosas corruptibles...., sino con la sangre preciosa de un cordero sin mancha y sin contaminación, *la sangre del Mesías*" (1 Pedro 1:18-19).

---

104 Yahveh dijo de la semilla de Efraín: "Sacudiré la casa de Israel entre las naciones, como se sacude en un harnero, sin que caiga a tierra un solo grano." (Amós 9:9).

105 Esto no degrada el papel de la madre. Uno puede quizás decir que ella determina en cual tribu "nacerá." porque los varones no pueden hacerlo sin la ayuda de la madre.

106 *NVI Bible*, Quick Verse de Windows, 1992-1996, Craig Rairdon y Parsons Tecnología, Lev 17:11 pié de página.

Yeshua es nuestro Redentor. El nos redime con *Su Sangre*. *Pero...* Si las madres contribuyen su sangre a los hijos entonces Yeshua hubiera adquirido del vientre de su madre, Miriam (Maria) la sangre de Adán Como consecuencia El le hubiera ofrecido al Padre la sangre de Adán como rescate por nosotros. Con esta acción Yeshua hubiera "quebrado" la Escritura que nunca se puede "romper." (Juan 10:35; Salmo 49:7,15).[107]

El Secreto Misterioso

Sabemos que Yeshua nunca intentó romper, ni rompió la Escritura. Sin embargo, por ser el "hombre-Dios," sí compartío en su humanidad. (Hebreos 2:14, NVI).[108] Yeshua "*tomó parte*" de la humanidad, pero no "compartió" el linaje de la sangre pecaminosa de Adán: El compartió de la *carne*,[109] pero no de la *sangre*. Su sangre vino de *Su* Padre Divino. Por esto, Hechos 20:28 habla de "la iglesia de Dios, la cual adquirió para sí mediante *su propia sangre*. El habla de "Dios," porque fue la *"sangre... de Dios.*"[110]

Como dice la Biblia Ampliada: "Grande es el misterio de la piedad—el secreto místico—de la piedad. El (Dios) fue hecho visible en carne humana" (1 Timoteo 3:16, TAB).

Es este misterio—esta verdad, que Yeshua fue el "hombre-

---

107 "No hay más Dios aparte de Mí: ...y tu no estabas supuesto a conocer a ningun otro dios excepto a Mí, porque no hay otro *Salvador* aparte de Mí" (Isa 45:21; Oseas 13:4). Solamente *Yahveh Elohim* puede ser nuestro *Salvador.* Lucas 2:11 dice, "Hoy en la ciudad de David nos ha nacido un *Salvador*, Cristo el Señor." Y en Juan 4:42 se dice de Yeshua, "porque nosotros mismos hemos oído y sabemos que verdaderamente éste es el Salvador del mundo." Yeshua es llamado nuestro "Salvador" y solo puede haber Uno. Porque Yahveh dice, "Yo...soy tu ...*Redentor*" (Isa 49:26). Yeshua nos puede redimir con su sangre, porque El es "Uno," *Echad,* con "Dios." El es *Elohim* en la carne (Juan 10:25-30,33; 8:58-59).

108 Heb 2:14 es traducido en el NVI: "Porque los hijos tienen carne y sangre, el también compartió en su humanidad......." También, *metecho,* μετέχω, compartió (*Strong* G 3348), en 1 Cor 9:10, es traducida como , "compartiendo" la cosecha —lo que significa, "*tomar solamente parte.*"

109 *Carne. sarx* (σάρξ), carne externa, *Strong* # G 4561.

110 Vea también Romanos 3:25.

Dios" mandado para redimirnos—es que tenemos que creer. Porque, es la fe en Su sangre pura derramada a nuestro favor la que nos gana entrada a la eterna "asamblea *ekklesia* de los primogénitos que están inscritos en el cielo....." (Apocalipsis 5:9; Hebreos 12:23-24).[111]

La sangre sin pecado de Yeshua, en lugar de meramente cubrir o expiar por nuestros pecados—totalmente los borra.

El Espíritu del Anticristo

Sobre este punto de fe, Juan nos avisa, "¿Quién es mentiroso sino el que niega que Yeshua es el Cristo? El anticristo.... niega al Padre y al Hijo....todo espíritu que confiesa que el Mesías Yeshua ha venido en la carne es de Dios; todo espíritu que no confiesa a Yeshua no es de Dios. Y este es el espíritu del anticristo...aquellos que no reconocen que el Mesías Yeshua vino en la carne. Este es el engañador y el anticristo." (1 Juan 2:18,22; 4:2-3; 2 Juan 1:7-11).

Juan dice, que ellos no "reconocen al Mesías Yeshua como que *"vino* en la *carne.*."[112] Y, el explica lo que tenemos que aceptar: "El que *vino* por agua y sangre, el Mesías Yeshua" (1 Juan 5:6).

Debemos creer que Yeshua "vino" a esta Tierra "por *agua y sangre*" y que "cuando Su madre María estaba desposada

---

111 *Yahveh Elohim*, el suficiente, Existente, Eterno, Poderoso, *pluralidad* dijo que no *"podíamos tener otros dioses*" (Strong #'s 430; 259; Gen 1:26; Isa 51:2; Exo 20:3; Deut 5:7).Por tanto, la Divinidad de Yeshua no puede ser de tal forma *separada* del Padre. Y, El no pudo haber existido después del Dios pre-existente "Antes de Mí no Dios fue formado, y no habrá ninguno después de Mí. " (Isa 43:10). Yeshua no podía haber sido creado después como un "mini;Dios." Al igual, una mujer no puede estar "un poquito embarazada." O es completamente Divino o no es nada Divino. El comparte la "naturaleza pre-existente del Padre" o El no es Divino." Además para poder habitar en el corazón de muchos, Yeshua tiene que ser Omnipresente. También está escrito de El: "En el principio era el Verbo, y el Verbo era con Dios, y el Verbo era Dios. El era en el principio con Dios. Todas las cosas fueron hechas por medio de El, y sin El no fue hecho nada de lo que ha sido hecho. En El estaba la vida, y la vida era la luz de los hombres. La luz resplandece en las tinieblas y las tinieblas no la vencieron." (Juan 1:1-5).

112 *Carne.* Strong # G 4561. *sarx*, carne externa.

con José; y antes de que se unieran, se halló que ella había concebido *del Espíritu Santo.*"(Mateo 1:18). Sobre esta verdad, "Es el Espíritu el que da testimonio, porque el Espíritu *es la verdad.*" (1 Juan 5:7). Tenemos que creer que Yeshua es nuestro 'Redentor," que El es más que un simple "hombre," y que El vino por agua y sangre.[113] Creer algo menos es estar engañado por el espíritu del anticristo.

Los Israelitas, Siempre Serán Israelitas por "Línea de Sangre" —Independiente de....

Sobre la "ascendencia" del Israel "humano", puesto que la sangre de Yeshua vino de *Su Padre,* así también la ascendencia de los hijos de Israel es contada según *sus padres.*

Además, a pesar de donde son, a pesar de cómo son vistos por los hombres, benditos o maldecidos, los Israelitas permanecen por siempre "Israelitas por ascendencia." Pues Yahveh "no retira Sus dones ni Su llamado" (Romanos 11:29, Lamsa). Los israelitas biológicos siempre serán Israelitas biológicos. Punto.

¿Una Etiopía Judaica? —Un Oeste Efrateo?

Para ilustrar un elemento importante sobre la etnicidad israelita o la falta de ella, tenemos que examinar la 1 de Reyes 10:1-13. Allí nos dicen que la reina de Saba, habiendo "oído de la fama de Salomón" fue a Jerusalén a visitarlo. "De acuerdo con la tradición etíope, Saba (de nombre Makeda), se casó con Salomón y tuvo un hijo, Menelik I, quién fundó

---

113 Nuestro Padre Celestial se llama a El mismo "Fuentes de aguas vivas" (Jer 2:13). *Fuente (maqowr* [מקור]) habla de *progenitura,* viva (*chai* [חי]), carne; y aguas (*mayim* [מים]), *semilla (Strong* # 4726, 2416, 4325). También, Yeshua nos da aguas vivas, y la vida se encuentra en Su sangre (Juan 4:11-14; 7:38; Jer 17:13; Juan 6:53-55).

la dinastía real de Etiopía." [114]

Asumamos por un momento que Saba fué nombrada entre los "centenares" de mujeres que fueron "esposas" de Salomón (1 Reyes 11:3)—y que de la unión nació un hijo—y que cuando este hijo nació, era de piel morena algo así como su madre etíope.

Ahora démonos cuenta, que este hijo, a pesar del aspecto general, era como su padre, de la tribu de Judá. Llevando este concepto un paso más, nos deja asumir que que este hijo creció y se casó con una señora etíope y que tuvieron hijos, los cuales con el tiempo, todos se casaron con señoras etíopes y tuvieron hijos. De esta manera continuó el proceso. Y mientras dormíamos en la noche, Aquel que en el pasado ha "abierto" y "cerrado" la matriz de muchas mujeres,,[115] cambiaba a toda Etiopía en la tribu de Judá.

Los descendientes de las doce tribus pueden estar, en cualquier lugar, en todas partes. Y nunca lo sabremos.

Para más demostrar nuestro punto, notamos que un "viento del este" fue mandado contra aquellos de Efraín. Y los "vientos del este" se mueven hacia el *oeste*—lo cual explica porqué el Padre dice que en los últimos días de Efraín "del *occidente* los hijos acudirán temblando." (Oseas 13:15; 11:9-10).

Los israelitas pueden estar en todas partes y tener la apariencia étnica de cualquier grupo conocido por el hombre.

Por tanto, ¿donde y quiénes son Efraín y Judá?

Solamente el Padre en los Cielos lo sabe con toda seguridad. Pero, quizás uno de los muchos hijos biológicos prometidos a Abraham, Isaac y Jacob está leyendo este libro en este momento...

---

114 La Nueva Enciclopedia Británica, 29 Vol., 1985, Vol. 10, *Saba*, p 714.
115 Gen 20:18; 30:22.

11

¿Literal O Espiritual?

*L*os Creyentes del Nuevo Pacto a menudo se preguntan cómo deben de interpretar las promesas a "Israel," y se preguntan: *¿Literal o Espiritual?*. Mientras más adelante regresaremos a esta pregunta, empezamos primero notando que muchas de las promesas del Padre tienen significados múltiples. Por tanto, en el pensamiento hebreo hay cuatro métodos principales de interpretación:

1) *P'shat.* Abiertamente, significado literal del texto; también examina la gramática y el escenario histórico.
2) *Remez* Alusiones, alegoría, los indicios literales, insinuación espiritual de la cual quizás el mismo autor desconocía.
3) *Drash*. La moraleja, homilética. Leyendo nuestros pensamiento en el texto (popular durante el tiempo de Yeshua).
4) *Sod* (secreto) Reclama el significado y el valor numérico de las letras hebreas del texto, esconde un significado interno místico. Condenado por la mayoría de los rabinos, este método es peligroso y a menudo conduce

a la herejía. [116]

Vemos un ejemplo de múltiple significados, y de *remez* (un indicio de verdad) en Exodo 4:22. Porque Mateo usa este versículo para hablar del "Hijo" de Yahveh, quién también estuvo en Egipto, "Y estuvo allí hasta la muerte de Herodes, para que se cumpliese lo que habló el Señor por medio del profeta, diciendo: De Egipto llamé a mi hijo." Así pues, vemos a Yeshua como el Hijo quién el Padre llamó de Egipto. (Mateo 2:15). [117]

Sin embargo, el *p'shat*, o simple significado del texto, tan entendido desde hace mucho fué que Israel antiguo era el "hijo" milagrosamente liberado de la esclavitud en Egipto.

Este versículo, a menudo ofrece un *midrash* (una alegoría). Porque cada uno de nosotros, como "hijos," somos llamados de "Egipto," sacados de los sistemas "mundiales" al Reino eterno de Israel.

Tierra Y Fructuosidad

También encontramos significados mútiples en las promesas de "fertilidad y multiplicación" de Yahveh, como también en Su promesa de dar "la tierra" a nuestros antepasados, y a su "semilla."

Estas bendiciones—fertilidad, multiplicación y la tierra— son incluídas en muchas de las bendiciones del Padre, y primeramente deben ser tomadas en un sentido *p'shat*, o literal.

El Padre le dijo a los seres vivientes, "Sed fecundos y multiplicaos...en la tierra." A Adán, "Sed fecundos y multi-plicaos, y llenad la tierra." A Noé, "Sed fecundos y multi-plicaos; pueblen la tierra" (Génesis 1:22,28; 9:7). Entonces El le dijo a Abraham, "Te haré muy fecundo; de ti haré

---

116   Las primeras letras de estos métodos forman el anacronismo "PaRDeS" que significa "Huerto" o "Jardín." Vea la Enciclopedia de Vida y Pensamiento judío", 1996, Carta, *Pardes*, página 343.
117   Exo 4:22; Oseas 11:1; Isa 49:3,6; Salmo 2:7; Pro 30:4; Isa 9:6-7; Mat 1:18-25.

naciones." y "toda la tierra que ves, yo te daré en *posesión perpetua* a ti y a tu *descendencia* después de ti." A Isaac. "Yo multiplicaré tu *descendencia* como las estrellas del cielo, y daré a tu *descendencia* todas estas tierras." Y finalmente a Jacob, "Sé fecundo y multiplícate....a tus *descendientes* después de ti, les daré la tierra." (Génesis 17:6; 13:15; 26:4; 35:11-12).

Fecundo, o *parah*, significa dar fruto, literalmente, en sentido figurado, causar crecimiento, aumentar, o hacer fructuoso.

La palabra hebrea aquí traducida como *multiplicar o rabah,* significa incrementar, causar multiplicación, hacer grande, sobresalir, (excesivamente) y estar en autoridad. [118]

La Eretz Y El Melo

Yahveh también prometió la *eretz* (אר־ץ) a nuestros antepasados. Esto puede significar una tierra en particular, específicamente la tierra de Canaan (más adelante renombrada Israel) o toda la tierra..[119] Puede significar la Tierra que *le fue dada* a las doce tribus, o toda la Tierra que *todavía le será dada* en un futuro a los hijos de Israel. (Ezequiel 45:1). Porque la *"eretz* es de Yahveh, y toda su plenitud/*melo*." (Salmo 24:1, KJV).

Adicionalmente, "A Abraham y a su descendencia" le fué prometido "que serían herederos del *mundo*" (Romanos 4:13, NVI). La palabra usada, *cosmos* (κοσμος ς), se ajusta con la verdad de la *plenitud/melo* [120] *de la tierra* que le pertenece al Padre y a los hijos que reinan con El. Porque en el Salmo 24:1, *melo* es traducido, "*toda su plenitud*" o "*todo lo que se encuentra en ella,*" (Por tanto, la bendición de Efraín de "*melo ha'goyim*" adecuadamente puede significar que todo

---

118 *Strong#* H 6509; *TWOT#* 1809; *BDBL* p 826. *Strong#* H 7235; *TWOT#* 2103 respectivamente.
119 *Strong#* H 776; *TWOT* #167.
120 *Melo. ArtScroll*, Mesorah, *1982, Gen*, Vol. 6, p 2121; *Strong#'s* H 4393; 1471.

el *eretz-mundo entero* está lleno de ellos.)

También, el Mesías un día regresará a una *Tierra* en particular, a la escogida Jerusalén. Desde allí, el Rey de Israel reinará sobre toda la *Tierra*..[121] Y, mientras que la *eretz* es de Yahveh, de la misma manera, Jerusalén es su centro. Ella es la "*Novia*." prometida. Además, Yeshua es el "*Novio*" y nosotros somos Su "*Cuerpo*." Y, como Su Cuerpo, tenemos que ser sus "protectores." Por eso, "oramos" incesantemente por el bienestar de Jerusalén..[122]

La Semilla Enigmática

"En tu descendencia serán benditas todas las naciones de la tierra...y...Yo multiplicaré tu descendencia como las estrellas del cielo, y daré a tus descendientes todas estas tierras. Y en tu descendencia serán benditas todas las naciones de la tierra." (Génesis 22:18; 26:4).

Yahveh hizo promesas a la *semilla o descendencia* de los patriarcas, y ellos buscaban su cumplimiento físico. Incluso Moisés le dijo a Israel, "Yahveh tu Dios te ha multiplicado, y he aquí que hoy sois tan numerosos como las estrellas del cielo." (Deuteronomio 1:3,8,10). También, Josué dijo, "Que no ha fallado ni una sola palabra de todas las buenas promesas..... que Yahveh vuestro Dios os había hecho." (vs. 23:14).

La descendencia física de Abraham ha tenido y todavía tendrá cumplimiento literal en muchos más herederos biológicos. Porque, a pesar que Moisés dijo que Israel era como las estrellas del cielo en número," él también pidió, "¡Que Yahveh, el Dios de vuestros padres, os multiplique mil

---

121 Jerusalén: Lucas 19:41; 1 Reyes 11:13. :Reyes Mateo 27:42; Marcos 15:32; Juan 19:12-13. Reinar: Zach 8:3; 14:4; Miqueas 4:2,7.

122 Vernos como la "novia" del Mesías, nos dice grandes cosas. Pero en adición, cuando vemos a Yeshua como "el Novio", y nosotros como Su "Cuerpo", podemos ver la Nueva Jerusalén como Su/Nuestra "Novia." Porque algún día entraremos en ella y seremos uno con ella, y "fiesta de boda prometida y gloriosa fiesta comenzará.! (Ef. 5:24-31; Marcos 2:19; Juan 10:30; Apo 21:2; Isa 62:4-5; Sal. 122:6; Mat 22:10-12).

veces más y os bendiga *como os lo ha prometido*
(Deuteronomio 1:11)

Moisés sabía ¡que habían muchos más herederos por
venir!

Además, Yahveh le prometió a David: "Para siempre
confirmaré tu descendencia, y edificaré tu trono por todas
las generaciones." Y, "Su trono....será como la luna que
permanece firme para siempre." (Salmo 89:3-4,36-37). El
también dijo que El levantaría esta Descendencia después
que David muriera. El mismo David dijo que El había
hablado del "futuro de la casa de tu siervo." (2 Samuel 7:19,
TAB): "Cuando se cumplan tus días y reposes con tus
padres, yo levantaré después de ti a un descendiente tuyo,
el cual procederá de tus entrañas, y afirmaré su reino. Yo
seré para él padre; y él será para mí hijo....Tu casa y tu
Reino serán firmes para siempre delante de mí, y tu Trono
será estable para siempre." (2 Samuel 7:12-16)

El Padre llamó a este Hijo particular "de David," Su
Primogénito. También dijo de El, "El me dirá: 'Tú eres mi
Padre, Mi Dios, y la roca de mi salvación.' Yo también le
pondré por primogénito, más alto que los reyes de la tierra....
y Mi pacto será firme para con El. Estableceré su descendencia para siempre, y su trono como los días de los cielos."
(Salmo 89:26-29).

David deseaba construír una *casa* para Yahveh: un
Templo.. Sin embargo, es Yahveh quién le está construyendo
una *casa* a David: una *dinastía*—a través del Gran Hijo de
David (1 Crónicas 17).

Adicionalmente, mientras que el hijo de David, Salomón,
fué el que construyó el trono de David, es Yeshua la
"Semilla", que mejor cumple a cabalidad esta profecía. Como
Hijo de Yahveh, El le gimió a Su Padre desde la cruz, y fue
resucitado como Primogénito de entre los muertos, el más
alto de los Reyes de la tierra (Colosenses 1:18; Apocalipsis
1:5). Debido a esta realidad, en El y a través de El, el Nuevo
Pacto de Israel y el eterno trono de David es por siempre

establecido.[123]

La Múltiple—Semilla Individual

La palabra hebrea *zera*, significa *semilla*, y el *Libro de Palabras Teológicas del Antiguo Testamento* dice de ella:

"El significado primario viene del reino de la agricultura.... Así, el ciclo enteramente agrícola es casi sumarizado en la palabra *zera;* del acto de siembra, hasta la semilla plantada, hasta la cosecha recogida....'*Zera'* [también] se refiere al semen....La palabra 'semilla' es regularmente usada como un nombre colectivo en lo singular (nunca en el plural)." Y, "Este...es un aspecto importante de la doctrina de la promesa, porque el hebreo nunca usa el plural de esta raíz para referirse a 'posteridad' o a la descendencia'....Así la palabra.... es suficientemente flexible para denotar ya sea una persona que tipifica el grupo entero (ejemplo....Cristo), o las muchas personas en esa línea entera de descendientes naturales y/o espirituales." [124]

Hay muchos significados posibles para ser encontrados en la bendición de la *semilla* de Israel: '*Zera'* puede ser usada en un sentido agrícola (sembrando y cosechando); puede significar una línea entera de personas; o puede indicar el Mesías.

Aún así: la Escritura usa "semilla" de estas tres formas:

- *Sembrando y cosechando.* Oseas nombró a su primer hijo *Jezreel*, porque Yahveh esparciría la "semilla" de los efrateos entre todas las naciones. Todavía, un día futuro, ellos "responderían" y serían vendimiados. [125]
- Una línea entera de personas: "Y ya que sois del

---

123 Vea Col 1:16; Jer 23:5; 30:9; Amós 9:11; Hechos 3:20-23; 15:14-18; Oseas 3:5.

124 *Libro de Palabras Teológicas del Antiguo Testamento.*, Vol. I, Moody, 1980, p 581, #582.

125 *Jezreel* viene de zera' (semilla) y de *El* (*Strong* # H3157; *TWOT* #582; Oseas 1:4, 11 *NIV Biblia de Estudio*, Zondervan, 1985, pié de página). Respuesta: Oseas 2:21-22.

Mesías, ciertamente sois descendencia de Abraham,
herederos conforme a la promesa." (Gálatas 3:29,
NVI).[126]

* El *Mesías*: Gálatas habla de Yeshua como, "la
Semilla a quien había sido hecha la promesa."
(Gálatas 3:19, NVI).

Una Semilla—Un Pueblo

En Gálatas 3:16, Pablo habla de la *Semilla*: "Ahora bien,
las promesas a Abraham fueron pronunciadas también a su
descendencia. No dice: 'y a los descendientes,' como
refiriéndose a muchos, sino a uno solo: 'Y a tu descendencia,' que es Cristo.

Aquí, usando una forma alegórica, Pablo enseña un
midrash (una búsqueda de significado), y lee muchos
significados en el texto. Porque, al igual que *posteridad* y
zera, el griego *sperma* (esperma) puede ser usado en lo
singular como un nombre colectivo.[127]

En el sentido simple (*p'shat*), la bendición de la "semilla"
se refiere a los hijos biológicos de Abraham. Excepto que
Pablo enfoca en la forma colectiva, y así una enseñanza
gloriosa emerge:

El pueblo de Israel es el hijo de Dios; el Mesías Yeshua es
el Hijo de Dios; los hijos biológicos de Israel descienden de
Abraham y son su semilla/descendientes; el Mesías es "la
Semilla" prometida a/y descendencia de Abraham; aquellos
que tienen la semilla de fe, y confían en *la Semilla* prometida
son uno con *la Semilla,* los hijos llenos de fe de Abraham
confían en el Padre y Su Hijo; son parte del Cuerpo de
Yeshua, y así son uno con Abraham; porque todas las
promesas de Yahveh coronan culminación y cumplimiento

---

126 Múltiple semilla de Abraham: Gén 12:1-3; 15:1-6; 17:4,6-8; 24:60; 26:3-4;
28:3-4,14; 48:4,19; Deut 7:7; Exo 32:13; 1 Cro 16:16-17.
127 *Esperma*: algo sembrado, semilla, incluyendo el "esperma" masculino," por
implicación, descendiente; un remanente, emanar, semilla. *Strong* # G 4690.

en el Mesías; están siendo unificadas en la "Semilla" de Abraham.

Todas estas verdades se encuentran en este versículo que tan gloriosamente habla del Mesías. [128] Puesto, que todas las promesas de Yahveh son sí y amén en Yeshua (2 Corintios 1:20).

Una Nación Y Un Conjunto de Naciones

Yahveh prometió a Jacob: "De ti procederán una nación y un conjunto de naciones" (Génesis 35:11). Parafraseado, un *goy* (nación) y un *kahal [de] goyim* (naciones) procederían de Israel. Estas palabras también tienen significados múltiples:

Goy está acostumbrado a describir la "nación" de Israel. Porque, Yahveh le prometió a Abraham, "Yo haré de ti una gran *goy*...." (Génesis 12:2). También, "Considera también que esta *goy* es Tu pueblo" le suplicó Moisés a Yahveh (Exodo 33:13). Y, cuando "Israel" cruzó el Jordán, la "*goy*" completa fue circuncidada. (Josué 3:17; 4:1; 5:8).

En la Escritura, *goy/goyim* (גוי/גויים) está acostumbrado a describir grupos políticos, étnicos y territoriales (sin atribuír connotaciones morales), y para hablar de un "cuerpo gobernado de personas."[129]

Sin embargo, después que Israel recibió su convenio y entró en Canaan, entre los israelitas, las palabras *goy/goyim* primordialmente llegaron a significar las naciones sin pacto, no creyentes, paganas, las naciones extranjeras que los rodeaban—aún hoy día primeramente significa—los *Gentiles*.[130]

---

128 Vea Exo 4:22; Oseas 11:1; Mat 2:15; Juan 17:20-26; Romanos 9:6-9; 2 Cor 1:20; Gal 3:2; 4:7,21-31; Ef 1:10; Heb 1:2; y Comentario del Nuevo Testamento por Stern, Jewish New Testament Publications, 1995, p 549.

129 Heraldo de la Casa de David, Vol. 10, Book 1, *¿Quién es un Gentil?*, por E. Frank.

130 *Strong* y *BDBL* # H 1471; *TWOT* # 326; *Young Diccionario Bíblico*, Tyndale, 1984, *Gentiles*, p 230. *BDBL* dice que es "usualmente" usada para "el pueblo no hebreo." La pregunta que debemos hacer es, ¿Que significa esto para nuestro Padre Celestial?

Una Congregación Llamada

Kahal (קהל) primero significa *una congregación*, una multitud de personas llamadas a unidad, una asamblea.[131] Esta palabra fue traducida en el griego como *ekklesia* (εκκλεσια), lo cual también expresa una asamblea—congregación.[132] Por supuesto es el Todopoderoso quién escoge al que necesariamente será llamado, al *kahal [de] goyim de Jacob*, al pueblo de muchas naciones que están siendo unidos ¡*por el Santo de Israel*! Incluso, Jacob primero produjo una *sola nación cultural* (*kahal*), el Israel del Antiguo Pacto. Ahora, con y a través del Mesías Yeshua, Israel está produciendo una *congregación de naciones—una ekklesia*—aquellos "llamados" por el Todopoderoso de toda lengua y tribu étnica.[133] Así es que determinemos que, en el Espíritu, nosotros literalmente respondemos a esa llamado Santo.

---

131 Strong # H 6951; *TWOT* # 1991.

132 *Kahal-Ekklesia*. *TWOT* # 1991; *Hatch y Redpath Concordancia de la Septuaginta*, 2 Vol., 1983, Baker, p 433; *Strong* # G 1577; Hechos 7:38. *TWOT* palabra # 1991a; página 790. De las 122 veces que se usa (VKJ), más de sesenta veces *kahal* es traducida *ekklesia* (*Hatch y Redpath Concordancia de la Septuaginta*, 1983, Baker, p 433), treinta y seis veces como sinagoga (*TWOT* palabra # 1991a). *Ekklesia*, *kahal* y sinagoga son usadas para describir una asamblea (Strong # H6951; G4864).

133 Manasés sirvió como prototipo de una sola nación étnica, que era Israel del Antiguo Pacto. Efraín sirve como prototipo del Israel del Nuevo Pacto. Puesto que la tribu de Manasés finalmente se volvió parte de la confederación de tribus conocidas como Efraín, y los creyentes del Antiguo Pacto de Israel son parte de las "Congregationes de Naciones" esto es, del Israel del Nuevo Pacto (vea *In Search of Israel*, 1988, por Batya Wootten, capítulo 8, *The Allegory*). Como Rey de este pueblo, Yeshua ahora está sentado en el "trono de Su padre David" y reina sobre toda la casa de Jacob que al presente se somete a El (Lucas 1:32-33; Heb 1:3; 10:12; 12:2; Apo 3:21).

12

Israel: Un Misterio Hasta....

$\mathcal{E}$clesiastés 3:1: "Todo tiene su tiempo, y todo lo que se quiere debajo del cielo tiene su hora."

Daniel 12:4: "Al final de los tiempos, muchos correrán de un lado para otro, y se incrementará el conocimiento."

Romanos 11:25-26: "Hermanos, para que no seáis sabio en vuestro propio parecer—no quiero que ignoréis este misterio—que ha acontecido a Israel endurecimiento en parte, hasta que haya entrado la plenitud de los gentiles. Y así todo Israel será salvo...."

Hay *tiempos establecidos*. Existe un tiempo definido para que el *conocimiento se acreciente*. Y contenido en las páginas de las Escrituras, hay *misterios*. Estos *musterion* (μυστήριον) hablan de información cubierta por un silencio impuesto (sobre un asunto), que puede durar por una estación, o puede ser simplemente impuesto al falto de oír.[134]

Yeshua le habló a Sus apóstoles sobre *misterios* bíblicos. "Porque a ustedes se os ha concedido conocer los *musterion* del reino de los cielos," pero, a otros, "no se les ha concedido."

---

134 *Musterion*, un derivado de "*muo* (cerrar la boca)," significa "un secreto" o "misterio"—específicamente "a través de la idea de un silencio." *Strong* # G 3466.

El Mesías a menudo "habló en parábolas," para evitar que aquellos "de corazón duro" oyeran y abusaran de las verdades escondidas del Reino (Mateo 13:11,13-15).

De modo semejante, Pablo a menudo habló de verdades que se han mantenido "Ocultas desde tiempos eternos," pero "que han sido manifestadas ahora a los santos." Entre ellas se encuentra, "Mesías en *vosotros*, la esperanza de gloria." (Romanos 16:25; 1 Corintios 2:7; Colosenses 1:26-27; Apocalipsis 10:7; 2 Corintios 12:4).[135]

El Misterio de Israel

Concerniente al "misterioso" "endurecimiento parcial" que le sucedió a "Israel," Pablo dice que durará *hasta que....*" *¿Pero hasta cuando?* ¿Cuando será quitado el velo? ¿Cuando podrá ver Israel los secretos que por tanto tiempo han sido escondidos de sus ojos velados?

No será "hasta que haya entrado la plenitud de los gentiles." Un "endurecimiento parcial ," ocultamiento de la verdad del Padre, fue impuesto sobre "Israel" que duraría "*hasta*" que una "*plenitud*" de "*gentiles*" entrara al rebaño de Israel. (Romanos 11:25).

Pero, ¿Qué significa esto? ¿Esto habla de un *número específico* de gentiles que se "unirían" a Israel?

Ciertamente, ese no puede ser su significado pleno puesto que ¡tener gentiles unidos a Israel no califica como un *musterion!* A los gentiles *siempre* se les ha permitido unirse a Israel:

Tres Requisitos—Un Pueblo

"Si algún extranjero que reside entre vosotros quisiera celebrar la Pascua del Señor, que sea circuncidado todo

---

135 Cuando el Padre nos revela misterios, debemos recordar que los "mayordomos de los misterios de Dios" han sido llamados a presentar "con amor" las verdades reveladas. (1 Cor 4:1; 13:2).

varón de su familia, Entonces podrá celebrarla, y *será como el natural de la tierra.*" (Exodo 12:48, TNKH). Una persona era unida al pueblo de Israel si observaba la circuncisión, la Pascua, y residía en la Tierra. Habiendo cumplido estos tres requisitos, era después considerado como un "ciudadano," un "israelita nativo." Además, era tan importante para el Padre, que no se hiciera distinción entre el nativo y el extranjero, que El reafirma este principio en más de veinticinco ocasiones.[136]

En adición, El declaró esta regla como *estatuto perpetuo* en Israel: "Un mismo estatuto tendréis los de la asamblea y el extranjero que resida con vosotros. Este es un estatuto perpetuo a través de vuestras generaciones. Como vosotros, así será el extranjero delante de Yahveh. Una misma ley y una misma norma tendréis vosotros y el extranjero que resida con vosotros." (Números 15:15-16, NVI).

También Yahveh instruyó a las personas que se unían a Israel en lo que se refiere a su consideración propia:

"El hijo del extranjero que se ha adherido a Yahven *no hable diciendo,* Sin duda Yahveh me separará de su pueblo....los extranjeros que se han adherido a Yahveh....a éstos los traeré al monte de mi santidad y les llenaré de alegría en mi casa de oración....pues mi casa será llamada casa de oración para todos los pueblos." 'El Señor Dios [*Yahveh Elohim*], que reúne a los rechazados de Israel, dice: "Aún reuniré a otros más con sus ya reunidos'" (Isaías 56:3,6-8).[137]

De nuevo, ¡no hay *misterio* en tener gentiles unidos a Israel! Sin embargo, siglos atrás, los profetas de Israel declararon que el Padre iba a reunir al rebaño a otras ovejas "misteriosas."

---

136 Los versículos principales son:: Exo 12:48-49; Lev 19:34; 24:22; Num 9:14; 15:15-16,29; Ezeq 47:22. Vea también Exo 12:19; 20:10; 22:21; 23:9,12; Lev 17:8,10,12; 18:26; 19:33; 20:2; 22:18; 24:16; 25:6; Núm 15:30; 35:15; Josué 20:9; Salmos 146:9; Mal 3:5.
137 El Padre también le prometió a estos "otros" que El iba a reunir, "un nombre mejor que de hijos e hijas." (Isa 56:3).

¿Cual Es el Misterio?

Pablo habla de un secreto que tiene relación con la salvación *de todo Israel*: "Y así *todo Israel* será salvo," escribe él en Romanos 11:26. Pero, ¿quería él decir que "*todos*"los israelitas de sangre que vivían en aquel tiempo serían salvos?

Seguramente, esta no puede ser la respuesta, porque en otro sitio Pablo escribe, "Porque no todos los nacidos de Israel son Israel," significando, que en Israel, las ramas infieles, infructíferas son "desgarradas" (Romanos 9:6; 11:22; Exodo 12:15).[138]

En lugar de eso, Pablo habla de la *manera* en la que Yahveh ha determinado que la salvación vendrá a los receptivos de Israel. Por tanto, en el *Nuevo Testamento* por Williams, este versículo es traducido, "Y de esta manera...." Esto debido a que la palabra griega *houto* (ουτοςς) que significa, "*En esta manera* (refiriéndose a lo que precede o sigue); así de esta manera; a consecuencia." [139]

"De esta manera, todo Israel que iba a ser salvo, será salvo," puede ser una explicación ampliada de lo que dice Pablo. Puesto que este comentario, *le sigue* a la explicación del "árbol de olivo de Israel." *Precediendo* a su declaración, "Así todo Israel será salvo," Pablo explica el mandato divino que le fué dado a las llamadas "ramas del olivo silvestre." (Romanos 11:17,24).

Ese mandato divino es:

Las "ramas del olivo silvestre" están supuestas a provocar a *celo* a los de Judá (Romanos 11:14). Por esta santa provocación, los de Judá llegarán a desear lo que las "salvajes" poseen. Y "*Así*"la salvación vendrá a aquel que la desee.

---

138 Gen 17:14; Lev 7:20-27; Mat 12:34-41; 1 Cor 6:9; Apo 22:15.
139 Nuevo Testamento por Charles Williams, de *26 Traducciones de la Santa Biblia*, Zondervan, 1985. También vea *Strong* # G 3778.

El Plan de Salvación

En Romanos 11, el Espíritu Santo, hablando a través de Pablo, explica la manera en la cual Yahveh ha determinado que la"salvación" vendrá a "todo Israel," queriendo decir a todos los que acepten *salvación*. Y, "Yeshua" significa "*Salvación*."[140] De nuevo, aquellos que antes eran "olivos silvestres" son los llamados a traerle a El a los de Judá.

Dando una pista, una similitud sobre el tiempo del fin, el Mesías Yeshua dice, "Jerusalén será pisotiada por los gentiles *hasta* que el tiempo de los gentiles sea *cumplido*" " (Lucas 21:24).

En nuestros días, Jerusalén no se encuentra completamente bajo el control "gentil." En el 1917, ella fue liberada del control musulmán por los ejércitos aliados bajo el mando del General Edmund Allenby. (¿Un Efrateo?) Y, en el 1967, el Padre devolvió la ciudad a "manos judías", (excepto el Monte del Templo). Como ha sido prometido, de nuevo El ha comenzado a escoger a Judá y a Jerusalén (Zacarías 2:12).

Sin embargo, para entender completamente el plan Divino, necesitamos ver que el Padre Mismo ha impuesto una cierta "ceguera" a "Israel." Esta ceguera es "parcial," o *meros* significando, en parte, sección, división, porción, pedazo, considerable.[141]

La mayoría de las personas creen que esta ceguera parcial habla solamente del pueblo judío que ha sido endurecido a la verdad sobre el Mesías Yeshua. Y seguramente hay verdad en esta explicación. Porque en el pasado los de Judá han estado ciegos a la verdad acerca de Yeshua. Pero, en nuestros días el velo está siendo removido de sus ojos. Muchas personas judías en el mundo entero están viendo que Yeshua es su *Maschiah* tanto esperado (Mesías).

---

140 Yeshua/Salvación (ישוע): Vea Gén 49:18 y Strong # H 3444.
141 Vea *Strong* # G 3313.

Las Otras Ovejas—¿También Han Sido Cegadas?

¿Hay algo más en el "misterio" de Pablo? ¿Existe algo más que la incapacidad de Judá para ver a Yeshua?

Paul habla de una "plenitud" de "Gentiles" que entraría en el "redil de Israel." Porque, Yeshua dijo, "Yo tengo *otras ovejas* que no son de este redil; a ellas también me es necesario traer y oirán mi voz. Así habrá *un solo rebaño* y un solo pastor." El también dijo: "Yo no he sido enviado *sino* a las ovejas perdidas de la casa de Israel " (Juan 10:16; Mateo 15:24).

¿Yeshua cambió de opinión—o hay algo aquí que posiblemente no vemos? ¿Es posible que lo que no vemos tiene algo que ver con el misterio de Romanos 11?

Pablo dijo casi 2000 años atrás, que él estaba revelando un "misterio." Y todavía, el dice que esos que quedarían ciegos a ese misterio, no podrían ver la verdad *hasta que...*

Todo *Israel* fué afligido con la incapacidad de ver claramente. Sólo podían ver en parte. ¿Pudo ser este también *nuestro* problema? Si somos "parte de *Israel*," entonces, por un tiempo ¿nosotros *también* hemos quedado ciegos? ¿No sufrieron ambas casas de Israel con esta incapacidad para ver toda la verdad acerca de "Israel"?

Como el Salmista dice, "*Selah*." Hagamos una pausa y meditemos.[142]

Promesas Literales: Para Ambos Judá Y Efraín

Meditemos en el hecho, de que los castigos y promesas hechas a Efraín fueron diferentes a los castigos y promesas hechos a Judá...[143] Y, justamente al igual que las promesas hechas a Judá son literales, de la misma manera las promesas hechas a Efraín son también literales.

---

142 Selah: Strong # H 5542.
143 Vea Eze 4:3,6, y, *Restaurando el Reino de Israel* por Angus Wootten, Key of David, Saint Cloud, FL., 2000.

Y ahora,para que podamos ver claramente lo "quién y cómo" de este endurecimiento, examinaremos las teorías primarias planteadas acerca de "la Iglesia e Israel." [144]

En nuestro estudio, compararemos cada teoría con la Sagrada Escritura, y si en ese proceso encontramos que la tela tiene un hueco en ella, la descartaremos. Adicionalmente, continuaremos buscando hasta que encontremos el tapiz perfecto de Israel, que está siendo tejido por nuestro Padre Celestial.

---

144 Iglesia e Israel: Apo 3:16; 2 Tim 3:1-12; Hechoss 7:38; 2 Tes 1:1; 2:13; Juan 8:44; 10:33; Apo 2:9; 3:9; Mat 7:23.

Tercera Parte

Lo Que Se Nos Ha Dicho

13

Doctrinas "Huecas"

*U*na variedad de enseñanzas huecas han sido planteadas sobre la Iglesia y el pueblo judío—cada una de ellas niega, desacredita, o hace caso omiso de uno de estos dos grupos. Mientras que la mayoría imparte la enseñanza que las dos ramas de olivo de Romanos once simbolizan estos dos pueblos, más allá de esto, estas enseñanzas son seriamente defectuosas. Así es que, necesitamos examinar las siguientes teorías populares:

- La Teología de Reemplazo
- Separadas Entidades—Convenios Separados
- Israel Físico y Espiritual
- El Gentil Adoptivo-Injertado
- El Pueblo judío representa Todo Israel

La "Teología de Reemplazo" pretende que la Iglesia ha "reemplazado" al judío. "Dios ha terminado con el judío," orgullosamente afirman.

Mientras es verdadero que Pedro el apóstol dijo que los "extranjeros" que han sido llamados son un "pueblo *escogido* /nación" (1 Pedro 1:1; 2:9), todavía, asumir que han sido escogidos para *sustituir* a Israel, es violar el aviso de Pablo en Romanos 11:18 que no deben ser "arrogantes" hacia las ramas judías. Y, definitivamente hemos encontrado el sabor ácido de arrogancia en la fruta amarga de la Teología de Reemplazo.

Además esta ideología insidiosa echó combustible a la llama del Holocausto de Hitler. Dirige a la gente a esperar persecución del así llamado judío "rechazado", y así anima una placidez condescendiente en presencia del mal vulgar.

En contraste, la Sagrada Escritura advierte a Israel: "No debiste haberte quedado mirando a tu hermano en su día trágico, en el día de su desgracia. No debiste alegrarte de los hijos de Judá en el día de su ruina." Y, "no seas arrogante contra las demás ramas (Judá)," "porque tú por tu fe estás firme. Porque si Dios no perdonó las ramas naturales (cultivadas), a ti tampoco te perdonará (antes ramas silvestres sin cultivar)" (Abdías 1:12, NVI; Romanos 11:18-21).

En tiempos pasados, algunos israelitas se sintieron más espirituales que sus vecinos: "No vendrá el mal sobre nosotros," dijeron Pero a estas palabras arrogantes, Yahveh respondió: "Porque el pueblo ha hablado estas palabras, Yo pongo mis palabras en tu boca como....un fuego, y este pueblo será la madera" (Jeremías 5:12-14).

Yeshua habló de un juicio similar:

"Pensáis que estos galileos, (asesinados por Pilatos) porque padecieron estas cosas, habrán sido más pecadores que todos los galileos? Os digo que no; más bien, si no os arrepentís, todos pereceréis igualmente." (Lucas 13:1-5).

Cuando los cristianos miran despectivamente al pueblo judío, corren el riesgo de ser considerados arrogantes por el Dios de Israel. Corren el riesgo de incurrir en Su furia.

Dios No Ha Terminado Con El Judío

Nuestro Dios de ninguna manera ha terminado con Judá. Vendrá un tiempo cuando, "en el Monte Sion y en Jerusalén serán salvos....en aquel tiempo, cuando yo restaure de la cautividad a Judá y a Jerusalén," dice Yahveh Elohim (Joel 2:32-3:1).

Isaías 11:11-13, dice, "Asimismo, acontecerá que El pondrá su mano *por segunda vez* para recoger el remanente de Su pueblo....y de nuevo.....reunirá a los dispersados de Judá." Y, sella con tapa un compromiso temible: "aquellos que hostilizan a Judá serán exterminados."

Una vez más Judá está otra vez en la Tierra de nuestros antepasados. Y en vista de la presión actual aplicada en contra de esta diminuta nación, es imperativo que los Creyentes no figuren entre aquellos que con motivos inicuos van contra ella. Porque en Joel 3:2, nuestro Padre da aviso de que después que El restaure la fortuna de Judá, entonces: "reuniré a todas las naciones y las haré descender al Valle de Josafat." Y "entraré en juicio contra ellas."

Tenemos que evitar a cualquier manera, el hacer un viaje a ese valle a cualquier costo.

"Cristiano Gentil" ¿Un Oxymoron?

A través de todas las teorías en cuestión, corre el hilo común de que los Creyentes que no son judíos son *"Gentiles Cristianos."* Sin embargo, Efesios 2:11-22, dice que ellos *"anteriormente"* eran gentiles. Específicamente, el versículo 2:19 declara, "Por lo tanto, ya no sois *extranjeros* ni forasteros, sino conciudadanos de los santos y miembros de la familia de Dios (Israel)."

El Diccionario de Webster define a un gentil como un *pagano.* En griego, la palabra gentil es *ethnos* (εθνος), y puede significar *extranjero* (*no judío*), *pagano, infiel.* Hoy día cuando se quier decir *pagano, infiel, gentil,* se usa la palabra Goy/goyim (hebreo) primordialmente. [145]

La diferencia tiene que ver con "Quién los gobierna." Esto es lo qué define a una "nación." Además, el "goy" del Padre es llamado a ser un *"Goy Santo,"* a distinción de un *"goy*

---

145 *Tercer Diccionario Internacional de Webster,* Enciclopedia Británica, 1981, *Gentiles,* Vol. 1, p 947. Griego: *Strong* # G 1484; *Diccionario Bíblico de Young,* *Gentiles,* Tyndale, 1984, p 230. Hebreo: *Strong* # H 1471; *TWOT* #326.

pagano." Y aquellos que verdaderamente creen en el Dios de Israel y en Su Mesías no son *extranjeros* para El.

Si para el Dios de Israel, lo contrario es verdadero, entonces ya no son paganos. Y el título contradictorio, "Gentil Cristiano," se vuelve un oxymoron, una paradoja no bíblica.

Adicionalmente, mientras las puertas a la ciudadanía de Israel estaban siempre abiertas para quienquiera que "residía" o vivía en armonía con ellos—a Israel se le prohibió unirse a los gentiles. Israel debió ser un pueblo apartado, teniendo costumbres que "diferentes." Así Yahveh pudo hacer distinción entre Israel y el pagano—y de esta manera provocar a otros a ser análogos, y aun asociarse a Su pueblo escogido.[146] (Este fué y todavía lo es, el plan del Padre para "el evangelismo.")

Asimismo, Yeshua dijo que debe haber una diferencia entre los "gentiles" e "Israel." El comparó la religión de los gentiles a la de "Babilonia," y advirtió a Sus seguidores a "salirse de ella." Porque, Su pueblo "comprado" le "pertenece solamente a El." [147] Adicionalmente, el dijo que si un hermano nos rehúsa a oír, entonces debemos "Decirlo a la *ekklesia* y si rehusa oír aun a la *ekklesia*, tenlo por *Gentil* y publicano." (Mateo 18:17).

El pueblo del Nuevo Pacto de Yeshua no puede ser "como los Gentiles." Al contrario, deben salirse de ellos y estar separados.." (Mateo 5:47; 6:7; 2 Corintios 6:17; 1 Tesalonicenses 4:5; 1 Peter 2:12).

¿Separadose De Qué Para Qué?

En tiempos pasados, cuando los seguidores del Cristo (el Mesías) buscaban una "identificación separada" de los paganos, a menudo se referían a su cuerpo colectivo como el "Israel Nuevo." (Ellos creyeron ser el "Israel Nuevo" y que Judá era el "Israel Antiguo.")

---

146 Deut 4:20; 7:6; 14:2: Salmo 33:12; Isa 43:2; Exo 11:7; Ester 3:8.
147 Hechos 4:27; 20:28; Ef. 1:14; Tit 2:14; Apoc. 18:4; 1 Pedro 2:9.

Solamente, en nuestro días, es que el Padre ha permitido que el asunto sobre el título de "Israel" salga a la superficie. Y en la forma en que está ocurriendo es muy interesante.

La Crisis de Identidad de la Iglesia

Una "crisis de identidad" se originó en la Iglesia, cuando el Todopoderoso comenzó a permitir el regreso del pueblo de Judá a la Tierra, y a bendecirlos. De súbito, una pregunta vital surgió amenazadoramente grande en el horizonte: Si nuestro Dios es el Dios de Israel, y el pueblo judío es *Israel*, entonces *¿Quién es la Iglesia?*

Un estudio del tema causó que muchos cuestionaran, y aun rechazaran, enseñanzas anticuadas sobre "Israel y la Iglesia." De pronto, las cosas eran diferentes: El pueblo judío estaba en la Tierra Prometida—y nombraron a su nación restablecida "Israel"—y el Dios de Israel les mostraba favor.

Aun más interesante, el pueblo que originalmente regresó quería darle el nombre de *"Judea"* al estado recién establecido."[148]

¿Qué hubiera ocurrido si hubieran seguido con ese plan?

Ciertamente, no hubiera molestado a los antijudíos que se encuentran en la Iglesia. Simplemente habrían pensado, "Bueno, los judíos rechazados están de regreso en *'Judea'*. Pero, ¿Qué tiene eso que ver con nosotros? ¡Nosotros somos la *"Nueva Nación de Israel."*"

Todavía más, el Dios de Israel no estaba dormido, cuando a última hora, su Primer Ministro, David Ben Gurion, decidió nombrar la tierra natal "Israel." Así pasó, que el regreso de los judíos a un Estado llamado "Israel," sirvió para inflamar una búsqueda inconsciente de identidad en la "Iglesia."

---

148 Muchos nombres fueron propuestos: Sion, Judea, Ivriya, etc. "Estampillas de correo hechas antes de tiempo.... fueron estampadas *'Doar Ivri* (Correo Hebrew) porque nadie sabia que nombre se le pondría." *Israel: Una Historia* por Martin Gilbert, 1998, William Morrow & Company, *La Guerra de Independencia Mayo 1948 hasta la primera tregua*, p 187.

Así fue que los cristianos comenzaron a llamarse el "Israel Espiritual," y a poner gran énfasis en la interpretación de la Escritura en tipos y sombras, pintando sus conceptos de "Israel" en colores espirituales, etéreos, intangibles de otros mundos.

Para ellos, el llamado a ser Israel era para la vida venidera. Para otros, el asunto fue inmaterial. Ser "la Iglesia" fue sufi-ciente; ser un "primogénito heredero" fue estimado poco im-portante. Y, aquellos que no pudieron abrazar estas perspect-ivas, simplemente quedaron con una abundancia de preguntas.

Entidades Separadas

Muchos creen que la Iglesia e "Israel" son entidades separadas (para ellos, "Israel" significa el pueblo judío). Algunos aun afirman que "el pueblo del Padre es el pueblo judío," y que el "pueblo de Yeshua son los de la Iglesia."

Pero esta enseñanza se opone a la verdad, porque tenemos "una sola esperanza de vuestro llamamiento" (Efesios 4:4). Contradice la reclamación de Yeshua,"También tengo otras ovejas que no son de este (significando presente) redil. A ellas también me es necesario traer, y oirán mi voz. Así habrá *un solo rebaño y un solo pastor*" (Juan 10:16). Se opone a Su oración que su pueblo sea uno al igual que "El y Su Padre son Uno" (Juan 17:11).

Pactos Separados

A la vuelta, este concepto dirige a la gente a concluír que el pueblo judío tiene un pacto separado. ¿Pero es esto cierto?

Realizado o no, esta teoría es basada en la idea que nuestro Padre hizo una promesa a Abraham que solamente puede ser cumplida a travéz de los herederos biológicos de Abraham; y que "solamente el pueblo judío" son esos "herederos físicos."

Sin embargo, como previamente enseñado, a Abraham le fué prometido *miríadas* de descendientes..[149] Su siervo, Eliezer de Damasco, no podría ser (él era un equivalente a un "Gentil adoptado") Y, Yahven dijo, "Este hombre *no* será tu heredero; sino que alguien que salga de tus entrañas será el que te herede" (Génesis 15:2-4). Entonces, para encontrar los "herederos físicos" de Abraham, las personas correctamente buscan los que "salieron de su propio cuerpo."

Los Hijos De Los Hijos—¿Son Ellos Judíos?

El problema es, en este día posterior a Abraham, que el querer separar a los cristianos y a los judíos basados en herencia genética crea un verdadero dilema. Porque, la Iglesia Primitiva era compuesta casi exclusivamente de "Cristianos Judíos." Y seguramente tuvieron hijos. Adicionalmente, es más *probable* que sus descendientes se hubiesen quedado "en la Iglesia." Porque, regresar al Judaísmo requería que ellos escondieran en un armario su fe en Yeshua, o quizás negarla completamente. [150]

Asumiendo que estos Creyentes amaban tanto a Yeshua para no hacer eso, nos preguntamos: ¿Son sus descendientes también "herederos biológicos.?

¿Cortados Por Seguir Al Mesías?

Si decimos que ya no son herederos físicos, en esencia estamos diciendo: La recompensa por seguir al Mesías judío es ser cortado de ser parte de Israel. Sin embargo, esto contradice Romanos 11:17-20, que explica que el Padre "desgajó ramas del árbol de olivo por incredulidad." Lo cual significa, que aquellos que no siguieron al Mesías de Israel fueron desgajados del árbol de olivo de Israel, no viceversa.

Si decimos que los Creyentes judíos y sus nietos, biznietos

---

149 Gén 12:3; 15:5; 17:4; 26:4; 24:24,60; 28:3,14; 32:12; 48:4,16,19.
150 Juan 9:22; 12:43; 16:2; Hechos 26:9-11.

y demás ya no son más parte de Israel en bases físicas—porque creyeron y siguieron al Mesías Yeshua—¿no nos oponemos a la Escritura? [151] ¿Los podemos descalificar nosotros Escrituralmente por esta razón?

Además, si uno dice que los hijos de los Rabinos judíos del primer siglo[152] son "judíos," pero los hijos de los Creyentes judíos del primer siglo ya "no son herederos"—no estamos en esencia diciendo que los Creyentes fueron desheredados ¿porque no siguieron al Judaísmo Rabínico?

En contraposición a tales métodos de división, la Escritura declara que aquellos que siguen al Mesías fueron/son arraigados en el árbol de olivo de Israel. [153]

Entonces, ¿Cuál será nuestra norma para inclusión en Israel? ¿La Genética? ¿Observancia de costumbres judías rabínicas? ¿O será las normas de la Escritura—de Génesis a Apocalipsis?

También preguntamos: ¿Es posible que creer o no creer una doctrina en particular cambie el hecho de nuestro maquillaje genético?

¿Gentiles Judíos?

Para exponer aun más lo absurdo del *género humano* [154] en querer dividir al pueblo del Padre, al cual se le ha dado una promesa como "pueblo físico," debemos señalar que el adulterio se encuentra entre los diez primeros en la lista de

---

151 Pablo escribe a, "Todos los santos en el Mesías Yeshua" y dice de ellos, "Nosotros somos la verdadera circuncisión, quienes adoran en el Espíritu de Dios." (Filip 1:1; 3:3).

152 Judaísmo Rabínico: Una religión desarrollada por rabinos después de la destrucción del Templo (70 A.D.); sus doctrinas básicas siendo que el "Mesías todavía no ha venido."

153 Esto no es para decir que aquellos en la "Iglesia" han verdaderamente seguido al Mesías. Pero, tampoco aquellos del Judaísmo lo han seguido. En cambio, los dos pueblos se parecen a los dos hijos de quién Yeshua habla en Mateo 21:28-31; ninguno de los dos tiene un perfecto registro de obediencia.

154 Mientras que el *género humano* no puede saber quién es o no es un israelita biológico, el Padre en los Cielos sí lo sabe:: "Yo conozco a Efraín, e Israel no está escondido para Mí" (Oseas 5:3). Porque, "No hay criatura escondida de delante de El. .." (Hebreos 4:13).

pecados (Exodo 20:14). Esta prohibición, prueba que la human-idad tiene un problema en esta área. Y, si alguna "persona judía" tuvo solamente *una* abuelita infiel escondida en el armario, su pecado secreto, dirige el árbol genealógico de su familia ¡en una dirección completamente desconocida! Sus hijos pueden pensar que están relacionados con el Rey David, pero en realidad son la descendencia de un pagano anónimo.

También, notamos que el Judaísmo acepta a los conversos. [155] Y los hijos biológicos de estos conversos viven entre el pueblo judío. Así es que preguntamos, "¿Son ellos y sus hijos *judíos*?"

Si decimos que son "judíos," pero—los descendientes de los judíos cristianos primitivos "no son herederos biológicos" —entonces somos culpables de usar "medidas diferentes." Tal acción el Padre llama "abominable" (Proverbios 20:10).

Así, solo podemos concluir, que debido a complicaciones como matrimonios mixtos, conversiones, violaciones y adopciones, tendríamos grandes dificultades para tratar de dividir los cristianos y judíos basado en el descenso físico. (Incluímos violación en esta lista porque, por siglos incontables, muchos llamados "hombres cristianos" gratuitamente violaban a las mujeres judías "despreciadas y rechazadas". Basado en la violación de estas mujeres, se levanta una pregunta en lo que se refiere a la identidad biológica de los hijos de estas "uniones.")

(Algunos creen que esta es la razón por la que el Judaísmo comenzó a decidir quién es judío basado en la "madre." En compasión por el dilema de estas mujeres y de su descen-dencia, decidieron amar y aceptar los hijos de padres "desconocidos.")

También debemos incluír a los hijos adoptados en este exámen, porque, durante el Holocausto, cuando algunos hombres que se decían ser "cristianos" mataban a los padres de niños judíos, otros, que realmente eran "cristianos amorosos y verdaderos" adoptaron a agunos de esos niños."

---

155 Exo 12:38; Ester 8:17; Esdras 2:59; Hechos 2:10.

¿Inspectores de Ascendencia?

No obstante, por el puro placer de discutir, asumamos por un momento que los herederos biológicos de Abraham tienen un pacto que es separado de los "Cristianos Gentiles."

Entonces, a consecuencia del estado de cosas arriba definido, debemos preguntar:

¿Para establecer eternamente el Quién es Quién biológico entre cristianos y judíos—y para averiguar quién participará y quién no participará en el llamado "Pacto Judío" ¿mandará Yahveh en un día futuro a una brigada de inspectores de ADN?—¿una legión de Angeles de Control Biológico—cuyo trabajo específico será separar a los judíos verdaderos de los rangos y filas de los Gentiles?

No, El no lo hará esto. Porque, Isaías 56:3 declara que Yahveh no separará de Su pueblo al extranjero que se ha unido a El. Adicionalmente, en el Nuevo Pacto, El continua llamando a Su pueblo, "Israel." "De Judá saldrá Uno que pastoreará a Su pueblo, *Israel*" (Mateo 2:6).

Así, concluímos lo siguiente:

A) Nuestro Dios no ha terminado con el judío.
B) El le prohibe a aquellos que se adjuntan a El, decir que están separados de su pueblo, Israel
C) Yeshua no se separa de Su Padre.
D) El Buen Pastor no tiene rebaños separados de ovejas.
E) Acerca de dividir los herederos de Jacob basándose en la descendencia biológica, solamente el Padre sabe quién es "Israel."

Armados con estas conclusiones, examinemos la teoría de "Pactos Separados," pero ahora desde otra perspectiva.

14

Más Teorías Andrajosas

Algunos reclaman que "la Iglesia Gentil" tiene un *Pacto separado* al de Israel. Sin embargo, no hay registro Bíblico del Todopoderoso, donde El hizo un Nuevo Pacto con los "Gentiles." En su lugar, como fue prometido, Yeshua hizo Su Nuevo Pacto, con los hijos de "*Israel.*"

"He aquí vienen días, dice Yahveh, en que haré un nuevo pacto con *la casa de Israel* y con *la casa de Judá.* No será como el pacto que hice con sus padres el día que los tomé de la mano para sacarlos de la tierra de Egipto, mi pacto que ellos invalidaron, a pesar de ser Yo su Señor. Porque éste será el pacto que haré con *la casa de Israel* después de aquellos días. Pondré Mi ley en su interior y la escribiré en su corazón. Yo seré su Dios, y ellos serán mi pueblo." (Jeremías 31:31-33).

Sentado a la mesa con Sus discípulos, Yeshua dijo, "Este es el Nuevo Pacto en Mi sangre." Con estas palabras, habladas a los hijos de Israel sentados a la mesa de la Pascua del Nuevo Pacto de Yeshua la promesa fue instituída (Lucas 22:20; Hebreos 8:6-12; 1 Corintios 5:7).

Estos discípulos seguían al Mesías prometido a Israel. Ellos continuaron reuniéndose en sinagogas y en el Templo.

Y la Sagrada Escritura se refiere a ellos como a una "secta" de los judíos, conocida como los "del Camino." (Hechos 24:5,14; 26:5; 28:22).

La Ekklesia En El Desierto

Al hacer su defensa delante de sus perseguidores, el mártir Esteban habló de la "*iglesia/ekklesia* que estaba en el desierto" (Hechos 7:38). *Ekklesia* es usada para describir tanto a los del Israel antiguo, como aquellos que seguían al Mesías de Israel. También, los Creyentes son llamados "la *ekklesia* del primogénito" (Hebreos 12:22-23).

La Escritura no separa a Israel del Creyente. Y, los que pertenecían a la Iglesia Primitiva tampoco separaron a la *ekklesia* de Israel.

Porque, existe solo un pueblo llamado por Dios.

El Israel Físico—El Concepto del Israel Espiritual

En lo que se refiere a dividir a Israel en campamentos "físicos" y "espirituales" recordamos las plabras de Yeshua: "Pero la hora viene, y ahora es, cuando los verdaderos adoradores adorarán al Padre en espíritu y en verdad; porque también el Padre busca a tales que le adoren." (Juan 4:23).

Todo Israel, tanto judío como no judío, ha sido llamado para adorar al Padre "en espíritu." Por lo tanto, para ser un adorador del Dios de Israel, "el Israel físico" tiene que ser "espiritual"—esto significa, que ellos lo tienen que adorar "en el espíritu." Además, todo creyente en el Mesías es un "ser físico." Todos descendemos de *alguien*. Y, el mensaje no expresado de esta teoría es que: El Creyente que no es judío *no desciende* de Abraham. A su vuelta, esta respuesta demanda una pregunta: *¿De quién descienden entonces?* —esta pregunta nos da respuestas gemelas que son: A los patriarcas se le prometió miríadas de herederos biológicos

—y sobre quién es descendiente verdadero del Israel "físico," solamente Yahveh Mismo lo puede saber.

Para complacer al Santo, "el Israel físico" debe ser "espiritual." Y, todo el que reclama ser "Israel espiritual" también son seres "físicos." Entonces, lógicamente, no es razonable querer dividir a Israel de esta forma. Porque, dándose cuenta o no, tales conclusiones teóricas sobre la descendencia biológica, son puramente basadas en suposición....

¿Solamente Son Adoptados los "Creyentes Gentiles"?

Muchos enseñan que los "Creyentes Gentiles" tienen que ser "adoptados" en la familia de Abraham, mientras que los "judíos físicos" no tienen que ser adoptados. Estos mismos usualmente hablan de "los Gentiles injertados/adoptados." Hacen esto debido a que la equivocación acerca de la fe de Abraham camina de la mano con el malentendido acerca del "árbol de olivo" de Israel.

La Teoría del "Gentil Adoptado/Injertado.":

Para la mayoría de los Creyentes, su primera impresión del árbol de olivo de Israel proviene de Romanos once, donde Pablo habla de las "ramas silvestres del olivo" siendo injertadas entre las demás." (vs 17).

Sin embargo, en esta carta, Pablo habla de los Creyentes judíos de su día. Y, mientras que él los llama ramas "naturales" vemos que Pablo se dirige más a la *disposición natural* que al descenso biológico.. Porque, en este árbol, las ramas pueden ser tanto desgajadas como injertadas.[156]

---

156 El principio es que Judá es "*natural*" solamente cuando se acoge de acuerdo a las reg;as del Cultivador (Juan 15:1).De otra manera, es "cortado" por incredulidad." También, cuando Judá acepte al Mesías, "*será injertado de nuevo*" (Rom 11:17,23, 24).

Esto es debido, a que la relación con la "raíz" (Yeshua: Apocalipsis 22:16) determina la condición de la "rama." Para permanecer en el árbol, uno debe de estar en relación correcta con el "*Cultivador*," queriendo decir el *Padre*, con Aquel que Yeshua llama, el "*Viticultor*." [157]

Adopción E Inferioridad

Muchos interpretan las referencias de Pablo sobre el árbol de olivo, como diciendo que los antiguos "Gentiles" (no judíos) no son hijos "*naturales*", pero son "hijos injertados, espiritualmente adoptados." El pueblo judío, por otra parte, son vistos como los hijos "naturales," quienes no son, ni adoptados, ni injertados.

Esta interpretación usualmente produce una de dos reacciones en los Creyentes no judíos. Primero, se ven a si mismos como "adoptados" y piensan que de alguna manera son inferiores a los hijos judíos "naturales".

Los efectos de esta enseñanza falsa son similares a los de un niño que ha sido adoptado en una familia diferente. Los hijos adoptados, a pesar de cuánto son amados por sus padres adoptivos, tienen obstáculos que vencer—obstáculos que un hijo "natural" simplemente no tiene que hacerles frente. De la misma manera, esta comprensión y enseñanza teórica muy antigua, produce un sentimiento de inferioridad en algunos Creyentes.

Adopción Y Superioridad Superficial

Otra interpretación de esta enseñanza es: Un grupo es *espiritual* (adoptado) y el otro es *carnal* (natural). Una vez empañado por este pensamiento, algunos adherentes piensan que son superiores a la persona judía "espiritualmente nula," "carnal." (Estos que se comportan como si

---

157 *Strong* # G 5449, 2798; Isa 5:1-7; Eccl 5:9; Ezeq 36:9; Juan 15:1; Rom 11:17,24

fueran superiores, usualmente lo hacen para cubrir completamente sentimientos de inferioridad. Tristemente, este sentimiento mal nacido de superioridad falsa, probablemente permanecerá mientras estas personas vivan, bajo la conclusión errónea que solamente ellas han sido "adoptadas.")

¿Orgullo Natural?

Por otra parte, esta enseñanza errada tiende a producir una reacción diferente en los Creyentes judíos. En ellos, a menudo produce sentimientos de posición familiar superior. Creyendo que son hijos "naturales," descendientes de la "raza escogida de los judíos" algunos reclaman que son "escogidos dos veces." Este pensamiento engendra un orgullo racial falso; que "trae sólo argumentación." Puesto que la genealogía no puede ser probada, su conclusión se basa en *presunción*, y "a través de la presunción nada viene sino la contienda." (Proverbios 13:10; 16:18; 1 Timoteo 1:4).[158]

Estas enseñanzas producen sentimientos de inferioridad y/o sentimiento de superioridad; ninguno de los cuales son apropiados o provechosos para los hijos del Santo de Israel.

El Espírtu de Adopción

¿Cuál es la verdad? ¿Son los Creyentes que no son judíos adoptados en la familia de Abraham?

No, no lo son. La Sagrada Escritura usa la palabra *adopción* sólo cinco veces, y esos cinco versículos nos dicen lo siguiente:

1. "Pues no recibísteis el espíritu de esclavitud para estar otra vez bajo el temor, sino que recibísteis el espíritu de adopción como hijos, en el cual clamamos:

---

158 Orgullo: Vea Isa 27:1; Job 41:34.

"¡Abba, Padre!" El Espíritu mismo da testimonio juntamente con nuestro espíritu de que somos "hijos de Dios."" (Romanos 8:15,16).

2. "Y no sólo la creación sino también nosotros, que tenemos las primicias del Espíritu, gemimos dentro de nosotros mismos, aguardando la adopción como hijos, la redención de nuestro cuerpo." (Romanos 8:23).

3. Mis hermanos, "Ellos son Israelitas, de los cuales son la adopción, la gloria, los pactos, la promulgación de la Torá, el culto y las promesas." (Romanos 9:4).

4. "Dios envió a Su Hijo, nacido de mujer y nacido bajo la Ley, para que redimiese a los que estaban bajo la ley, a fin de que recibiésemos la adopción de hijos." (Gálatas 4:5).

5. "Pablo le declara a los Santos en Efeso:" en amor nos predestinó por medio de Yeshua el Mesías, para adopción como hijos suyos, según el beneplácito de su voluntad." (Efesios 1:5, NVI).

El Padre nos da el Espíritu de Adopción para que seamos libres del miedo de muerte y así posibilitando que lo llamemos *Abba, o Padre*. Como *Sus hijos*, aguardamos la llenura de nuestra adopción, la cual es la redención de nuestros cuerpos.

Este Espíritu de adopción pertenece a los hijos de *Israel*. Pues el Padre mandó a Su Hijo para redimir los que estaban bajo la Ley (Judá) y también a los Santos (Efraín); El predestinó a *ambos* para la adopción como hijos suyos, a través del Mesías Yeshua. Para unirse a la familia de Abba, para convertirse en un hijo de Dios—*todos* primero tienen que recibir el Espíritu de adopción a través del Mesías Yeshua. Porque "*todos* pecaron y no alcanzan la gloria de Dios." (Romanos 3:23).

¡Los Versículos de Adopción No Mencionan a Abraham !

Estos versículos no hacen mención de Abraham. Ni tampoco apoyan la enseñanza de que los Creyentes son adoptados en la familia de Abraham. Adicionalmente, si una persona judía viene a la fe en el Mesías, entonces él es injertado "de nuevo" al árbol de olivo "de Israel." (Romanos 11:23).

Pequeños Errores—Grandes Problemas

Por tener un riesgo tan alto montado sobre nuestras creencias, debemos preguntarnos: ¿Es verdad lo que creemos? El fundamento sobre el cuál hemos edificado nuestra comprensión de Israel ¿está basado en una verdad de la Escritura? ¿Necesitamos reexaminar nuestras creencias básicas sobre "Israel"?

En su libro, *Diez Errores Filosóficos*, Mortimer J. Adler, filósofo americano, explora los diez errores principales en el desarrollo del pensamiento moderno. El examina las consecuencias serias que estos errores tienen en nuestra vida diaria. Adler toma en consideración los pensadores máximos del mundo, señalando sus errores comunes y desastrosos: Todos ellos inventaron clases nuevas de sabiduría, para continuar edificando sobre una fundación defectuosa. Todos fallaron al no comenzar de nuevo en cero para entonces edificar sobre verdades originales. No derribaron completamente la construcción defectuosa. No cavaron hasta llegar a una fundación sólida de verdad original.

Adler también cita una declaración hecha por Aristóteles en el siglo 4 A.C: "La desviación inicial más mínima de la verdad, con el tiempo es multiplicada por mil."

Y, él parafrasea las palabras de Santo Tomás de Aquino: "Pequeños errores al comienzo, conlleva consecuencias serias en el fin."

Adler mismo escribe: "En lugar de volver sobre los pasos que los llevaron hacia las fuentes de pequeños errores en el comienzo, los pensadores modernos han intentado sortear el resultado de los errores iniciales, a menudo agravando las dificultades en lugar de dominarlas.

¿Nueva Sabiduría Edificada Sobre Una Fundación Defectuosa?

¿Padecen los cristianos y los judíos de este error desastroso? ¿Hemos inventado nuevas clases de sabiduría que no han sido edificadas en verdades originales? Si así es, ¿estos errores aumentan la suma de nuestros problemas?

¡Las respuestas requieren un retumbante, "Sí, Sí, Sí!

En particular, la *ekklesia* del Nuevo Pacto nunca se ha recobrado de sus divisiones doctrinales tempranas y de sus errores teológicos. Especialmente desfavorable para ellos han sido los errores concerniente a "Israel." Ellos ciegan a los Creyentes. Nos previene de ver el plan del Padre para *toda* la casa de Israel.

15

¿Es Judá Todo Israel?

La última en nuestra lista de teorías defectuosas es: "El pueblo judío representa a "*todo Israel.*"

Aquellos que imparten esta enseñanza, afirman que las dos casas fueron reunidas cuando algunos de Judá regresaron de Babilonia, y, durante la dedicación del Templo ofrecieron "una ofrenda de pecado por *todo Israel....*" (Esdras 6:17; 8:35). ¿Es esto cierto?

Para las respuestas, miramos hacia la Sagrada Escritura y los registros históricos::

Más de cien años después del fin del "reino" del Norte, [159] el Padre dijo, "¿Acaso no es Efraín un hijo querido para Mí? ¿Acaso no es un niño precioso? Porque cada vez que hablo contra él, lo recuerdo más. Por eso mis entrañas se enternecen por él. Ciertamente tendré misericordia de él" (Jeremías 31:20).

II de Reyes, escrito alrededor del 562-538 B.C.:[160] revela: "E Israel fue llevado cautivo de su tierra a Asiria, *hasta el día de hoy.*" (2 Reyes 17:23, NVI).

---

159 100 años: Jeremías, *NVI Biblia de Estudio*, Zondervan, 1985, *Autor y Fecha.*
160 *NVI Biblia de Estudio, Introducción* 1 Reyes, pp 464-465.

Más adelante, alrededor del 520 B.C., vemos a Zacarías rompiendo la "vara" llamada Unión, (Así) rompiendo la hermandad entre Judá e Israel" (Zacarías 11:14, NVI).

La *Nueva Versión Internacional de Estudio de la Biblia* dice que esta acción "significa la disolución de.... la unidad entre el sur y el norte."[161] También, *Los Doce Profetas*, le llaman a la vara rota "Vínculo" denotando la disolución de toda unidad y armonía entre Israel y Judá." [162] Y, Zacarías hizo esto, *después del regreso* de Judá de Babilonia.

Daniel, desde Babilonia escribió, "Tuya es, oh Señor, la justicia; y nuestra es la verguenza del rostro, *como en el día de hoy*—de los hombres de Judá, de los habitantes de Jerusalén, de todo Israel, *de los de cerca y de los de lejos*, en todas las tierras a donde los has echado." (Daniel 9:7, VKJ). Judá *estaba cerca*, en Babilonia, pero de acuerdo con la *Serie del ArtScroll Tanach,* "Todo Israel" significa las diez tribus de Israel que fueron deportadas y perdidas." [163]

Alrededor del 440 B.C., Esdras escribió que Efraín estaba esparcido en "Halah, Habor, Hara, y hasta el río Gozan, *hasta el día de hoy*" (1 Crónicas 5:26). El profeta escribió estas palabras más de 250 años después que Efraín fué esparcido, y más de 50 años después del regreso de Judá de Babilonia para reconstruír el Templo.[164] Por tanto, Esdras no consideró que Israel había sido reunido.

Después del regreso parcial de Judá a la Tierra nos movemos para el tiempo de Yeshua y los apóstoles. En aquel entonces, Pablo escribió que el Mesías Yeshua vino y le predicó la paz para ustedes que "estaban lejos" y para *aquellos que "estaban cerca."* (Efesios 2:17). (Vea Daniel 9:7 de arriba para "cerca" y "lejos.")

---

161 520 B.C.: *NVI Estudio de la Biblia, Introducción* Zacarías, p 1405; NVI indica (misma Biblia), Zacarías 11:14 pié de página, p 1412. También vea, *Binders*, Los Doce Profetas,, Soncino, 1980, p 267.

162 *Los Doce Profetas*, Soncino, 1980, pp 316-317.

163 *ArtScroll*, Mesorah, 1982, *Daniel*, p 248.

164 *NVI Estudio de la Biblia* Zondervan, 1995, *Introducción* Esdras, p 662-663.

Lo Que Judá Dice de Efraín

Al presente, la *Enciclopedia Judaica* dice de los Efrateos que fueron exiliados a Asiria:

"Es evidente que por regla general no poseyeron el estado de esclavos o de una población oprimida. Los exiliados primero se establecieron en Mesopotamia como inquilinos agrarios del rey....los artesanos entre ellos fueron empleados en empresas estatales. Finalmente, algunos de los exiliados llegaron a obtener estado social y económico y aun ocuparon posiciones altas en la administración asiria....El desarrollo de raíces en la sociedad mesopotámica por una gran parte de los descendientes de los exiliados israelitas, resultó en su absorción eventual en el medio ambiente extranjero." [165]

Asimilados Pero No Perdidos

Se dijo que Efraín fué "tragado....entre las naciones." Sin embargo, Yahveh también dijo de ellos: "Pues he aquí que yo mandaré y haré que la casa de Israel sea sacudida entre las naciones, como se sacude en un colador, *sin que caiga a tierra un solo grano.*" (Oseas 8:8; Amós 9:9). Aunque dispersados "entre todos los pueblos, de un extremo a otro de la tierra," donde se convertirían en idólatras sirviendo y doblegándose a "dioses de madera y de piedra" desconocidos a sus padres—aun así, Yahveh tendría misericordia. Ni un solo "grano" de su semilla dispersada se le perdería a El: "Conozco a Efraín e Israel *no está* escondido para mi." dice el Todopoderoso (Deuteronomio 28:64; Oseas 5:3).

Efraín *no está perdido* para el Padre, pero, ¿ha sido reunido con Judá?

---

165 *Enciclopedia Judaica*, Keter, 1972, *Exilio, Asiria*, p 1036.

Lógica Defectuosa

¿Es como algunos dicen? ¿Reunió el Santo a las dos casas durante la ceremonia sacrificatoria de Esdras— cuando "Esdras se levantó e hizo que todos los líderes sacerdotales, los Levitas, y *todo* Israel, hiciera un juramento.....así hicieron juramento?....." (Esdras 10:5).

No, El no lo hizo. "*Todo Israel*" define a "*aquellos*," e incluye solamente a los que estaban presente en la ceremonia. Habla específicamente de aquellos que *hicieron juramento*. Habla de "el ofrecimiento.....*que todo Israel allí presente* había ofrecido" (Esdras 8:25).

Todavía más, tratando de probar que Efraín es ahora parte de Judá, algunos dicen que el uso de las palabras "todo Israel" prueba que después de este sacrificio, Judá representó a "todo Israel."

Pero, estos versículos no prueban el regreso de Efraín, ni tampoco que ahora Judá representa a "todo Israel." Porque, "todo Israel" es también usado para describir aquellos del Reino del Norte: "Aconteció que al oír *todo Israel* que Jeroboam había vuelto, le mandaron a llamar a la asamblea y le hicieron rey de *todo Israel*. No quedó quien siguiese a la casa de David, sino sólo la tribu de Judá." (1 Reyes 12:20).

En este caso, "todo Israel" excluye absolutamente a Judá. Ambos casos se refieren solamente a "todo Israel presente" en aquellos tiempos.

La Biología No Cambia—A Pesar de Todo

Aunque Judá intercedía por "todo Israel" en el sacrificio, y a pesar que algunos de otras tribus se encontraban presente, no podemos decir que Judá, desde ese momento en adelante, representaba a "todo Israel." Una oración ofrecida por algunos, no cambiaría, o podría cambiar la genética de otro. Y todos concuerdan, que no todos los israelitas biológicos estaban allí. Por tanto, decir que solamente los judíos que estuvieron presentes en este sacrificio continuaron siendo "Israel" es decir que los efrateos biológicos que no tomaron el juramento, fueron cortados.

Pero, a su vez, esto significa que todo judío que no tomó el juramento, también fué cortado—eso quiere decir que la mayoría de los judíos actuales no son judíos—porque casi todos ellos descienden de aquellos que se quedaron rezagados en Babilonia. Este no es el caso. Judá continuó siendo Judá y Efraín continuó siendo Efraín. De nuevo, nuestro Padre no retracta Su llamado. (Romanos 11:29).

Judá Fué Todavía Llamado Judá

El hecho que los judíos fueron algunas veces llamados "Israel" no prueba la reunión de Israel. Porque, mientras que el nombre "Israel" fué primordialmente usado para designar a Efraín, también describió a los hijos de Jacob: "Yahveh mandó a los hijos de Jacob, a quien puso por nombre Israel." Ambas casas" eran llamadas "Israel" (2 Reyes 17:34; Isaías 8:14).

Además, después de su regreso de Babilonia, la Sagrada Escritura continua llamando Judá a los judíos. Está escrito que: Los agitadores "desanimaron al pueblo de Judá" de construír (Esdras 4:4). Fueron llamados, "el remanente judío que había sobrevivido el exilio." (Nehemías 1:2, NVI).

¿Nos Perdimos La Reunión?

Desde entonces, ¿han sido las dos casas reunidas?

La respuesta es ligeramente política, "Sí y no."

Sí, para todos aquellos que son verdaderamente del "Cuerpo" del Mesías. No, en que "todo Israel" hasta ahora no ha manifestado completamente esa unidad. Sí, en que Yeshua nos "ha convertido" en "un hombre nuevo," porque en El nuestra unidad está actualmente adscrita (Efesios

2:14-16). No, en que todo Israel no se ha aplicado totalmente esa unidad (la mayoría caminan en una aplicación parcial). Nuestra unidad es imputada, y está actualmente disponible, pero no la hemos implementado completamente. Hasta el momento, ambas casas de Israel no han podido caminar como el pueblo finalmente arrepentido, reunido y restaurado de Ezequiel (37:15-28).

De modo semejante, Yeshua se "ha sentado" en el "trono de su padre David." Sin embargo, Su reino es un reino "venidero." También, hubo un día específico cuando Yeshua fué sacrificado como nuestro Cordero Pascual, sin embargo, El es llamado, "el Cordero inmolado desde antes de la fundación del mundo" (Apocalipsis 13:8, VKJ). [166]

De modo que, mientras "todo Israel" no concuerde con ciertos criterios, continuará caminando como casas separadas. Solamente cuando estas dos casas entren *completamente* en su Nuevo Pacto serán de nuevo un "Israel" reunido. Sólo cuando ambas casas, Israel y Judá, tengan las leyes del Padre escritas en sus mentes y en sus corazones, es que serán completamente restauradas. Sólo cuando puede ser dicho que el hombre no enseña más a su vecino, o a su hermano, diciendo, "Conoces al Señor" porque todos le conocen, del más pequeño al más grande (Hebreos 8:8-12, NVI; Jeremías 31:31-33)—sólo entonces—se puede decir que todo Israel ha entrado totalmente en su Nuevo Pacto y que ha sido reunidos con creces.

El Plan De Reunión

A pesar de fracasos pasados, nuestro Padre promete la completa reunión de Israel en los últimos días. El aun describe ciertos atributos de ambos de los participantes y su

---

166 Que El ya está "sentado" indica que El ahora reina (Lucas 1:32; Heb 1:3; 10:12; 12:2; Apo. 3:21); y sin embargo, Su Reino es venidero. Mat 6:10; Lucas 11:2; también vea Isa 27:9; 55:3; 59:21; Jer 31:31-34; 32:38-40; Heb 8:8-12; 10:16. Cordero Pascual: 1 Cor 5:7; Juan 1:29; 1 Pedro 1:19; Marcos 15:34.

reunión victoriosa: "Entonces se disiparán los celos de Efraín, y los que hostilizan a Judá serán exterminados. Efraín no tendrá más celos de Judá, ni Judá (vejará) hostilizará a Efraín. Juntos volarán sobre los hombros de los filisteos (¿Palestinos?) al occidente, y juntos saquearán a los hijos del oriente. Edom y Moab estarán bajo su sujeción, y los hijos de Amón (Jordán) les obedecerán" (Isaías 11:11-14, TNKH).

El Celo de Efraín Desaparecerá

Como los celos de Efraín por Judá desaparecerán, él cesará de "idolatrar" y/o "despreciar" al pueblo judío. Porque, el Padre mismo levantará el velo de Romanos 11:25 de los ojos cegados de Efraín. Entonces, él verá la verdad de su propia identidad israelita, y cesará de ser celoso. El se dará cuenta, que al igual que Judá, él no ha sido menos "seleccionado." Con esta revelación, viene una llave de tres puntas que cambia su vida: La identidad, seguridad, y un sentido de pertenecia. Esta llave abrirá una puerta para la sanidad y cambio en Efraín.

Un Efraín Arrepentido

El Padre dice de un Efraín antiguamente porfiado, "Ciertamente he oído a Efraín que se lamentaba."

Y en el arrepentimiento, Efraín responde:

"Me azotaste, y fui castigado como novillo indómito; Hazme volver, y volveré; porque tú eres Yahveh mi Dios. 'Porque después de desviarme, me arrepentí; y después de darme cuenta (La Biblia Enfatizada dice: 'después que conocí quién era'), golpeé mi muslo. Fui avergonzado y también afrentado, porque he llevado el oprobio de mi juventud" (Jeremías 31:18,19).

Después que Efraín sepa quién es él—después de que sea instruído sobre sus raíces hebraicas—Efraín tendrá verguenza de los pecados de su juventud. Y en su arrepentimiento, él se apartará de sus prácticas paganas. Entonces, "él será como un hombre fuerte (héroe)." Entonces, Yahveh "los llamará con un silbido, y los reunirá, (con Judá)" y "Efraín vendrá temblando del oeste." En aquel tiempo, el pueblo de Efraín regresará en grandes cantidades, "Hasta que no se encuentre espacio para ellos habitar" (Zacarías 10:7,8,10; Oseas 11:10).

Los Enemigos de Judá Serán Eliminados

Este cambio resultará en la eliminación de los enemigos de Judá—porque Efraín dará apoyo a Judá. El apoyo de Efraín hará una gran diferencia en Judá, porque él ahora perdura como un hombre poderoso. Pues él es un Israel completamente arrepentido y verdaderamente cambiado, y finalmente, prevalece como un príncipe.

En este plan de restauración, vemos un cierto principio en acción. Porque Yeshua dijo: "Todo reino dividido contra sí mismo está arruinado, y cae casa sobre casa" (Lucas 11:17). Esto quiere decir que lo contrario también conserva su validez: un reino unido no puede ser destruído; una casa unida no caerá. Entonces, cuando Efraín y Judá se mantengan unidos, los enemigos de Judá serán eliminados.

Judá Cesará de Vejar a Efraín

Cuando Judá vea este cambio, él cesará de vejar a Efraín.[167] Nunca más rehusará a reconocer que Efraín es también un heredero legítimo, Judá hará eso porque Efraín

---

167 Vejar: Palabra de Strong # H 6887, *tsarar* צרר): adolorir, afligir, sitiar, atar, agonía. Ser un adversario/enemigo, oprimir, vejar. Puede significar "ser restringido" o una respuesta emotiva fuerte" como en el caso de "decisiones controversiales" (vea TWOT, plabra # 1973, p 778). Por esto Pablo dice que los de Judá son "*enemigos* del evangelio por causa de vosotros...." (Rom 11:28).

comenzará a *comportarse* como un israelita. Y juntos, se convertirán en un ejército invencible que conquistará a sus antiguos enemigos.

La Guerra Antigua de Ismael-Isaac

Cuando las dos casas dominen su conflicto interno, también resolverán la guerra antigua de Ismael-Isaac (los pueblos árabes son descendencia de Ismael, e Isaac es el padre de Israel: Judá y Efraín).

Cuando se unan, "La Casa de Jacob (Judá) será como fuego, y la Casa de José (Efraín) como llama, y la Casa de Esaú como estopa." Porque Yahveh ha jurado,"Pues he preparado a Judá como mi arco; lo he cargado con Efraín como flecha.....y te haré como espada de soldado" (Abdías 1:18, TNKH; Zacarías 9:13; 1 Samuel 17:45; Isaías 11:13-14).

Un Israel Completo, Purificado

"Vendrán los hijos de Israel, junto con los hijos de Judá. Irán andando y llorando, y buscarán a Yahveh su Dios. Preguntarán por el camino de Sion, hacia donde volverán sus caras, y vendrán, y se unirán a Yahveh en pacto eterno que jamás será echado al olvido...." "En aquellos días será buscada la maldad de Israel, y no aparecerá; los pecados de Judá, y no serán hallados más" (Jeremías 50:4-5,20).

Olvidando El Arca Y El Éxodo

Aquellos una vez llamados "infiel Israel y traidor Judá" todavía regresarán a Sion: "Os daré pastores según mi corazón, y ellos os pastorearán con conocimiento y discernimiento. Y acontecerá, dice Yahveh, que cuando os multipliquéis y seáis fecundos en la tierra, en aquellos días, no dirán más '¡El arca del Pacto de Yahveh!' No vendrá a la mente, ni se acordarán de ella, ni la echarán de menos, ni la volverán a hacer. En aquel tiempo llamarán a Jerusalén el Trono de Yahveh....(y) no andarán más según la dureza de su malvado corazón. En aquellos días la casa de Judá caminará con la casa de Israel, y vendrán *juntos* de la tierra del norte" (Jeremías 3:14-18). [168]

Sí, "He aquí vienen días.... en que no se dirá más: '¡Vive Yahveh, que hizo subir a los hijos de Israel de la tierra de Egipto!' sino, '¡Vive Yahveh, que hizo subir a los hijos de Israel de la tierra del norte y de todas las tierras a donde los había desterrado!'" "Pues los haré volver a su suelo, el cual di a sus padres'" (Jeremías 16:11-16). Yahveh salvará la "casa de Judá y la casa de Israel del este y del oeste. El regresará a Sion," y después Judá y Efraín le llamarán a Sion "Ciudad de Verdad" (Zacarías 8:3,7,13).

Varas Inmaculadas

Finalmente, acudimos a la descripción de Ezequiel de un Israel reunido:

"Toma una vara por Judá y toma una vara por Efraín" porque así dice el Señor Dios de Israel, "Y los haré una sola vara en Mi mano. Y los haré una nación en la tierra. Y todos ellos tendrán un solo rey, Nunca más serán dos naciones, ni nunca más estarán divididos en dos reinos. No se volverán a contaminar con sus ídolos, ni con sus cosas detestables, ni con ninguna de sus transgresiones...Ellos serán mi pueblo, y yo seré su Dios....y tendrán todos un sólo pastor; y caminarán en mis ordenanzas....Y vivirán en la tierra que le di a mi siervo Jacob....para siempre....Y pondré Mi santuario en medio de ellos para siempre" (Ezequiel 37:22-26).

---

168 Norte, *tsaphon* (צפן): dirección de un compás; esconder algo por un propósito definido; el lugar de reunión de los dioses; donde el juicio del pecado es guardado....*Strong* # H 6828; *TWOT* # 1953. Viene de # 6845: *tsaphan* (צפן), una raíz que significa esconder cubriendo, reservar, proteger, estimar, guardar secreto Vea Salmos 91; 17; 27:5; 31:20; Isa 26:20-21; Sof 2:3.

Judá Y Efraín Todavía No Han Sido Reunidos

No es como se dice. No hemos fallado la reunión.

- Después del regreso parcial de Judá de Babilonia fueron una vez más expulsados de la Tierra. Pero, una vez que Yahveh reuna a los dos, vivirán para siempre en la Tierra. Ya no entregarán más porciones de la Tierra Prometida a cambio de paz.

- La Sagrada Escritura describe a un Israel reunido que ni siquiera se recuerda del Arca. En su lugar, ellos se recuerdan del Liberador en términos de un Exodo glorioso venidero. Mientras no veamos a un pueblo que exhibe estas características, la reunión de Israel no ha sido completamente manifestada.

- Efraín y Judá todavía tienen que experimentar la destrucción completa de sus enemigos: los Filisteos y Babilonia.

- Una vez que Yahveh reuna a Israel, ya no se profanarán con *cualesquiera* de sus transgresiones. No hay *iniquidad* en Israel, ni *pecado* en Judá: "De esta manera, será perdonada la iniquidad de Jacob, y esto eliminará su pecado (Jacob) que él ponga todas las piedras del altar como piedras de cal desmenuzadas; de modo que no se vuelvan a levantar árboles rituales de Asera ni altares de incienso." (Isaías 27:9). Ni el cristianismo, ni el judaísmo son enteramente inmaculados en la práctica. En sus condiciones presentes, ninguno de los dos califica como la casa totalmente reunida del profeta Ezequiel.

- Cuando Yahveh reuna a Israel, tendrán un Rey. El es el último Rey que el mundo tendrá, El es nada menos que el Rey de Reyes y Señor de Señores—Yeshua —el Pastor Rey de Israel.

- Nunca, desde su dispersión, Judá y Efraín han cumplido a cabalidad estas Escrituras. Nunca, las dos casas han sido una nación en la Tierra, con control sobre toda su herencia. Ni tampoco han tenido un rey Davídico sobre ellos.[169] Ni han sido un pueblo que no se profanan a ellos mismos con *cualesquiera* de sus pecados y transgresiones.[170]

¡El cumplimiento de estas profecías demanda que no haya iniquidad —ningún pecado manifestado—en ninguna de las dos casas! ¡Estos versos hablan de un Israel santo, unido, inmaculado, y justo! Ellos hablan de un tiempo futuro cuando Yeshua reine como Rey sobre la Ciudad de Verdad. Y, hasta que esto no ocurra, el Padre continuará lideando con ambas casas, Judá y Efraín.

Los Rabinos Y Los Escritos Antiguos Están De Acuerdo

A través de los años, muchos rabinos han enseñado que las dos casas todavía no han sido reunidas: la *Serie del* ArtScroll Tanach dice del famoso *Rambam* (Moshe Ben Nachman), en sus comentarios de Esdras: "*Rambam* mantiene que las Diez Tribus no regresaron a la Tierra...Los colonos judíos en Jerusalén constaron sólo de miembros de las tribus de Judá y Benjamín y unos pocos representantes de otras tribus.." [171]

John Hulley, autor israelí de *Cometas, Judíos y Cristianos* (Root y Branch, Jerusalén, 1996), escribe: "'Creer en la continuada existencia de las diez tribus fue considerado como un hecho indisputable durante el período entero del Segundo Templo y del Talmud.'[172] '...[Ellos enseñaban] el

---

169 "Dios...le ha dado el reinado de Israel a David y su descendencia para siempre" (2 Cro 13:5). Herodes no era judío y los reyes Asmoneos descendian de Leví. Así que, ninguno ha cumplido esta Escritura (*NVI Biblia de Estudio* pié de página, Mat. 2:1).
170 También vea Ezeq. 11:15-20; 14:4; Isa 27:6-9.
171 *Esdras*, Mesorah, 1984, p 151.
172 *Enciclopedia Judaica*, s.v. *Diez Tribus Perdidas*, p 1004.

regreso de las diez tribus perdidas (Sanhedrin 110b)...'[173] [Ellos escribieron]...en...Pesach 88a...'Grande será el día cuando los exiliados de Israel serán reensamblados...Las Diez Tribus ...regresarán....(y) tendrán una participación en el 'Mundo Venidero'[174] Recientes rabinos, han continuado haciendo declaraciones semejantes....[aun] los principales rabinos del nuevo estado de Israel han hecho lo mismo, comenzando con el primero de ellos,...Avraham Yitzhak Kook."[175]

Existen una plétora de escritos judíos que clasifican la Casa de José en la Diáspora como Gentiles legítimos." Y que, declaran que los líderes estudiosos judíos de los dos milenios pasados....(han) enseñado que la Casa de José (Efraín),¡existe como Gentile!

Encontramos tales escritos en la lista larga del estudioso israelita, Yair Davidy. Este dice que Abdías profetizó que, "La cautividad de esta multitud de los hijos de Israel poseerán hasta Sarepta." Y Sarepta era el nombre de un pueblo en las costas del Líbano.... (1 Reyes 17:9).... [y] también el nombre dado más tarde ....a Francia y a sus vecinos... De acuerdo a los comentaristas rabínicos el versículo anterior puede ser entendido de la siguiente manera: "Este primer exilio (de las Diez Tribus) llegaron desde la Tierra de los Cananeos [i.e. Alemania] hasta Sarepta [Francia e Inglaterra].'

"La palabra hebrea (*chai*) traducida...*huestes* puede también significar *primero* que nada...o comprendida como refiriéndose al *primer* exilio... [Efraín]. Ellos tuvieron una tendencia a entender....*Sarepta* (en este caso) como refiriéndose a....Francia e Inglaterra."

---

173 Rev. Dr. A. Cohen, *Talmud para todos*, *Nueva Edición Americana*, Dutton, N.Y., 1949, p 354.
174 Rabbi Rafael Eisenberg, Un Asunto de Regreso, Feldheim, Jerusalem & New York, 1980, p 130.
175 Heraldo de la Casa de David, Efraín Restaurado: Llave para la victoria de Israel Vol 12, Book 3; ¿Esperan los rabinos ver las doce tribus perdidas? John Hulley, Jerusalem, 2000.

Davidy recita a muchos comentaristas rabínicos para probar sus proposiciones sobre la dispersión de Efraín:

"Rashi (Rabbi Solomon ben Isaac, 1040-1105, Champagne, Francia): 'El primer exilio de los hijos de Israel, que fueron exiliados de las Diez Tribus de la tierra de los Cananeos hacia Sarepta... llamada "Francia" en el lenguaje común.

"...Don Isaac ben Yehudah Abarbanel, (1437-1508, España): Sarepta es Francia y.... el exilio de Sefarad es España...y no se equivoquen sólo porque se habla de Sarepta ...y de Inglaterra no se recuerdan... a pesar que allí también fueron los exiliados, porque...esa isla es considerada como parte de 'Sarepta' y una vez perteneció a ella... a pesar que más adelante se separó... y se volvió un reino... Aquellos hijos de Israel que dejaron la religión completamente...y... permanecieron en Francia y en España eran miles de millares.... tienen que regresar... al Señor su Dios..'"

Davidy concluye, "...Haciendo una apreciación simple, la mayoría de los comentaristas judíos fácilmente se entregan a la interpretación de las "Diez Tribus Perdidas en la Europa Occidental....." [176]

En el libro antiguo, *Segunda de Esdras* leemos que, "las diez tribus fueron sacadas de su propia tierra, y llevadas al cautiverio en los días del Rey Oseas" —"Ellos fueron llevados a un país extranjero. Pero, después resolvieron dejar el país poblado por los Gentiles, par a ir a una tierra distante, nunca todavía habitada por el hombre." Y, "han vivido allí desde entonces..." (vs 13:40-46).[177]

Israel no ha sido completamente reunido. Los escritos antiguos lo confirman. Muchos rabinos judíos lo saben. Y, el pueblo de Yeshua también debe saberlo.

---

176 *Efraín*, capítulo ocho, Yair Davidy, Israel, 1995. También vea, La Identidad Perdida de Israel por Davidy, Jerusalén, 1996.

177 *La Nueva Biblia Inglesa con Apócrifa*, Oxford, 1970. A pesar de la falta de "Inspiración" la Apócrifa es un antiguo documento que ofrece una opinión temprana sobre este asunto.

Cuarta Parte

Lo Que Es Cierto

16

Dejando Atrás Lo Elemental

*D*e Yeshua, el autor del Libro de Hebreos tiene "mucho que decir." Excepto el problema que tiene para poder dar sus aclaraciones, es que la audiencia se ha "vuelto tarda para oír." Así es que él la amonesta:

"Debiendo ya ser maestros por el tiempo transcurrido, de nuevo tenéis necesidad de que alguien os instruya desde los primeros rudimentos de las palabras de Dios. Habéis llegado a tener necesidad de leche y no de alimento sólido. Pues todo el que se alimenta de leche no es capaz de entender la palabra de la justicia, porque aún es niño. Pero el alimento sólido es para los maduros, para los que por la práctica tienen los sentidos entrenados para discernir entre el bien y el mal." (Hebreos 5:10-14, NVI).

El escritor dijo estas cosas, porque él buscaba que el pueblo "dejara las enseñanzas elementarias sobre el Mesías," para que ellos pudieran seguir adelante "hasta la madurez."

El los anima a "no poner de nuevo el fundamento del arrepentimiento de obras muertas, y de fe en Dios, de la doctrina de bautismo, de la imposición de manos, de la resurrección de los muertos y del juicio eterno. Y esto haremos" dice él "si es que Dios lo permite" (Hebreos 6:1-3).

Para comenzar, los principios elementales son *absolutamente esenciales*. Son fundamentales para cualquier y cada buena fundación. Estos son enseñados a los niños de la escuela primaria. Pues, si un niño no aprende que 2+2=4, nunca podrá llegar a la matemática avanzada. Si él no aprende el ABC, nunca podrá leer o escribir una carta.

Por otra parte, si todo lo que hacemos es enseñale a ese niño siempre lo mismo, o sea repetidas veces los fundamentos de 2+2 y ABC, entonces, por la repetición interminablemente aburrida, tan pronto le sea posible se saldrá de la escuela. O, por lo menos, nunca podrá completamente saber lo que puede hacer con su 2+2 y con su ABC.

Principios Esenciales

De nuevo listamos los principios fundamentales que conciernen a la relación personal con nuestro Mesías como:

- El Arrepentimiento de obras muertas
- La Fe en Dios
- Los Bautizos
- La Imposición de manos
- La Resurrección de los muertos
- El Juicio eterno.

El Horrible Hueco de Nothros

Después de hacer la lista anterior, el escritor de Hebreos vuelve su atención hacia "aquellos que han saboreado la buena palabra de Dios" pero "después recayeron." Aparentemente, hay preocupación sobre este problema (Hebreos 6:5-6). Seguido, él anima a los que han sido fieles "en ministrarle a los santos." diciendo que la esperanza es que ellos "muestren....diligencia...hasta el fin" (vss 6:7-11).

Con esto, una cierta trampa es revelada, la cual todos tenemos que evitar, un hueco donde podemos caer si no prestamos atención a "seguir adelante..."

Vemos un aspecto de esta trampa en la conexión del versículo 6:1 con el 6:12:

"Por tanto, dejando las doctrinas elementales del Mesías, sigamos adelante hasta la madurez, sin poner de nuevo el fundamento del arrepentimiento de obras muertas y de fe en Dios....a fin de que no seáis *perezosos*, sino imitadores de los que por fe y la paciencia heredan las promesas."

La trampa es una de pereza, *nothros*, (νοθροςς),[178] que significa ser perezoso, haragán, estúpido, tonto y/o indolente.

Este aviso viene con navaja de doble filo: corta de dos maneras. Si hemos *oído* el evangelio del Reino de Israel, debemos ser "diligentes" para "seguir adelante," y no "tropezar" debido a nuestra propia pereza y/o falta de autodisciplina (Oseas 6:3; Mateo 24:14; Filipenses 3:12-14; 2 Pedro 1:10).

Pero además, el que predica el evangelio también es llamado a seguir adelante, más allá de lo básico. Porque si el predicador solamente predica los principios elementales de la fe, corre el riesgo de animar a pereza a sus oyentes. El pueblo no siente la necesidad de "seguir adelante." Ya saben los fundamentos. No están siendo inspirados. No son desafiados. Y, debido al aburrimiento absoluto, pueden recaer.

Pero la carta a los Hebreos ofrece esperanza...

El Aburrimiento Del Creyente Y Su Cura

Aquellos que caen en la trampa anteriormente descrita, corren el riesgo de enfermarse—de contagiarse con un mal caso de "Aburrimiento de Creyentes." Sin embargo, después de describir la enfermedad, nuestro autor desconocido de la carta a los Hebreos, prescribe una cura.

---

178 *Strong* # G 3576; de # G 3541 (# 3541 es usada en Heb 12:8 para hablar de hijos "ilegítimos" que no "tienen disciplina.").

El comienza refiriéndose a la bendición Abrámica:

"Porque cuando Yahveh hizo la promesa a Abraham, puesto que no podía jurar por otro mayor, juró por sí mismo, diciendo: 'De cierto te bendeciré con bendición y te multiplicaré de gran manera.' Y así Abraham, esperando con suma paciencia, alcanzó la promesa." Después, el escritor explica que "Porque los hombres juran por el que es mayor que ellos, y para ellos el juramento para confirmación pone fin a todas las controversias." Sin embargo, "Por esto Dios, queriendo demostrar de modo convincente a los herederos de la promesa la inmutabilidad de su consejo, interpuso juramento. Para que, por dos cosas inmutables en las cuales es imposible que Dios mienta, tengamos un fortísimo consuelo los que hemos acudido para asirnos de la esperanza puesta por delante." (Hebreos 6:13-19, NIV).

El autor busca animar a aquellos que se sienten perezosos diciéndoles que se aferren a cierta esperanza. "He aquí, tome esta "píldora de esperanza," si se encuentra enfermo. Le ayudará a disipar su desaliento."

¿Cuál Es La Esperanza?

"Fe es la constancia de las cosas que se esperan y la certeza de los hechos que no se ven" (Hebreos 11:1).

El escritor de Hebreos quiere fomentar nuestra fe haciéndonos ver algo que podemos esperar, porque la esperanza anima el alma cansada. Y, esto es lo que el autor quiere que nosotros veamos:

"Por esto Dios, queriendo demostrar de modo convincente a los herederos de la promesa la inmutabilidad de su consejo, interpuso juramento" (Hebreos 6:17, NVI). Porque, Su "deseo...(es) enseñar a los herederos de la promesa la inmuta-bilidad de Su propósito." El "desea abundantemente enseñar a los herederos de la promesa la inmutabilidad de su consejo" (VKJ). El quiere que veamos Su determinación incambiable, inmutable, inalterable de cumplir la promesa que El le hizo a Abraham.[179]

"*¿Quienes* son los que el Padre quiere que vean Su promesa a Abraham?

Los herederos de la promesa."

¿Y quiénes estos?

"Y ya que sois del Mesías, ciertamente *sois descendencia de Abraham,* herederos conforme a la promesa" (Gálatas 3:29).

No Le Añade, Ni Le Quite

El Padre quiere que veamos, y nos llenemos de esperanza por su determinación inalterable de guardar Su palabra prometida de bendecir y multiplicar la semilla de Abraham.

Acerca de Su palabra inmutable, El nos avisa:

"No añadáis a las palabras que yo os mando, ni quitéis de ellas....." (Deuteronomio 4:2; 12:32).

No debemos añadir, ni quitar de, las palabras inspiradas de las Escrituras. Sin embargo, la mayoría le añade palabras a Gálatas 3:29. "Si usted pertenece al Mesías usted se *convierte* en la *semilla espiritual* de Abraham."

Prefieren hacer esta adición antes que leer el versículo como está escrito: "Y ya que sois del Mesías, ciertamente *sois* descendencia de Abraham,"

Solamente si tomamos literalmente el versículo, puede significar adecuadamente que el pertenecer al Mesías sirve para probar que usted *es semilla de Abraham.*

También, muchos no toman a Gálatas 4:28 literalmente:

"Ahora bien, hermanos, vosotros sois hijos de la promesa tal como Isaac...."

Para realmente ser "*como Isaac,*" uno tendría que ser un "heredero físico" lleno de esperanza en el Dios de Abraham. Puesto que esto es lo que verdaderamente significa ser "como Isaac."

Aun así, aunque Abraham es "el padre de todo el que

---

179 *Strong* # G 4055, 276, 1012 respectivamente.

cree" (Romanos 4:11), debemos admitir que la descendencia biológica de Abraham no puede ser probada. Y por consiguiente, no puede ser establecida como cualquier tipo de requisito. Punto.

¡Por otra parte, el hecho que la genética no puede ser probada, no nos da licencia para robarles la esperanza, a aquellos que creen que son de la semilla biológica de Abraham! ¡Si ellos creen que son físicamente parte del pueblo de la promesa, entonces no deberíamos tratar de remover de ellos esa esperanza!

Entristeciendo El Corazón De Los Justos

El Padre avisa que El va en contra de aquellos que "descorazonan al justo con mentiras, con dolor que El no causó" (Ezequiel 13:22). Si trae alegría al corazón de un Creyente creer que es un heredero biológico de Abraham—y puesto que no puede ser probado de otra manera—entonces deberíamos tener cuidado de no decirle lo contrario. Otra vez, Yahveh advierte sobre "entristecer el corazón del justo" cuando El no lo ha hecho (Ezequiel 13:22, VKJ).

Adicionalmente, podríamos cuestionar si tal desánimo realmente dirige al Creyente a negar su derecho de naci-miento. Puesto que nos han advertido sólidamente a no ser "como Esaú" (Hebreos 12:15-17). Por tanto, tratemos de no ser declarados culpables de su pecado, o de llevar a otros a un error similar—porque fue un pecado de consecuencias terribles.

Tomando Posesión De La Esperanza Puesta Por Delante

Después de explicar nuestra necesidad de seguir adelante, el escritor de Hebreos explica lo que se nos ha dado: "Tengamos un fortísimo consuelo los que hemos acudido para asirnos de la esperanza puesta por delante (la cual).... tenemos la esperanza como ancla del alma, segura y firme..." (Hebreos 6:18-19).

Determinemos no ser más bebés alimentados con leche. En lugar de eso, agarrémonos a esa esperanza fuerte, y estemos grandemente animados. Sigamos adelante, para poder llegar a ser verdaderos maestros de justicia.

¿Quién es Israel?

17

De Huérfanos a Herederos

$\mathcal{E}$n el pasado, muchos Creyentes no judíos se han amortajados con las teorías andrajosas anteriormente mencionadas. Estos harapos teóricos les han hecho sentir como "Creyentes Gentiles" indignos. En presencia de Creyentes judíos, algunos se han sentido como adoptados, ciudadanos de segunda clase—como si no hubieran sido "escogidos" al igual que el pueblo judío. Se sintieron como hijastros tolerados, como un paréntesis sin importancia en una declaración que Dios estaba haciendo sobre el pueblo "judío.[180]

Tales sentimientos de inferioridad pueden causar una cojera distintiva en nuestro caminar espiritual. Puede afectar la manera que uno percibe ser visto. Pero, ya es tiempo de que Efraín sea liberado de sus sentimientos incapacitantes porque Yahveh tiene un trabajo para él que tiene que cumplir. Adicionalmente, para tener la nutrición necesaria para el trabajo, Hebreos 5:12-14 nos anima a cambiar nues-

---

180 Esto no es para ignorar el anti-judaísmo de la "Iglesia," sino para cambiar a Efraín y comenzar su restauración (Isa 11:13; Rom 11:18-21; Joel 2:32-3:2; Abdías 1:12; Zac. 2:12).

tra dieta de leche para una de carne. Y Yeshua explica lo que significa compartir de carne cuando El dice, "Mi comida es que yo haga la voluntad del que me envió." (Juan 4:34, VKJ).

Compartir de *carne* es hacer la voluntad de Aquel que nos envió. La carne es hacer. Y Yahveh envió a la semilla de Abraham y les ordenó a que *hagan* un trabajo: sean fructuosos, multiplíquense, aumenten, sean grande, sobresalgan —en extremo, estar en posiciones de autoridad. Esta es la asignación de trabajo de la semilla llena de fe de Abraham. Sus hijos deben *ser* como Isaac—él siendo un tipo del hijo de la promesa, lleno de fe, que *hace* la voluntad de su padre. (Gálatas 4:28; Hebreos 11:13-20; Santiago 2:21).

Será solamente, cuando Efraín "llegue a conocerse a sí mismo" que no continuará teniendo celos de Judá. El no se encontrará a la altura de hacer su trabajo, el cual es "provocar" a Judá a "celos," hacer que Judá verdaderamente quiera tener lo que él tiene. (Jeremías 31:18-19; Isaías 11:13; Romanos 11).

El problema es, que Efraín a menudo se ha sentido como Annie, la Pequeña Huérfana, la niñita pobre, acogida por el Papá Warbucks misericordioso. Pero Efraín haría mejor si se viera como el restituído hijo pródigo.....

El Regreso del Hijo Pródigo

En la parábola del hijo pródigo, Yeshua cuenta la historia de un hombre que tuvo dos hijos. El menor pidió su herencia y entonces se fué a un país distante donde la malgastó viviendo perdidamente. Entonces vino una gran hambruna, y tuvo que trabajar apacentando cerdos. Hambriento, él deseaba saciarse con las algarrobas que comían los puercos, pero nadie se las daba.

Entonces, volviendo en sí, él dijo, "¡Cuántos jornaleros en la casa de mi padre tienen abundancia de pan, y yo aquí perezco de hambre!" Entonces él determinó regresar a la casa de su padre y confesar su pecado. Sintiéndose indigno de ser llamado hijo, pediría servir como uno de los hombres contratados de su padre.

Sin embargo, su padre, que por mucho tiempo había anhelado el regreso del hijo, lo vió venir, corrió hacia él, lo abrazó y lo besó. Y le dijo a uno de sus esclavos, "Sacad de inmediato el mejor vestido y vestidle, y poned un anillo en su mano y calzado en sus pies. Traed el ternero engordado y matadlo. Comamos y regocijémonos, porque éste mi hijo estaba muerto y ha vuelto a vivir; estaba perdido y ha sido hallado."

El hijo mayor, quien había estado fuera en el campo, al acercarse a la casa, oyó la música y las danzas. Después de inquirir, se le dijo, "Tu hermano ha venido, y tu padre ha mandado matar el ternero engordado, por que él le recibió de nuevo sano y salvo."

No queriendo entrar y unirse a la celebración, el hermano mayor se enojó. Así es que su padre salió y comenzó suplicándole. Pero él le contestó a su padre, "He aquí tantos años te sirvo, y jamás he desobedecido tu mandamiento; y nunca me has dado un cabrito para regocijarme con mis amigos. Pero cuando vino éste tu hijo que ha consumido tus bienes con prostitutas, has matado para él el ternero engordado."

A lo cuál el padre respondió, "Hijo, tú siempre estás conmigo, y todas mis cosas son tuyas. Pero era necesario alegrarnos y reocijarnos, porque éste tu hermano estaba muerto y ha vuelto a vivir; estaba perdido y ha sido hallado." (Vea Lucas 15:11-32).

El Hijo Pródigo Retrata a Efraín

Verdaderamente, ésta es una historia que puede decirse para bosquejar muchas cosas, una de ellas es que bosqueja adecuadamente el regreso de Efraín a la casa del Padre Celestial.

- El pródigo fué a una tierra extranjera: "Israel ciertamente irá de su tierra al exilio." (Amós 7:11).
- El pródigo vivió una vida perdida: el Padre dice, "Efraín es una vaquilla domada a la que le gustaba trillar. Yo puse yugo de bondad sobre su cuello; Yo haré llevar el yugo a Efraín...." (Oseas 10:11).
- El pródigo tuvo hambre; "He aquí vienen días dice Yahveh Elohim, 'en los cuales enviaré hambre a la tierra; no hambre de pan, ni sed de agua, sino de oír las palabras de Yahveh." (Amós 8:11). Hoy, Efraín se siente malgastado en reuniones que ofrecen sólo leche elemental de la Palabra y necesita la proteína sustentadora de la carne. El desea fervientemente la excitación de *hacer* la voluntad del Padre.
- Algarrobas de puerco: Entre las dos casas, estar junto a los puercos describe mejor al joven Efraín que a Judá el mayor. Judá no toca el puerco. Efraín celebra su "libertad" comiendo puerco (Jamones de Pascua). Y todavía, aunque él ha estado fuera revolcándose en el fango, Efraín se arrepentirá y regresará a casa. Y el Padre le dará la bienvenida.
- El pródigo entró en razón y comenzó a arrepentirse de los pecados de su juventud: Yahveh dice; "Ciertamente Yo he oído a Efraín que se lamentaba." Y, responde Efraín arrepentido, "Me azotastes, y fui castigado, como novillo indómito. Hazme volver, y volveré; porque tú eres Yahveh mi Dios. Porque después de desviarme, me arrepentí; y después de darme cuenta, golpié mi muslo. Fui avergonzado y también afrentado, porque he llevado el oprobio de mi juventud" (Jeremías 31:18-19).
- El padre del hijo pródigo, anhela a su hijo: Nuestro Padre dice: ¿No es Efraín un hijo querido para mí? ¿Acaso no es un niño precioso? Ciertamente, cada vez que hablo contra él, lo recuerdo más. Por eso mis entrañas se enternecen por él. Ciertamente tendré

misericordia de él." (Jeremías 31:19-20).

• Cuando el hijo pródigo regresó, el hijo mayor no estaba satisfecho con su reaparición. El fue incluso muy enojado. Los líderes judíos del primer siglo no estaban muy contentos del regreso de los que una vez se perdieron entre las naciones. En su lugar, ellos acusaron a Pablo de traer griegos a su Templo y así profanando su lugar santo. Algunos se enojaron tanto hasta llegar a matar (Hechos 21:27-31). Tristemente, ellos caminaron en el mismo espíritu de alguno de sus antepasados. "Los habitantes de Jerusalén....dijeron (de los dispersados efrateos) '¡Permaneced lejos de Yahveh! ¡Es a nosotros a quienés ha sido dada la tierra como posesión!'" (Ezequiel 11:15). Aun en nuestros días, algunos Creyentes judíos no están contentos con la reaparición de Efraín. No aceptan que una persona no judía podría ser un "heredero igual." (Gálatas 4:17).

Trayendo A Judá A La Fiesta

Al tiempo del regreso del hijo menor, el hijo mayor se encontraba "fuera en el campo." Y, en la parábola de la cizaña y el trigo, Yeshua dijo, *"El Campo es el Mundo..."* (Mateo 13:38). El hijo mayor no se encontraba dentro de la casa de su padre, sino "se acercaba a ella." El se "acercaba." (VKJ). Por esto, todos los que están celosos de Judá necesitan ver que el hijo pródigo estaba en la casa, alegrándose con su padre, pero el hijo mayor se encontraba afuera.

Aun así, el padre salió a recibir a su hijo mayor. El aun le suplicó. Tal es el corazón de Yahveh hacia Judá: "Yahveh poseerá a Judá Su porción en la Tierra Santa, y de nuevo escogerá a Jerusalén." (Zacarías 2:12).

Nuestro Padre quiere que Judá se una a la fiesta. A El le gustaría que Efraín hiciera que Judá deseara unirse a la celebración. Sí, ese es el trabajo, que hace mucho tiempo atrás fue asignado a Efraín: ¡Hacer que Judá desee lo que usted tiene!

Sin embargo, para llevar a cabo esta asignación divina, Efraín, quién por tanto tiempo se ha considerado huérfano, tiene que ver, que él también es un heredero. Solamente entonces cesará de ser celoso. Solamente entonces él podrá ver a Judá como un "miembro de la familia." Solamente entonces, una sanidad y restauración total vendrá a toda la casa de Israel.

Acerca de esta restauración, encontramos otro indicio de la de la reunión en la parábola del hijo pródigo. Un indicio que ofrece una solución a nuestro problema de la reunión.

¡Para Ponerlo Celoso—Festeje!

El hermano mayor fue provocado porque su hermano menor estaba "*celebrando y regocijando.*" o "*alegre.*" Esto es traducido de *euphraino, euphraino* (εύφραίνο *yoo-frah' ee-no*), lo que significa, estar en una buena disposición de ánimo, ponerse contento, festejar, o regocijarse.[181]

El legalismo y la religión no provocarán a Judá. La celebración lo hará. Esto explica, por qué tantas personas no judías sienten un deseo inexplicable de "celebrar las Fiestas de Israel." [182]

Los Muchos Matices De Celo

"La envidia y celo de Efraín desaparecerá...Y Judá no

---

181 *Strong* # G 2165.
182 Para sugestiones de celebración vea el Heraldo de la Casa de David: *El Plan Pascual de los últimos tiempos para Efraín; ¡Celebrando la Pascua como nunca antes! (Una excitante presentación en video de las Cuatro Pascuas de la Escritura es también disponible) Shavuot y Los Dos Panes con Levadura* (Vol. 9 Libros 2,3,5); *El Calendario de Yahveh versus Compromiso con Babilonia y Roma* (Vol. 6, Libro 8); *Restaurando el Tabernáculo Caído de David: Una Celebración de Tabernáculos: El Camino de los Gentiles* (Vol. 5 Libros 9,12).

hostilizará ni fastidiará más a Efraín" (Isaías 11:13, TAB). Estos rasgos antiguos, que Isaías dice que un día cesarán, adecuadamente bosquejan las relaciones entre cristianos y judíos.

Efraín es *envidioso* de Judá. La palabra hebrea es *kanah* (קנא),[183] y *celoso* es una buena traducción porque ambas palabras informan sobre una gran variedad de emociones. *Kanah* puede ser usada en un sentido favorable para hablar de un celo consumidor enfocado en la persona amada.: "*Kanah* por Tu casa me consume..." (Salmo 69:9). Es también usada para describir a nuestro Padre cuando El dice: "Yo, Yahveh tu Dios soy un Dios [*kanah*] celoso" (Exodo 20:5).

El aspecto protector de *kanah* se ve cuando los Creyentes hablan del "*amor* inexplicable que sienten por el judío." Aún con poco conocimiento bíblico, algunos naturalmente desean "proteger" a sus hermanos judíos.

Otros son tan celosos en su deseo de "convertir" a los judíos, que los hacen "objetos de su afecto" en lugar de verlos sencillamente como seres humanos con quienes debemos compartir una relación Algunos envidian a los judíos y también desean haber nacido "judíos." En la presencia de una persona judía, esta gente se comporta como un perrito exitado, siendo acariciado por su amo.

Mientras que esto puede demostrarle al pueblo judío que existen Creyentes que los admiran, también puede detractar de nuestro Mesías, enseñando una falta de comprensión de la identidad verdadera y el alto llamado de Sus seguidores.

Más triste de todo, es que los celos, deformados y desenfrenados, se pueden convertir en cólera y furia violenta, al igual que la "cólera aguda" de Efraín que una vez "ardió en contra de Judá" (2 Crónicas 25:10). Esa misma furia, atacando a ciegas, ha sido observada en la historia de la "Iglesia.." Algunas manifestaciones infames de su furia han sido: Doctrinas anti-judías, las Cruzadas, persecuciones

---

183 *Strong* # H 7065 y 7068; *TWOT* # 2038.

incontables, la Inquisición española, y, el horror del Holocausto de Hitler.

El registro de "la Iglesia" está decididamente deslustrado por sus celos. Está manchado. Ella desea ser la Novia del Mesías, pero hay una mancha terrible de sangre judía en su traje de noche. Es una mancha horrible que debe ser limpiada con—solamente con—lágrimas de verdadero arrepentimiento. Sí, es hora de que Efraín le muestre a Judá el fruto del arrepentimiento.

¿Un Pariente Cercano?

El problema de Judá es que él "fastidia" a Efraín. La palabra es *tsarar* (צרר), que significa apretar, afligir, acosar, amarrar, angustiar, oprimir, ser un adversario, o enemigo.

En Romanos 11:28 Pablo explica que los de Judá son "*enemigos* del evangelio por causa de vosotros..." (Note su simpatía por Judá: parece decir "Judá está siendo *sacrificado* por ustedes, así es que sean compasivos hacia él.")

Tsarar también puede hablar de restringir, atar, o tener respuesta fuertemente emocional a decisiones controversiales. Es usada en Isaías 8:16: "*Ata* el testimonio." Quizás, usar el legalismo para "atar", nos da un entendimiento de la vejación de Judá a Efraín.[184]

Judá, por mucho tiempo, también ha *afligido a* Efraín rehusando reconocerle como coheredero en Israel. (Pero, ¿Podemos culparlo, considerando la manera en que su hermano quién está mejor "informado" se ha comportado con él en el pasado? Seguramente Judá tiene algunas quejas muy legítimas en contra de Efraín.

Vemos más de estos rasgos desafortunados de las dos casas en el Segundo Libro de Samuel. Allí, el Rey David está siendo escoltado al pasar el Jordán—primordialmente por

---

184 *Strong* # H 6887; *TWOT* #1973; vea nota # 171. Restringir: Isa 49:19; 2 Sam 20:3. Nota: Oseas describe el pecado de Efraín como "(vs 13:12).

los de Judá. Sin embargo, no esperaron que *todo* Israel se reuniese para escoltar al Rey. Por haber sido dejado fuera de la procesión, Efraín se enojó (siendo la ira su debilidad crónica). Entonces, "Todos los hombres de Israel (Efraín) vinieron al rey y le preguntaron: ¿Por qué te raptaron nuestros hermanos, los hombres de Judá, y han hecho cruzar el Jordán al rey y a su familia y con él a todos los hombres de David? "

"Entonces todos los hombres de Judá respondieron a los hombres de Israel: 'Porque el rey es nuestro *pariente cercano.'* ¿Por qué os enojáis vosotros por esto? ¿Acaso hemos comido a costa del rey o nos ha dado obsequios?"

"Pero los hombres de Israel le respondieron a los hombres de Judá y dijeron: Nosotros tenemos en el rey diez partes, y más derecho sobre David que vosotros. ¿Por qué, pues, nos habéis tenido en poco? ¿Acaso no hablamos nosotros primero de hacer volver a nuestro rey?'"

Palabras Duras Y Crueles

El comentario del Padre sumariza Su opinión sobre este asunto: "Pero las palabras de los hombres de Judá fueron más duras que las palabras de los hombres de Israel" (2 Samuel 19:41-43).

"El rey es nuestro pariente cercano " son palabras "*duras*" "*crueles*" (VKJ). ¿Por qué?

Pretender que él estaba más "cercano" a ellos, por la relación biólogica, fue cruel, porque les presentó a los que no eran parientes de él, un problema que no podían arreglar: ellos no podían cambiar la forma de su nacimiento.

Más importante, el Rey David fue un "tipo" del Rey Mesías. Y este mismo escenario está sucediendo hoy:

Por mucho tiempo, y en grandes números, los Creyentes efrateos, han aconsejado a muchos a seguir al Rey Jesús (Yeshua). Y ahora, algunos Creyentes judíos pretenden que el Mesías Yeshua es *su* "hermano cercano." Esto produce de nuevo la misma reacción: Hiere a Efraín y le hace sentir que está siendo tratado con "desprecio." En su ignorancia, Efraín tiene la tendencia de responder con una explosión de cólera absolutamente inexcusable.

En oposición a la declaración hecha en Efesios 4:4 "una sola esperanza de......vuestro llamamiento," en la actualidad, la herida antedicha descrita es a menudo descartada bajo la pretensión errante de que los Creyentes judíos tienen "*UN llamado diferente.*"

Sin embargo, la verdad es, que es muy posible, que el Creyente no judío realmente sea un descendiente de uno de los apóstoles de Yeshua. Y que el así llamado Creyente judío puede ser descendiente de alguien que se convirtió al Judaísmo. Esto es demostrado en Ester 8:17, "Muchos de los pueblos de la tiera declaraban ser judíos, porque el miedo a los judíos había caído sobre ellos."

De nuevo, nadie puede probar su pedigree. Una persona judía, solamente puede *asumir por fe* que está biológicamente relacionada con Yeshua. Adicionalmente, Yeshua mira ceñudamente a todo aquel que se enseñorea sobre otro por esta relación. El expícitamente dijo: "Porque cualquiera que hace la voluntad de Mi Padre que está en los cielos, ése es *Mi hermano...*" (Mateo 12:48-50).

Judá Y El Album Familiar

Judá también vejó a Efraín cuando la jerarquía judía expulsó de la sinagoga a los Creyentes primitivos que seguían al Mesías.[185] Y Judá finalmente comenzó a recitar una maldición diaria sobre ellos (en el *Amidah*).[186] Aun en el día de hoy, (reconocidamente con razón) a los seguidores del Mesías se les dificulta mucho obtener ciudadanía en Israel.

---

185 Juan 9:22; 12:43; 16:2; Hechos 26:9-11.
186 Oración principal en todas los servicios judíos religiosos

Si podemos imaginar, es como si Papá le dió a Judá el control del "álbum de las fotos familiares," y, Judá no le permite a Efraín tener una foto en el álbum.

La situación también puede ser comparada con la de un hermano mayor que pellizca a su hermano pequeño cuando su madre está fuera del cuarto: Y los hermanos pequeños responden a un pellizco con formas diferentes de celos: Algunos desean tanto el amor de su hermano, que como sea, buscan su aprobación—Otros, justamente quieren matarle.

La Instrucción Soluciona El Problema

Pronto, estos rasgos de celos y la vejación cesarán Por ahora, nosotros que vemos la verdad, debemos de sobrepasar esta lucha y ser gentes de solución. Recordémnos que todo comenzará cuando Efraín es educado—lo cual le causará regresar a *sus* raíces hebraicas—causativamente, sus celos se disiparán—y por consiguiente será inspirado a arrepen-tirse de su paganismo (Isaías 11:13; Jeremías 31:18-19)—lo que finalmente sirve para bendecir al amado Judá. Bendecir a Judá es el resultado final de la instrucción de Efraín.

18

El Árbol De Olivo De Israel

*E*l árbol de olivo, sus ramas y sus hojas, a menudo se usan para simbolizar muchas cosas: La paz, la prosperidad, la vida nueva, la fuerza, la belleza, la amistad, la bendición divina, e, *Israel....*

Muchos Creyentes no judíos, primero se asocian con Israel a través de la comprensión del "árbol de olivo" de Romanos once, y muchos entre ellos piensan que han sido "injertados en un árbol de olivo judío."

Sin embargo, para ver el árbol de Pablo en perspectiva, para entender su metáfora, primero necesitamos ver el olivo de Jeremías. Porque éste vino primero, y por tanto, sienta las normas interpretativas.

Para visualizar este árbol debemos recordar que: primero vino Abraham el Hebreo, quién fué el padre de Isaac, quién fué el padre de Jacob (Israel), quien a su vez tuvo doce hijos que se llegaron a conocer como "las doce tribus de Israel." [187] Judá fue uno de estos doce hijos, y él también fue la primera persona nombrada Judá. Lógicamente, no podemos tener a un "*judío*" (diminutivo de Judá) antes de que nombremos a

---

187 Gen 14:13; 32:28; 35:22; 49:28.

la primera persona que se llamó Judá.

También, no podemos decir que "todo Israel" es "judío" porque "Israel" existió antes de Judá: Jacob/Israel no fué "judío," sino el padre de Judá. Y de Judá—de este "*hijo de Israel*"—descienden los "judíos." Adicionalmente, José no descendió de Judá, sino fué un hermano de Judá. Y, el heredero de José fué Efraín, quién asimismo no fué judío. Aclarando aun más, Judá era tío de Efraín.

Las Ramas Gemelas -Del Árbol de Olivo— Son Llamadas A Unidad

En la Sagrada Escritura, el lenguaje metafórico, es a menudo usado para describir una realidad. Por ejemplo, nuestro Dios se comunica con nosotros conectando a Su pueblo con analogías hortícolas, tales como árboles y vides (Mateo 7:15-20; Juan 15:5-8).

Como sabemos, algún tiempo después de entrar en la Tierra prometida, Israel se dividió en las dos casas de Efraín /Israel y Judá. Entonces, después que Yahveh esparció a Efraín entre las naciones, El llamó a Israel un "árbol de olivo." Sin embargo, Jeremías específicamente dijo que El hablaba a "la casa de Israel *y* la casa de Judá" (Jeremías 11:10).

Yahveh llamó a Efraín *y* a Judá (juntos) "un árbol de olivo verde" (Jeremías 11:16). El les llamó "un" (singular) árbol de olivo verde, porque Su plan fue y todavía es, el de tener "un" pueblo. Pero, la división vino a Israel, y con ella la separación de las dos "ramas" del árbol.

Las Primeras Ramas Serían Desgarradas

Ambas "familias escogidas, eran ramas en el árbol de olivo, pero, porque los efrateos fueron atraídos por el paganismo y sirvieron a los dioses de los paganos, fueron los primeros en ser desgarrados del árbol (Jeremías 33:23-26; 11:10,16;

2:18,21). Esto sucedió, porque se habían convertido en "*roa*," sin valor, su condición era mala (Jeremías 11:16).[188] Así es que el Padre los dispersó en Asiria.

Efraín fué llevado a Asiria y Judá a Babilonia. Y así, cuando Jeremías (usando la analogía hortícola) habla de aquellos "en el camino a Asiria," él habla de Efraín. Y de aquellos peregrinos, Yahveh pregunta:

"Yo te planté como una vid escogida, como una simiente del todo verdadera. ¿Cómo, pues, te me has convertido en una cosa repugnante, en una vid extraña?" (Jeremías 2:18,21).

Volverse *degenerados* es dar las espaldas. *Extranjero o nokri*, significa ser un extraño, como extraño al Dios de Israel. (En hebreo moderno, *Nokri* significa Gentil) [189] Y con árboles, *degenerarse* es volverse *salvaje*...

Los Salvajes

El volverse salvaje sucedió porque los efrateos se deleitaron con la depravación. Como resultado, fueron desparramados entre las naciones—allí a languidecer, "como un objeto que nadie aprecia" (Oseas 8:8; 2:23; Romanos 9:21-22). Dejaron su tierra natal, la Tierra del Viticultor, y se volvieron extranjeros. Tambaleándose en el camino a Asiria —porque no reverenciaron a su "Labrador." Mientras estaban en Su Tierra, ellos no permitieron que Su Palabra "sembrara su campo en barbecho." Así es que el Padre los podó y dispersó, con la esperanza de que un día futuro, ellos pudieran dar fruto (Oseas 10:12; Juan 15:1-7).

Olivo En Olivo

Ahora que hemos visto el árbol de olivo de Jeremías, y estamos verdaderamente seguros en nuestra historia del

---

188 *TWOT*, Vol. 1, Moody, 1981, palabra # 2191; *BDBL* palabra # H5237.
189 *TWOT*, Vol. 1, Moody, 1981, pp 620-621,580; también vea, Jueces 19:12; 1 Reyes 8:41, y el Heraldo de la Casa de David, *Los Notzrim* (Vol 9, Libro 6).

olivo, y en su comprensión—entendemos que Pablo, hablando de "las ramas del olivo silvestre," enigmáticamente habló de *Efraín*. Porque, si miramos de cerca este árbol, vemos que Pablo habla de fruta de la *misma especie*. Pablo no injertaba *peras* en un *melocotonero*, sino "ramas salvajes o silvestres de olivo" (de regreso) a un "árbol de *olivo*." Y, entre unas "*ramas silvestres de olivo*" y unas *ramas naturales de olivo* el común denominador es que ambas son "*ramas de olivo*." Además, si usamos la Escritura para interpretar la Escritura, vemos que ambas casas "Israel y Judá" fueron llamadas un "árbol de olivo." También, en el Primer (Viejo) Pacto (el cuál establece las normas), los "Gentiles" nunca fueron llamados un "árbol de olivo." En lugar de eso, Pablo habló de olivo en olivo, o sea, Israel—de regreso a Israel.

¿Todos los Creyentes Pueden Ser Colectivamente Llamados "Efraín"? ¿Estamos Nosotros Negando La Salvación de los "Gentiles"?

¿Podemos legítimamente llamar Efraín a todos los Creyentes no judíos? Si esto hacemos, ¿Estamos nosotros negando la salvación de los "Gentiles"? Si usamos éste título ¿Significa que no hay "Gentiles" (aquellos que no son relacionados biológicamente con Abraham) entre los Creyentes del Mesías que no son judíos?

Decir que el Padre está reuniendo las ramas "Israelitas *no* le niega la salvación a aquellos que no son físicamente relacionados con Israel, porque—ambas casas incluyen a los "conversos."

Llamarle "Efraín" a las ramas silvestres del olivo no es más negativa de salvación a los "Gentiles conversos," que llamarle "Judá/Judíos" a todo el pueblo judío, incluyendo a *sus* conversos. Ester 8:17 (al igual que otros versos) clarifica que Judá ha tenido "conversos." Y, si el pueblo judío y sus conversos son llamados "Judíos," ¿No estamos usando un estándar doble si negamos el uso del nombre propio/título de "Efrateos" a las ramas del olivo que una vez se volvieron salvajes (silvestres)? Si Judá y sus conversos son llamados "Judá/Israel," no sería Efraín/Israel y sus conversos similarmente llamados "Efraín/Israel"? ¿No son éstos exactamente los títulos que vemos al Padre usar en "la reunión de las dos varas de los últimos días de Ezequiel? (Ezequiel 37:15-28). Si el Padre usa estos títulos, y con eso no niega salvación para los que no están emparentados con Abraham, de la misma manera ¿no deberíamos nosotros también tener la libertad de usar los mismos títulos sin impunidad?

El Mandato

A pesar de su condición antiguamente salvaje, Yahveh planea usar a Efraín y a sus compañeros: La salvación vino a ellos para darle celos a Judá (Romanos 11; Ezequiel 37:16,19). Esto significa, que Yahveh le dió a las Ramas-Salvajes-Efraín un Mandato Divino: *¡Hacer que Judá desee lo que usted tiene! ¡Excítele a rivalidad!*

Sin embargo, aunque a los "salvajes" les fue dado un cargo explícito, hasta ahora ha existido un problema....

Ambos Tropezaron Porque— Ambos Han Sido Parcialmente Cegados

En la metáfora del árbol de olivo, Pablo habla de un endurecimiento parcial que cayó sobre *Israel.*

"Hermanos, para que no seáis sabios en vuestro propio parecer, no quiero que ignoréis este misterio: que ha acontecido a Israel endurecimiento en parte, hasta que haya entrado la plenitud de los Gentiles" (Romanos 11:25, VKJ).

Como fue profetizado, a Israel le fue dado "un espíritu de estupor, ojos para no ver, y oídos para no oír" (Romanos

11:8; Isaías 29:10; Deuteronomio 29:4). Pablo habló de un "endurecimiento parcial," una estupidez o una insensibilidad en parte, que vino sobre *todo Israel.*[190] El habló de una ceguera que sería como zancadila que les causaría "tropezar" (Romanos 11:11).

Que *ambas* casas "tropezarían" fue predicho por Isaías: "¡A Yahveh de los Ejércitos, a El tratad como santo!" El "sujeto" es *Yahveh Tsavaot,* e Isaías dijo de El: "Y si El es vuestro temor, y si El es vuestro temblor, entonces El será vuestro santuario; pero será piedra de tropiezo y roca de escándalo para *las dos casas de Israel*" (Isaías 8:13-14).

Isaías dijo que el SEÑOR de los Ejércitos "se convertirá en un Santuario" y que, "*después,* "ambas casas de Israel" iban a tropezar con El. Aun así, leemos en Juan 2:18-22 que, cuando una persona le preguntó a Yeshua por una señal, El dijo: "Destruid este templo (santuario), y en tres días lo levantaré." (El hablaba del templo de Su cuerpo) Y, "cuando El resucitó de entre los muertos, Sus discípulos se recordaron de lo que El había dicho; Y creyeron en la *Sagrada Escritura.*"

"La Escritura específica que los discípulos recordaron y creyeron fue Isaías 8:14—el versículo que habla del Señor de los Ejércitos convirtiéndose en "un Santuario" sobre Quién "*ambas casas de Israel*" entonces comenzarían a "tropezar."

Israel no se dió cuenta de que Yeshua quería construír un Templo hecho de piedras vivas. [191] Entonces, de diferentes maneras, ambas casas comenzaron a tropezar con El. Hasta el día de hoy, ambas tropiezan sobre El—porque ambas quedaron parcialmente ciegas. Yahveh puso un velo sobre sus ojos, para que ambas vean obscuramente, como si miraran en un espejo descolorido y defectuoso (1 Corintios 13:12). Y, ese velo estaba destinado a permanecer "*hasta....*"

---

190 *Strong* palabras # G4457, 4456, 3313.
191 1 Pedro 2:5; 1 Cor 6:19; Efesios 2:21.

¿Cegados Con Diferentes Cegueras? ¿Cegados De Diferentes Maneras?

Efraín y Judá fueron cegados de diferentes maneras: Efraín puede ver al Mesías, pero no puede ver sus raíces israelitas. Judá puede ver sus raíces, pero no puede ver al Mesías Divino.

Adicionalmente, debido a las consecuencias de su "desarraigado" castigo,[192] Efraín a menudo se siente inadecuado en la presencia de Judá, quién tiene lo que parece ser bellas raíces, largas y significativas.

El problema son los celos.... Efraín no puede ver el papel que él ha jugado como la otra casa de Israel. Y, porque verdaderamente no puede ver el árbol de olivo en el cual él permanece, se ha vuelto celoso. Para algunos, el celo sobre las "raíces de Judá" aun les ha causado olvidarse que están arraigados en la Raíz más importante de todas—¡Yeshua!

La Raíz Del Árbol

Yeshua dijo, "Yo soy la raíz y el linaje de David" (Apocalipsis 22:16). ¿De qué árbol es Yeshua la raíz?

El Rey David dijo, "Pero yo seré como un olivo verde en la casa de Elohim." Y que, aquellos que temen a Yahveh, tendrán "hijos como brotes de olivo." (Salmo 52:8; 128:3).

David definitivamente estuvo/está en el árbol de olivo de Israel, y Yeshua, la Rama de Isaías 11:1, es del linaje (descendencia) de David. Yeshua, es tanto una rama en el árbol de olivo de Israel, como también El es su Raíz. Y al igual que una raíz le da vida al árbol, así es que Yeshua es la fuente de vida para todos, incluyendo a nuestros patriarcas.[193]

---

192 Para comprender el castigo de Efraín vea Ezequiel 4:5; Lev 26:18,21; Oseas 1-2; y, *Restaurando el Reino de Israel* por Angus Wootten.
193 Juan 11:25; 14:6; 1 Juan 5:12; Lucas 1:72: Juan 6:49-50.

Mirando a este árbol simbólico, vemos que Yeshua es la Raíz; y si ascendemos vemos un tronco compuesto de Abraham, Isaac y Jacob. Procediendo de este tronco están las dos ramas, Judá y Efraín.

¿Un Árbol de Olivo Judío?

Hasta el día de hoy, muchos promueven un regreso a las *"raíces judías."* Sin embargo, este árbol es "judío," solamente hasta el grado en que Aquel que es la "Raíz de David" es también llamado el "León de la Tribu de *Judá"* (Apocalipsis 5:5).[194] Adicionalmente, en lo que se refiere a Yeshua siendo coronado como Rey, debemos darnos cuenta de que no ha sido el judaísmo rabínico el que ha estado trabajando por los últimos mil novecientos años para honrarle. Pablo dijo, "Las ramas fueron cortadas.....por incredulidad" (Romanos 11:20). Aquellos que no creyeron en "la Raíz" (La "Rama" que fue enviada para restaurar a todo Israel) fueron cortados del árbol de olivo. (Los que fueron de "fe" y "no engreídos" acerca de su posición, sino se mantuvieron en el "temor" de Aquel que no los "perdonaría" si no "continuaban en Su bondad"—esos permanecieron unidos a la fuente de vida eterna de Israel [Romanos 11; Juan 15:5].

De estas ramas judías quebradas, Pablo dijo, "Si no permanecen en incredulidad, serán injertados; porque Dios es poderoso para injertarlos de nuevo" (Romanos 11:17-23). Solamente, que cuando Judá es injertado de nuevo, él es injertado en un árbol de olivo que primordialmente ha sido mantenido con vida por centenares de años, por los no judíos, (admitiendo muy "salvajes") de los que Pablo dijo hace más de mil novecientos años atrás: estos *"fueron"*

---

194 El "cetro" (símbolo de liderato) estaría con Judá solamente hasta la venida de Silo, y entonces, en El sería la reunión de los pueblos (Génesis 49:10). La mayoría creen que esta es una profecía Mesiánica, y que el Mesías ha venido. El ahora está sentado, cetro en mano, a la derecha del Padre. Desde allí, El reina en los corazones de aquellos que lo han aceptado como suyo. (Salmo 110:1-2; Heb 10:12; Apo 3:20-21).

injertados en el árbol de olivo de Israel.

Sobre Ser Injertados...

En un árbol natural, una vez la rama es injertada, se convierte en parte del árbol "cultivado"—al igual que sus retoños. Igual fue para aquellos que mucho tiempo atrás fueron injertados en el árbol de Israel—y para su descendencia. Entonces, enseñar que un Creyente que no es judío es injertado en un árbol de olivo "Judío"—cuando de hecho es un árbol de olivo "Israelita"—es insinuar que son algo menos que lo que verdaderamente son—lo cual es un pueblo que ha estado (aun admitiendo "no sin errores") predicando al mundo entero sobre "La Raíz" por los últimos diecinueve siglos.

¿Ramas "Naturales"?

En Romanos 11:21, Pablo le llama a sus hermanos judíos *"kata phusis klados,"* cuál la mayoría traduce como "ramas naturales."

Klados habla de una ramita o retoño. Pero,¿ que decimos de *"kata phusis,"*? ¿las dos palabras que juntas son traducidas como *"naturales"*? Como es insinuado, ¿Habla de "biología" judía?

Kata (κατά) tiene que ver con estar "de acuerdo con," tiene que ver con el caso al cual es *unido....* [195] Por ejemplo: "*kata (Conforme)* a vuestra fe, sea hecho" (Mateo 9:29).

Phusis (φυσις, *producción natural*) es usada para hablar de *mujeres* que van contra *phusis*—de *Gentiles* que hacen por *phusis* las cosas de la ley—y de ser partícipes de la *phusis Divina* (Romanos 1:26; 2:14-15; 2 Pedro 1:4). [196]

---

195 *Klados. Strong* # G 2798. *Kata.*, # G 2596, también frecuentemente denota intensidad.
196 *Phusis: Strong* # G 5449.

(Concerniente a los *Gentiles, no* era su *"naturaleza"* el poder hacer estas cosas *porque* ellos eran *paganos,* y por tanto no se les había enseñado la Palabra. Porque, es el "oír" la Palabra lo que lleva a una persona a "hacer naturalmente las cosas de la Palabra."). [197]

De nuevo, *phusis* es usada en Romanos 11:24:

"Pues si tú fuiste cortado de lo que por *phusis* (naturaleza) es un olivo silvestre, y contra *la phusis* fuiste injertado en el olivo cultivado, ¡Cuánto más éstos, que son las ramas *kata phusis,* serán injertados en su propio olivo!"

"*Kata*" (*de acuerdo con*) es la palabra aquí usada para diferenciar entre los *phusis judíos* y las personas no judías. Porque, el énfasis se encuentra en la *naturaleza* de los mismos *siendo de un acuerdo* con el Santo de Israel y Su Mesías.

Para permanecer en el árbol de olivo de Yeshua, uno debe tener una *phusis* que, a pesar de sus antecedentes biológicos, está dispuesto a ayudar al crecimiento de Sus propósitos en la Tierra.

Tal como el judío "circunciso" puede volverse como un "incircunciso" —debido a su comportamiento aberrante, así es que los israelitas pueden ser cortados del árbol por incredulidad. Por eso, el énfasis de Pablo es en *kata phusis—en tener una naturaleza que es unida a la del Santo de Israel* (Romanos 2:25-29; 11:20).

La biología entra aquí en juego solamente en que, a los de Israel se les ha enseñado las cosas de la Ley, y por eso *naturalmente* tienden a hacer las cosas de la ley. Mucho más que aquellos de las *Naciones/Gentiles,* los judíos de los tiempos de Pablo estaban "unidos al" Dios de Israel. Al extremo que hubieran cumplido el "*Shema,*" "oír y obedecer" Su Palabra, así hubieran tenido *una naturaleza que estaba en disposición de acatar Sus verdades.*

---

197 *Pagano/Gentil. Strong* # G 1484: "Específicamente, un *extranjero (no-Judío)* uno (usualmente pagano por implicación):—Gentil, pagano, nación, pueblo."

Los judíos de los días de Pablo fueron "los guardianes" de la Palabra de Yahveh—cuya Palabra incluía la promesa de que El traería un Retoño Justo del árbol antiguamente "podado" y éste "preservaría" a todo Israel.[198]

Todo Israel fue/es llamado a estar de *acuerdo* con este plan. Yeshua es la fuente de vida del árbol de olivo, el Unico a través de Quién, Israel gana vida eterna—el Unico en el que debemos permanecer. (Romanos 11:24; Juan 15:4-11). Sin considerar nuestro trasfondo, nuestra *naturaleza* debe estar en *acuerdo unánimo* con Yeshua..

Como dicho en 1 Corintios 2:14, "El hombre natural no acepta las cosas que son del Espíritu de Dios, porque le son locura; y no las puede comprender, porque se han de discernir espiritualmente." De la misma manera, la verdad sobre el árbol de olivo de Israel debe ser "espiritualmente discernida."

La Deuda A Israel: Ambas Casas

Romanos 9:4 habla de "los israelitas, a quienes pertenecen....los pactos." Pero, la historia registra, que es un remanente de las antiguas ramas del olivo silvestre las que han sido "escogidas" por el Padre para ser guardianes del Nuevo Pacto (Deuteronomio 18:18-19; Juan 17:8; 20,21; 12:49-50). Ellas han sido usadas para proclamarle al mundo que El tiene un Hijo (Proverbios 30:4). Es más, si no hubiera sido por sus esfuerzos, ¿cómo se hubiera sabido del Ungido,[199] y de Su Pacto? El no usó al Judaísmo Rabínico para preservar el Nuevo Pacto prometido a Israel. Al contrario, se lo colocó en las manos de Efraín para su custodia....[200] De

---

198 Isa 4:2; 11; Jer 23:5.
199 Mesías y Cristo significan "Ungidos"" (vea *Strong* palabra #'s H4899; G5547).
200 Ciertamente Efraín ha cometido errores en sus primeras presentaciones del Nuevo Pacto de Israel. Pero, colocando el registro en las manos de Efraín ¿estaba el Padre subyugando su "orgullo nacional"? ¿Tenía que tener un Efraín que no
(continued...)

esta manera, Romanos 9:4 toma un nuevo significado: Pues la situación que existía durante los tiempos de Pablo ha cambiado. Hoy día, podemos ver a Efraín como aquel que el Padre designó y usó como "guardian" del "Nuevo Pacto" de Israel. [201]

Esto significa, que si uno imparte la enseñanza acerca de la "deuda al judío," en honor a la verdad, uno debería enseñar lo mismo acerca de Efraín.

En esta misma vena, también notamos que en la reunión de las "dos varas" de Ezequiel, el profeta usa la palabra "*etz*" (עץ), que significa *árbol*. Debido a que el papel es construído de árboles, podemos ver dos Biblias de "papel": una conservada por Judá y la otra por Efraín. Dos Libros de Pacto, cada uno sirviendo como buen testigo del Dios de Israel, cada uno necesitando del otro para ser completo.[202]

El Plan De Salvación Para Todo Israel

Judá y Efraín han sido usados por Yahveh para declarar el aspecto doble de Su mensaje: El tiene una Ley, pero, a los que infringen la ley, El les ofrece Gracia. Dos Testigos: Ley y Gracia.[203]

En Su plan para preservar a Israel, Yahveh ha usado a Judá como "testigo" de Su Ley—pues es "nuestro tutor para llevarnos al Mesías" (Gálatas 3:24). Este estándar debe ser sostenido en la tierra, porque, "donde no hay ley, no hay transgresión" (Romanos 4:15, NIV). Y, desde su regreso de

---

200 (...continued)
conociera sus raíces para poder enseñarle a las "ovejas perdidas" de Israel sobre la necesidad de ser salvos por gracia? .(Ezeq 34:11-15; Isa 56:8; Oseas 8:8; Amós 9:9; Juan 10:16,27; 11:52; Mateo 15:24; Hechos 15:16).

201 Esto no es decir que alguna de las casas completamente cumple con, o comprende totalmente el "Libro de Pacto" particular que el Padre ha puesto en sus manos.

202 *Strong* # H 6086.

203 Esto no implica que solamente uno de ellos "exclusivamente" enseña estas verdades, ni que una debe ser enseñada sin la otra, ni que son principios mutualmente exclusivos.

Babilonia, ha sido Judá quién esencialmente ha sostenido este estándar.[204]

Pero el Padre también ha usado a Efraín. El ha estado dando testimonio del hecho que podemos ser "redimidos" por la "preciosa sangre" del Mesías. Por casi 2000 años, Efraín ha estado proclamando la verdad de que "Por gracia somos salvos" (1 Pedro 1:18,19; Romanos 4:16).[205] Al hacer esta proclamación vital acerca de nuestra "redención," Efraín el "hijo promogénito de la doble porción." demuestra ser un prototipo de "redentor" para todo Israel.

En nuestros días, el Padre desea reunir totalmente a Su casa dividida. El desea que Sus "dos testigos" sirvan en Su propósito final—el cual es "confirmarle" al mundo la totalidad de Su Palabra—de Génesis a Apocalipsis. [206]

Así es que, amanece un nuevo día.....

---

204 Judá a menudo distorciona la verdad sobre la "Ley" de Yahveh. Vea el Heraldo de la Casa de David, Vol. 6, Libro 10, *Buenas Leyes—Malas Actitudes.*.
205 Efraín a menudo distorciona la verdad sobre la "Gracia". Vea el Heraldo de la Casa de David, Vol. 6, Libro 10, *Buenas Leyes–Malas Actitudes.*
206 Vea el Heraldo de la Casa de David, *Buenas Leyes—Malas Actitudes.*

19

Una Ley—Un Pueblo

Que podemos decir de los Creyentes en el Mesías que quizás no desciendan de los patriarcas, ¿Son ellos también parte de Israel? También, ¿*Por qué* fue que al comienzo de todo Yeshua envió a Sus apóstoles a las *Naciones*, o *Gentiles?* Y, ¿es posible, que por no comprender con exactitud el "misterio de los Gentiles," y el "*melo hagoyim*" prometido a Efraín, la Iglesia ha definido incorrectamente a los portadores del gran plan de salvación de Yahveh?

Para comenzar, en el Viejo Pacto, Yahveh dispersó a Sus ovejas efrateas entre las naciones (Gentiles), y El se comprometió a recongregarlas. Entonces, en el Nuevo Pacto, Yeshua manda a Sus apóstoles a las Naciones para recoger a Sus ovejas—porque—allí encontrarían a los dispersados de Israel....[207]

Por tanto, si *usted* está siendo reunido de las Naciones (los Gentiles), si *usted* ha oído la voz de Yeshua, si El le ha

---

[207] Vea Oseas 8:8; Amós 9:9; Juan 10:16,27; 11:52; Ezeq 34:11-15; Isa 56:8; Hechos 15:16; y el Heraldo de la Casa de David, El Camino de los Gentiles por Angus Wootten.

dado a *usted* el regalo de vida eterna—entonces usted debe ser una de Sus ¡pequeñas ovejas perdidas!

Según Yeshua, aquellos que responden a Su llamado son "Sus ovejas." Y, por no subrayar esta verdad, las Iglesias ponen un *énfasis incorrecto* en el objectivo principal de Yeshua—cual El dijo, "era salvar las ovejas dispersadas de Israel" (Juan 10:16,27-30; 17:20-21; Mateo 15:24).

Esto no debe negar el trabajo de Yahveh "entre las naciones." Es simplemente para cumplir lo que Yahveh le prometió a Abraham: "He aquí que mi pacto es contigo: Tú serás padre de *muchas naciones. Yo* te haré muy fecundo; *de ti haré naciones,* y reyes saldrán de ti. Yo establezco mi pacto como pacto perpetuo entre Yo y tú, y tu descendencia (física) después de ti por sus generaciones, para ser tu Dios (personal) y el de tu descendencia después de ti. (Génesis 17:5-7, NVI). (Una relación personal con Yahveh fue el sello de Abraham y debería ser el sello de su semilla recogida.[208])

Creer que nuestro Dios trata, *al menos primordialmente,* con los descendientes de Abraham, no niega a aquellos que no son descendientes de él. Tampoco se desvía del Padre o de Sus propósitos. Al contrario, le añade a Su Majestad. Revela Su genialidad absoluta. Porque mientras dormimos, por lo que sabemos, El puede estar cambiando el mundo entero en la semilla de Abraham. Todo lo que tiene que hacer es controlar unos cuantos vientres maternos—lo cuál El ha hecho en el pasado. Y de ninguna manera, esta idea niega la salvación de los "Gentiles" no emparentados con Abraham.

El Chiste Es A Cuenta Nuestra

Está escrito que "En Isaac será llamada tu semilla" (Génesis 21:12; Romanos 9:7; Hebreos 11:18). *Isaac,* o, *Yitschaq* (יצחק), significa "risa."[209] Y en cuanto la Palabra de

---

208 Ezeq 34:1-31; Zech 10:2-7; Juan 10:14-16,27-30.
209 Strong' # H 3327; TWOT # 1789a.

Nuestro Padre es cierta en muchos niveles, es en *risa* que imaginamos al Padre creando números incontables de la semilla de *Yitschaq*, felizmente esparciéndolos a todo lo largo de la tierra—la humanidad "religiosa" no tan sabia. ¡Un verdadero genio! El puede usar aquellos con el "conocimiento" de que son escogidos (Judá) y por esa razón son tan inefectivos como dotados—y El puede usar a aquellos con el "desconocimiento" de que son escogidos (Efraín), y por esa razón son tan inefectivos como dotados. (Judá conoce las raíces de la Torá, desarraigado Efraín sabe que es salvo por la Gracia de Yeshua—¡Quién es "La Raíz!")

Por cierto, si esto es verdadero, debemos conceder que Yahveh realmente ha "jalado la lana sobre los ojos" de todas Sus pequeñas ovejas ignorantes. Por supuesto, El echará la última *carcajada.*

Este escenario es posible porque Yahveh es Quién llama: Abraham no llamó a Yahveh. Yahveh llamó a Abraham. También Yeshua dijo, "Nadie puede venir a Mi, a menos que le haya sido concedido por el Padre" (Juan 6:65). Así es que el chiste puede estar sobre todos aquellos que pensaron que lo "sabían" todo; su ignorancia de la verdad ha sido lo que el Padre ha usado más.

La Maldad De la Exclusión Del Hombre

Igualmente, no podemos saber quién es o quién no es de la semilla real de Abraham, Isaac y Jacob. De hecho, es la maldad del hombre la que dirige a la humanidad a decir cual "raza" puede o no puede entrar en el Reino de Israel, porque Israel fue esparcida por todas partes.[210] De nuevo, Yahveh

---

210 A pesar que el "estándar de comportamiento" puede y afecta la ciudadanía de uno (Salmo 37:38; Isa 29:20; Rom 11:22), aun, las puertas a la ciudadanía de Israel siempre han estado abiertas a cualquiera que el Padre uniera a Su puelo. La única pregunta "sin respuesta" es, ¿En realidad, quienes son aquellos que llamamos Gentiles? ¿Son en verdad, Israelitas? Solamente el Padre en los Cielos sabe con
(continued...)

dijo; "sacudiré a la casa de Israel entre *todas* las naciones."
Y que "Israel es tragada....entre las naciones" (Amós 9:9;
Oseas 8:8).

La Túnica De Diversos Colores De José

Vemos este principio en el hecho que "Israel amaba a José
más que a todos sus otros hijos, porque le había nacido en
la vejez; y le hizo una túnica de diversos colores." (Génesis
37:3,VKJ). *Colores*, o *pac* (*pas*, פס), viene de una palabra que
puede significar palma de la mano o planta del pie.[211] Por
esto, la Escritura retrata a José con un manto de muchos
colores queriendo decir, que él sería el padre de muchas
diferentes *tonalidades* de personas. Entonces, los descendientes de José (y Judá por supuesto) se pueden encontrar
en todas partes y naciones. Probablemente, son de todo
matiz y color de piel conocido al hombre.

Un Nuevo Pacto Hecho Con Israel

Yahveh prometió que El grandemente multiplicaría la
semilla de Abraham, que El dispersaría a Israel entre *todas*
las naciones, y haría un Nuevo Pacto con la "casa de Israel."
Específicamente, El le prometió este "Nuevo Pacto" a "la
casa de Israel *y* a la casa de Judá" (Jeremías 31:31-33;
Hebreos 8:6-12). Y, como ya ha sido dicho, no existe registro
de Yahveh haciendo alguna vez un Nuevo pacto con los
Gentiles. Su propósito declarado fue el de escribir las Leyes
(Instrucciones Bíblicas) en el corazón de los *Israelitas*
arrepentidos y por consiguiente, salvar a *todo* Israel (Juan
5:46; 14:15,23; 15:10).
Sin embargo, si a través del Nuevo Pacto de Israel, más

---

210 (...continued)
certeza.
211 *Strong* # H 6446.

allá de cumplir la promesa a la semilla de Abraham, el Padre ha escogido salvar a un número de personas no emparentadas con Abraham—entonces pongámoslo en la perspectiva correcta: Basado en la evidencia de la Sagrada Escritura, no parece ser Su propósito primario.

Aun así, Yeshua dijo de Sí mismo: "Yo no he sido enviado *sino* a las ovejas perdidas de la casa de Israel" (Mateo 15:24). Así es que, en lugar de pensar que Yeshua cambió de idea, no haríamos mejor preguntar: "La gente que el Mesías de Israel ha estado salvando, biológicamente ¿de quién descienden? ¿Son primordialmente descendencia genética de Abraham, herederos que por ignorancia, equivocadamente llamamos '*Gentiles*'?"

La respuesta muy probable es "Sí." Así es que el Dios de Israel le está cumpliendo Su promesa maravillosa a Abraham, Isaac, Jacob, José y Efraín.

No obstante, Yeshua, muy definitivamente puede tener otras ovejas "biológicamente inconexas,". Pero, aun así...

Todavía Son De "Israel"

Parece que, sea como sea que usted corte este pastel —todas las rebanadas son "Israel." Porque, "los conversos" tuvieron que "unirse a Israel" para participar en los pactos de Yahveh. Y, aun si ellos no eran "de Israel," después de su conversión, se les consideraban ser miembros integrados a la ciudadanía de Israel (Isaías 56:3,6-8).

Adicionalmente, en el Nuevo Pacto, al igual que en el Israel antiguo, parece que todos los que participaban tenían que ajustarse a tres reglas prescritas de ciudadanía (circuncisión, observancia de la Pascua, y residencia) Pues, parece que estas tres reglas mismas—si bien con énfasis diferente— fueron dadas al Israel del Nuevo Pacto [212]

---

212 Lev 19:34; Num 9:14; 15:15,16; Deut 18:15-19; Heb 3:3; 5:6; 7:12; Lucas 22:8,15,19, 20; 1 Pedro 1:19; 1 Cor 5:7; 11:26; Apo 3:20; Rom 2:29; Col 2:11,12; Fil 3:3; Ef. 2:11-19.

Vemos esto en lo que dijo Yeshua a los principales sacerdotes de Israel:

"Por esta razón os digo que el reino de Dios será quitado de vosotros y será dado a un pueblo que producirá los frutos del reino." Además le dijo a Sus discípulos: "No temáis, manada pequeña, porque a vuestro Padre le ha placido daros el reino" (Mateo 21:43; también vea Lucas 12:32; 22:30; Daniel 7:9-22; Hechos 1:6). Por tanto, el reino del Nuevo Pacto de Israel, y la membresía en ese reino, fue puesta en las manos de los apóstoles (1 Pedro 1:1; 2:9).

También, en el Israel del Nuevo Pacto el Sacerdocio fue cambiado—de Aaron a Melquisedek.[213] Así está escrito, "Porque de haber cambio de sacerdocio, es necesario que también se haga cambio de ley" (Hebreos 7:12).

De Un Cordero Al Cordero

Con el sacrificio del Mesías, la ley de la Pascua de Israel fue cambiada. El "Cordero de Dios" se convirtió en nuestro "sacrificio" (Juan 1:29; 1 Corintions 5:7). Ese Cordero, Yeshua, "se para a la puerta" de nuestro corazón y llama. Y si le "abrimos," si aplicamos Su sangre sobre la entrada de nuestros corazones, [214] entonces El entrará y "cenará con nosotros" (Apocalipsis 3:20).[215]

El Mesías Yeshua cambió el *énfasis primario* de la circuncisión de la carne para la del corazón. [216] Y, en El y a través de El y de Su sacrificio, la circuncisión y la Pascua fueron redefinidas para los que son parte del Israel del Nuevo Pacto.

Al igual que primero fueron circuncidados de corazón (y después en la carne), de la misma manera los Israelitas del

---

213 Heb 7; 9:7,16; 2:17; 3:1; 5:10; 8:1,3; 1 Cor 5:7.

214 Si usted todavía no le ha pedido al Mesías Yeshua que entre en su corazón, arrepiéntase de sus pecados y pregúntele ahora. ¡Conocerle es conocer una Gloria que durará por toda una eternidad!

215 NC Pascua: Marcos 14:22; Lucas 12:37; 22:19; 1 Cor 5:7; 11:24; Apo 19:9.

216 Deut 10:16; 30:6; Jer 4:4; 1 Cron 29:17; Mt 23:25-28; Rom 2:28-29; Hechos 10:47; Juan 4:23; Col 2:11.

Nuevo Pacto fueron/son llamados a enfatizar la circuncisión del corazón. También, con la Pascua, su énfasis ya no es más en el cordero sacrificado anualmente, sino en el Cordero de Dios quién fue sacrificado una vez y para siempre (Jeremías 4:4; Hebreos 7:27; 9:12; 10:10).

Por tanto, las dos primeras reglas de ciudadanía, la circuncisión y la Pascua, fueron redefinidas para el Israel del Nuevo Pacto.

El Gozne Apostólico

Sin embargo, si nos regresamos a las arenas del tiempo, vemos que después de la Ascensión de Yeshua, la tercera condición *de residir en la Tierra,* permaneció indefinida. Así que, la pregunta que yació delante del Concilio de Hechos 15 fue, "¿Cómo pueden los conversos cumplir este tercer requisito?" Los apóstoles llegaron a una conclusión. Ellos adjuntaron cuatro requisitos básicos del converso a una declaración de gozne. Su endoso de conversos dependió de este punto céntrico. Ellos establecieron una condición de "estancia" si usted permite—sobre la cual se meció la aceptación Apostólica de conversos. Ellos dijeron, estas verdades aplican, "*Por...o, Porque....*" (Hechos 15:21).

En esencia, la decisión Apostólica fue:

"Con estos mínimos requisitos de *estancia*, podemos aceptar a estos Creyentes, quienes han sido circuncidados *por* el *Ruach HaKodesh* (el Espíritu Santo), *porque* hay algo en lo que podemos contar. Los hemos visto participar del pan de la Pascua del Nuevo Pacto,[217] y bien, *si* cumplen esta tercera condición los podemos aceptar. *Porque,* hay algo que sabemos es verdadero."

En esencia, Santiago dijo, "Hermanos, no es menester que estos nuevos seguidores del Camino comiencen *inmediat-amente* a observar, comprender y seguir, las

---

217 Lucas 22:1-19; Juan 6:35,58; 1 Cor 5:7-8.

ordenanzas de Israel. No debemos súbitamente poner delante de ellos las enseñanzas de la Torá como piedra de tropiezo. Preferiblemente, debemos escribirlas, bosquejando ciertas normas mínimas para ellos seguir. Si están de acuerdo en acatar estas normas mínimas de modificación de comportamiento, los podemos recibir en nuestra secta del judaísmo—*pues*—"desde tiempos antiguos Moisés tiene en cada ciudad quienes le prediquen en las sinagogas, donde es leído cada sábado" (Vea Hechos 15:1-21).

Los apóstoles estuvieron de acuerdo. Estas personas se convertirían en parte del "Camino."[218] Ellos podrían ir a la Sinagoga y al Templo al igual que los apóstoles. Allí aprenderían sobre los principios de sabiduría encontrados en la Torá de Moisés. [219]

"Amen," dijeron todos. Y el asunto fue resuelto.

Tanto Para Ser Colgado En Una Palabra Pequeña.....

En una palabra pequeña colgó la aceptación de conversos por los apóstoles: "*Porque....*"

Aquellos que presidieron sobre el concilio en Jerusalén creyeron que los que declaraban fe en el Mesías del Nuevo Pacto oirían sobre la Ley de Moisés—y—que el Espíritu Santo les escribía la esencia de esas Leyes en sus corazones.

¡Ellos creyeron porque esto fue el mismo corazón del Nuevo Pacto prometido a Israel! ¡Así sería como el reino dividido de Israel iba a ser restaurado.! [220] Estaba supuesto a ser/y está supuesto a ser, a través del trabajo del Espíritu. —el *Ruach:* "Porque éste será el pacto que haré con la casa

---

218 Hechos 9:2; 19:9,23; 24:14,22; Juan 14:6.
219 Hablamos de las verdades eternas de la Torá de Yahveh, de Su "Torá Viva" (Juan 1:1-5). No endorsamos las leyes hechas por los hombres o interpretaciones erróneas de la Torá que causan la caída del hombre. Vea Deut 4:5-6; 11:8-9; 1 Reyes 2:3; Salmos1-6; Lev 18:5; Ezeq 20:11; Mateo 9:17; 5:17-18; 5:20-24; 22:36-40; 23:13; 10:25-28; 16:17; 11:52.
220 Hechos4-17; Amós9:9-11; Jer 3:12-18; 12:14-15; 31:18-19; 31:31-33; Oeas3:5; 4:6; 5:3-4,11,15; 8:1,8,11-12; Isa 11:11-14; Abdías 8; Zac. 8:13; 9:13-17.

de Israel después de aquellos días" declara Yahveh, "Pondré Mi ley en su interior y la escribiré en su corazón. Yo seré su Dios, y ellos serán mi pueblo" (Jeremías 31:33).

Sobre los que están emparentados con los patriarcas, al igual que los demás, también acatarían estas reglas, y así también no serían más "Gentiles" (Efesios 2:12-19).[221]

Sólo Doce Puertas—No Hay Otra Entrada

Seguramente, todos los Creyentes, cualquiera que sea su supuesto transfondo biológico, están de acuerdo que finalmente estarán unidos con el pueblo "Creyente" de Israel. Además, todos los Creyentes entrarán en la Nueva Jerusalén —cuál Ciudad tiene *sólo* doce puertas —¡dado el nombre por las doce tribus de *Israel!* Por lo tanto, todos tendrán que pasar a través de una de esas puertas; pues no hay otras entradas (Apocalipsis 21:12; Ezequiel 48:30-34).

Todos los Creyentes finalmente "pertenecerán" a una de las tribus eternas de Israel.[222] Porque, el Dios Unico tiene solamente un pueblo.

Pero, por ahora, en esta Tierra, para bien o para mal, obediente o desobediente, Su pueblo es llamado *Israel*.

A pesar que un israelita desobediente, era, o quizás aun debería ser "expulsado del campamento israelita", y a los ojos del resto del campamento ya no pertenecía más a "Israel," el hecho no cambia su descendencia biológica, el individuo continua siendo descendiente físico de "Israel." Y,

---

221 De nuevo, no proponemos que todos los que declaran ser de "la Iglesia" son de la *ekklesia de Yeshua*. Nacer en un "sistema" no es suficiente—ni en Israel, ni en la iglesia. Debemos ser verdaderamente "de la fe." (Rom 9:6; Mat 7:22-23; Apo 2:9; 3:9; 2 Cor 13:5).

222 Ezequiel dice: "Repartiréis esta tierra entre vosotros según las tribus de Israel. Haréis el sorteo de ella para que sea heredad para vosotros y para los forasteros que residen entre vosotros, quienes han engendrado hijos entre vosotros, y que son para vosotros como nativos entre los hijos de Israel. Ellos participarán con vosotros en el sorteo para tener posesión entre las tribus de Israel ' declara el Soberano Señor (Ezeq 47:21-22).

como tal, continua teniendo un llamado eterno en su vida, cuyo llamado, también permanece sobre sus decendientes. El problema es que, este individuo en ese tiempo está siendo desobediente a su llamado.

Dividiendo el Campamento

Mil novecientos años atrás, Pablo dijo que los "antes" llamados "gentiles" fueron "excluídos de la ciudadanía de Israel." Pero ahora, "en el Mesías Yeshua vosotros ya no soís extranjeros ni forasteros 'sino conciudadanos'" (Efesios 2:11-19). Pablo le dijo a los Creyentes no judíos de su día: "Ustedes ya no son personas ajenas—exiliados inmigrantes y extranjeros, excluídos de los derechos de ciudadanos." Más ahora, "comparten la ciudadanía con...el pueblo de Dios." (Efesios 2:19, AMP).

Repitiendo,... ya "no son" paganos, sino son "de Israel." Si un individuo era de antepasados Gentiles, una vez que estaba/está en el "Mesías Yeshua" él era/es un "coheredero partícipe de la ciudadanía de Israel." Además, sus hijos eran/ son hijos de "Israel." A través de la fe en el sacrificio Pascual de Yeshua, circuncisión de corazón, y estadía en la tierra, a estos conversos de los que Pablo habló le fue dada hace mucho tiempo atrás ¡la completa ciudadanía de Israel!

Un Pueblo Escogido

Pedro escribió su primera carta a "los que residen como e*xtranjeros*" [223] El les llamó "los escogidos."

"Pero vosotros sois linaje (descendencia) *escogido,* real

---

[223] Extranjeros y Forasteros: "Moisés...se convirtió en extranjero en la tierra de Midián." y los descendientes de Abraham fueron "extranjeros en una tierra extraña" (Hechos 7:6,29). Extranjeros y forasteros habla de un conocido, un invitado, y/uno que vive en otro lugar.. Los Forasteros hacen su hogar en Israel (Vea *Strong* # G 3581, 3941, y, Extranjeros (Extraños): Diccionario Interpretativo de la Biblia Vol. 2, Abingdon, 1962, pg. 310).

sacerdocio, nación santa, pueblo adquirido, para que anunciéis las virtudes de Aquel que os a llamado de las tinieblas a su luz admirable. Vosotros en el tiempo pasado no erais pueblo, pero ahora sois pueblo de Dios; no habíais alcanzado misericordia, pero ahora habéis alcanzado misericordia" (1 Pedro 1:1; 2:9-10, VNI).

La *Nueva Versión Internacional de Estudio de la Biblia* dice de aquellos extranjeros que una vez no eran un pueblo: "En Oseas es Israel quién no es el pueblo de Dios; en Romanos son los Gentiles a quién Pablo aplica las palabras de Oseas; en la 1 de Pedro las palabras son aplicadas para ambos." [224]

Estas palabras son aplicadas *a ambos*. ¿Es posible que sean uno y el mismo pueblo?

Es muy posible que sean. Porque, "Cuando el Altísimo repartió a las naciones su herencia, cuando separó a los hijos del hombre, estableció las fronteras de los pueblos según el número de los hijos de Israel" (Deuteronomio 32:8).

El Tiempo De Levantarse

Otra vez preguntamos, ¿qué diferencia hace si somos o no parte del pueblo de Israel?

¿La diferencia? Esau versus Jacob.

¿El conflicto? ¿Somos huérfanos o herederos verdaderos?

¿La dificultad? Discernir los jugadores del juego.

¿La importancia? Es el tiempo de que Efraín se levante—¡para que todo Israel pueda ser completamente restaurado!

Entonces, ¡Despierta O Israel!

---

224 *NVI Biblia de Estudio* 1 Pedro 2:10 pié de página, p 1890.

Quinta Parte

El Destino De Israel

20

Los Dos Testigos Y Su Plenitud

$\mathcal{A}$ntes de entrar a la Tierra Prometida, doce hombres, uno representando cada una de las doce tribus, fueron enviados a espiar la Tierra Prometida. Solamente dos regesaron con un buen reporte: Caleb, de la tribu de Judá, y Josué, de la tribu de Efraín. Por tanto, nuestro primer ejemplo de dos que dieron un buen reporte sobre las promesas de Yahveh fueron un Judío y un Efrateo (Números 13:2,6,8).

¿Está Yahveh pintando otro cuadro aquí? Si investigamos la Escritura ¿encontraremos más pistas que nos ayudarán mejor a ver los "dos testigos" del Dios de Israel?

Al final de nuestro Libro Santo, Yeshua dice de *Sus* dos testigos: "Yo mandaré a Mis dos testigos y ellos profetizarán" (Apocalipsis 11:3, TAB). Estos dos han sido ungidos para predecir, hablar en nombre, del Santo de Israel. Además, Yeshua describe a estos dos como "los dos olivos...que están delante del Dios de la tierra" (Apocalipsis 11:4).

También, después de ver *dos olivos* (o ramas), Zacarías le preguntó al Eterno:

"¿Qué significan estos dos árboles de olivo"?

El respondió, "Estos son los dos que fueron ungidos con aceite y que están delante del Señor de toda la tierra."

(Zacarías 4:11,14, NIV).

También, los dos testigos de Yeshua son llamados los "dos candelabros" Y, "candelabros son....*iglesias/ekklesias.*" Y, *ekklesias*, son asambleas o congregaciones de los"llamados" (Apocalipsis 11:3,4; 1:20).

Los candelabros dan *luz* y Yeshua dice de aquellos que lo siguen, "*Vosotros sois la luz del mundo....* (Mateo 5:14). Cuando estamos en el Mesías, al igual que El, nosotros también somos una "luz" para el mundo (Juan 8:12).

Así, tenemos dos testigos que han sido llamados para dar luz, y que también están descritos como dos congregaciones de gentes. Especialmente en estos tiempos, Yahveh, está llamando a estas dos congregaciones: Ellas son las "dos varas" o "árboles," [225] que al presente están siendo "hechos uno en su mano" (Ezequiel 37:15-28). Esto es Judá y Efraín.

Metafóricamente, los dos testigos son los dos olivos ungidos que hablan en nombre del Dios de Israel. Y, la historia prueba que (*aunque deformados),* por dos milenios, dos pueblos, los judíos y los cristianos, han estado proclamando las verdades gemelas del Santo de Israel: Ley y Gracia.[226]

Los Unicos Dos

El Judaísmo y el Cristianismo son las dos únicas religiones sobre la faz de la tierra que dan testimonio acerca del "Dios de Abraham, Isaac, y Jacob." Los de la fe Islámica reclaman seguir al Dios de Abraham. Pero, El Dios de Abraham nos ha dado su Nombre propio *"El Dios de Abraham, Isaac y Jacob"* (Exodo 3:16; Hechos 3:13). El Islamismo también niega que Isaac y Jacob son verdaderos herederos. En su lugar, ellos reclaman que Ismael es el verdadero heredero de Abraham. Por tanto, el *Allah* (dios) de

---

225 Ezeq 37:20: *Strong* # H 6086: 'ets, (עץ); de H 6095; un árbol.
226 Esto no es decir que aquellos de la fe judía no enseñan sobre la "gracia" de Yahveh, sino que estos dos pueblos son conocidos primeramente for el énfasis en estas enseñanzas.

Islam y el Dios de Abraham no pueden ser el mismo.

Si *Hay Dos Individuos* ...

Muchos imparten la enseñanza de que dos individuos se levantarán como "dos testigos." De hecho, si más allá de las dos congregaciones de Efraín y Judá, existen también dos individuos testigos (y es posible que dos hombres se levanten), el precedente Escritural sugiere que uno será Efrateo y el otro un Judío.

Adicionalmente, si van a ser dos *individuos* testigos, ellos probablemente dirigirán a las dos casas de Israel en la guerra contra la Bestia. El hecho que la bestia hace la "guerra" contra los dos testigos sugiere una compañia de dos pueblos, porque no parece posible que el líder de un estado le haga la guerra a dos individuos (Apocalipsis 13:7,10).

Y si alguna vez hubiera una "bestia" que devoraría tanto a cristianos como a judíos, es la bestia que finalmente usará la espada del *Islamismo* contra ellos. [227]

La *Biblia Ampliada* dice de Efraín y Judá, y de una cierta batalla profetizada: "Volarán sobre los hombros de los filisteos al occidente, y juntos (fuerzas unidas), Efraín y Judá saquearán a los hijos del oriente (los árabes). Edom y Moab estarán bajo su sujeción, y los hijos de Amón le obedecerán (Isaías 11:14).

La *Biblia Ampliada* les llama a los "Filisteos" y a los pueblos del este "los Arabes." Y la mayoría de los árabes son de la fe "Islámica".

Un Testigo Aun Hasta La Muerte

Como israelitas debemos ser "testigos" del Dios de Israel. La palabra Griega para "testigo" viene de *martus* (μάρτυς)—

---

227   Vea, ¿Es el Islam Fanático, una amenaza Global? Por Victor Mordecai, Jerusalén, 1996.

de la cuál proviene la palabra inglesa *mártir.*[228] Muchos de los testigos de Israel de los últimos días, serán así, en el sentido más lleno de la palabra; ellos testificarán aun con peligro de sus vidas. Y, triunfarán "por la sangre del Cordero y por la palabra de su testimonio, porque no amaron sus vidas aun hasta la muerte" (Apocalipsis 12:11).

Queriendo Escapar Con Nuestras Vidas

Tristemente, muchos cristianos actualmente buscan escapar en el "Rapto Pre-Tribulación"—pero, es lo contrario, cuando no amamos nuestras vidas aun hasta la muerte es que tenemos victoria en "paciente perseverancia" (Apocalipsis 13:10). [229]

Los creyentes hemos sido alertados por la difunta Corrie Ten Boom (una señora cristiana que perdió a casi toda su familia en el Holocausto, porque salieron en defensa, y escondieron a personas judías en su casa): *"La doctrina del rapto antes de la tribulación es ahora un mensaje exclusivamente americano.."* Esta mujer, de una fe verdaderamente probada, advirtió muchas veces a todos los que tienen oídos para oír, *"No escuchen a esos falsos profetas...."* [230]

Los que enseñan esta teoría, necesariamente tienen que separar a la "Iglesia de Israel." Ellos creen que al final de todo, entonces "Dios tratará con Israel una vez más." Y, como creen que "la Iglesia" ya no se encuentra en la tierra después de Apocalipsis 3:22,"suponen que ella ha sido raptada"

Estas mismas personas también se dan el nombre de "los santos" del Nuevo Pacto—solamente hasta que Juan comienza a hablar de la Bestia haciendo "guerra con *los santos* y venciéndolos" (Apocalipsis 13:7) Entonces, ellos rehusan el título y se lo dan al Israel judío.

---

228 *Strong* # G 3144.
229 Lucas 21:19; 2 Cor 6:4; Heb 10:36; 12:1; Santiago 1:3-4; 5:11.
230 Corrie Ten Boom, autor fallecido El Escondite, Chosen Books. Vea el Heraldo de la Casa de David, *¿Rapto or Transformación?*, Vol. 7 Libro 4, Batya Wootten.

La teoría del "Rapto Pre-Tribulación" está arraigada en la creencia de que la "Iglesia está separada de Israel." Fuera de esta creencia errónea, la enseñanza se desbarata.

Aquellos que enseñan esta teoría, fallan en reconocer que, a todos los que demuestren lealtad inmovible durante los útimos tiempos, les espera un premio glorioso. Los que serán "degollados por el testimonio de Yeshua y por la palabra de Dios...serán sacerdotes de Dios y del Mesías y reinarán con El." Yeshua remunera a estos fieles con posiciones favorecidas, porque el hombre no puede demostrar un amor mayor que el de poner su vida por sus amigos (Apocalipsis 20:4,6; 22:12; Juan 15:13; Lucas 6:23). Así es que, aquellos que ven al martirio como algo para ser evitado a través del rapto, se menosprecian a sí mismos. Trági-camente, enfocan en evitar la aflicción terrenal momentaria, en lugar de entrar en el premio eterno transcendental.

Primero Creen—Despuén Verán

"Los cristianos del Rapto Pre-tribulación creen que emprenderán vuelo, mientras que el pueblo judío pasará por la tribulación, y como consecuencia llegarán a creer al igual que los cristianos.[231]

Si eso es así, entonces, después de los horrores del Holocausto, manadas del pueblo judío debieron haberse convertido al cristianismo. Todo lo contrario a esta noción de que la "furia trae conversión," leemos que es la "*bondad*" la que nos conduce al arrepentimiento (Romanos 2:4). Por eso, el pueblo de Judá no necesita más furia para venir a la fe en el Mesías. Justamente, lo que necesita ver es la bondad del Mesías en Su pueblo.

---

231 El pueblo judío es ofendido por la idea de ser dejado atrás para ser masacrado mientras que los cristianos emprenden vuelo para "La Fiesta de la Boda" (Los Judíos *Ortodoxos Quieren Reconstruír El Templo Charisma Magazine*, junio del 1993). Aun así, no es de buen corazón pensar que un grupo del pueblo del Padre, estará comiendo una torta de boda mientras que el otro está siendo severamente afligido. A lo menos, tal escenario se merece el apodo de un fiesta mal planeada.

En adición, la idea de que Judá mirará a Yeshua y entonces creerá, se opone a la Escritura: "¡Jerusalén, Jerusalén," dijo Yeshua, "que matas a los profetas y apedreas a los que te son enviados ¡Cuántas veces quise juntar a tus hijos, así como la gallina junta sus pollitos debajo de sus alas, y no quisístes! He aquí, vuestra casa os es dejada desierta, porque os digo que desde ahora no me veréis más *hasta que digáis*: ¡Bendito el que viene en el nombre del Señor!" (Mateo 23:37-39).

Judá no verá a Yeshua *hasta* que primero lo reconozca como el Bendito. Primero él creerá, *entonces* él verá. Y el creerá cuando Efraín comience a cumplir su mandato divino de hacer que Judá desee lo que él tiene. Ese es el plan de salvación declarado para todo Israel, y El no tiene plan de respaldo (Romanos 11:1-26).

Algunos basan su concepto de "ver para luego creer" en Zacarías 12:10: "Mirarán al que traspasaron y harán duelo por El..." Pero, Juan aplica este verso a la cruxifición de Yeshua. También otra Escritura dice: "Mirarán al que traspasaron" (Juan 19:37; Salmo 22:16-17). (Ciertamente este verso de nuevo será cumplido cuando nuestro traspasado Rey regrese en toda Su gloria, y le miremos Sus manos perforadas de clavos, también nosotros haremos duelo por El. Porque sabremos que El fue traspasado por *nuestras* transgresiones. [232])

Adoptando Inmortalidad

La "teoría del Rapto," que habla de los cristianos "siendo arrebatados," se basa mayormente en 1 Corintios 15:52-54: "pero todos seremos transformados en un instante a la trompeta final." Este "cambio" específicamente habla de los creyentes mortales adoptando "inmortalidad."

---

232 Isa 53:5,10; 1 Pedro 2:24; Heb 12:2; Juan 19:34; 1:29; Apo 6:15-16; Mat 24:30-31.

Así, los Creyentes serán "cambiados." "Nos volveremos inmortales." La única pregunta es: *¿Cuando?*

En el libro de Apocalipsis vemos que siete ángeles suenan siete trompetas, entonces—"El misterio de Dios es consumado." "Está hecho." "El reino del mundo ha venido a ser de nuestro Señor y de su Mesías. En ese tiempo, el SEÑOR Dios Todopoderoso "ha comenzado a reinar" (Apocalipsis 8:2; 10:7; 11:15-17; 16:17).

Si otro ángel comenzara a sonar otra trompeta después de esta última, entonces no todo estaba "*terminado.*" Por tanto, la trompeta del séptimo ángel debe ser "la última trompeta." Porque no puede haber otra trompeta después de esta *última trompeta,* de lo contrario, esta no sería la última o "*trompeta suprema*".[233] Y, "Todos seremos transformados, en un momento, a la *trompeta suprema.*"

Sin embargo, tendremos que esperar hasta que el hombre de iniquidad sea revelado, antes de que podamos oír ese sonido. Porque, en lo que se refiere a nuestra reunión con el Mesías, 2 Tesalonicenses 2:1-4 nos advierte "Nadie os engañe de ninguna manera; porque esto no sucederá sin que venga primero la apostasía y se manifieste el hombre de iniquidad."

¿Rapto o Transformación?

Como pueblo del Dios de Israel, en lugar de buscar un "Rapto," debemos esperar una Transformación. En lugar de buscar un escape, necesitamos esperar una victoria.

Y a pesar que necesitamos un "cambio," como pueblo comenzaremos a ser "transformados" cuando comenzemos a ver que....

Hay Dos

Yahveh está tratando con las dos casas de Israel. Porque El tiene:

---

233 Última/suprema: *Strong* # G 2078.

- Dos Casas (Isaías 8:14; Jeremías 31:31-33; Hebreos 8:8-10)
- Dos Naciones (Ezequiel 35:10)
- Dos Familias Escogidas (Jeremías 33:24)
- Dos Hermanas (Ezequiel 23:2-4)
- Dos Ramas de Olivo (Zacarías 4:11-14; Jeremías 11:10, 16-17; 2:18,21; Romanos 11; Apocalipsis 11:4)
- Dos Varas (Ezequiel 37:15-28)
- Dos Testigos (Apocalipsis 11:3-4)
- Dos Candelabros (Apocalipsis 11:3-4)
- Dos Trompetas de Plata (Númberos 10:2-3)
- Dos Panes con Levadura (Hebreos 9:28)
- Dos Querubines (Exodo 25:18-20)

Dos Ligeramente Fermentadas.....

"Dos barras de pan con levadura" eran mecidas delante del Todopoderoso (Levítico 23:17). A pesar de la *levadura* (*imperfectos* como Efraín y Judá), todavía eran la ofrenda mecida prescripta.

El Padre también dijo que tocaran "dos trompetas martilladas de plata.." Pero, primero éstas tenían que ser (plata) *purificadas.* Primero tenían que ser *martilladas* en forma. Entonces su sonido "*unificado*"podía "convocar a la congregación."

Cuando somos "martillados" en forma, cuando ambas trompetas (voces purificadas) de Israel suenen, cuando Efraín y Judá expresen un sonido unificado—entonces, de nuevo, "*Toda* la congregación se reunirá.." (Números 10:2-3).

La Presencia del Santo estaba sobre el Asiento de Misericordia del Arca, y entre "dos querubines de oro" (pureza), ambos hechos de "trabajo martillado." Como diciendo, en el abrazo de estos dos, aquel encontraba "misericordia" (Exodo 25:18; 37:9). Similarmente, en el abrazo de un Judá y de un Efraín compasivo, purificado, y unificado, de nuevo se manifestará la Presencia de Yahveh.

Nuestro Padre ha comenzado a hacer que Su casa dividida, Su árbol de olivo antiguamente dividido, sea "una vara" en Su mano. Israel ha vivido a través de un tiempo de división y ahora ha completado el círculo. Los dos testigos han comen-zado a unirse en su testimonio sobre Sus promesas. Y así, una vez más, Su pueblo tendrá poder para "tomar la Tierra."

Las Multitudes de Efraín

Hay una *"Plenitud"* de Gentiles que está destinado a *"entrar"* (Romanos 11:25). Pero, ¿qué significa esto?

Plenitud o *"pleroma"* (πλήρωμα), significa terminación, lo que llena. Es usado en la 1 Corintios 10:26 para citar el Salmo 24:1: "De Yahveh es la tierra y su *pleroma*."[234] Así vemos el *melo* hebreo siendo traducido al Griego *pleroma*, y vemos que, en el Inglés ambos se vuelven *"plenitud."* Además, en Génesis 48:19 hemos visto que Efraín se convertiría en una *"plenitud/melo"* de naciones. Puesto que no existe nada en la Tierra que no le "pertenezca al Señor" muchos sienten que la promesa habla de *"grandes multitudes/números."*

En Romanos 11:25 *"entrar"* es traducido de una palabra que significa *introducir*.[235] Y Efraín "plenitud de los Gentiles" (cualquiera que sea el número), al presente está siendo llamado a *entrar* a una era nueva.

Perfeccionando a Efraín

Pleroma significa *saciedad, terminación*, algo que *llena*. Viene de *pleroo*, significando *"repletar"*, terminar (un período o tarea), verificar (una predicción)...[236] Vemos la palabra

---

234 *Strong* # G 4138.
235 *Strong* # G 1525.
236 *Repleto. suplido en cantidades. Strong* # G 4138 y 4137 respectivamente.

pleroo usada en Lucas 21:24: "Jerusalén será pisoteada por los Gentiles hasta que se *cumplan* (*pleroo*) los tiempos de los Gentiles."

También, Pablo habla de "*llenado (pleroo*) todo con el evangelio" (Romanos 15:19). Cuando se combinan estos versículos (Lucas 21:24; Romanos 11:25; 15:19) proveen un cuadro críptico de un Efraín moderno; un retrato de uno entrando en una era nueva. Porque, después de terminar *su* tarea *ensencial* de predicar completamente el mensaje de salvación por Gracia entre las naciones [237]—después de decirle a sus hermanos de la gran misericordia del Padre— después de presionar para ir más allá de las cosas elemen- tales—Efraín llega a un lugar de *perfección* y *madurez*..

Al igual que los querubines sobre el Arca y la Menorá que emanaba luz, como las trompetas de plata usadas para reunir a todo Israel—así también Efraín será "*martillado/miqshah*," a un estado bien puesto y atractivo.[238] Entonces su enfoque primordial regresará a la restauración y reunión de todo Israel.

Pleroma de Judá

A Judá también le llegará una *pleroma*/cumplimiento: "Y si su transgresión es la riqueza del mundo y su fracaso es la riqueza de los Gentiles, ¡cuánto más será la *plena restauración [pleroma]* de ellos! (Romanos 11:12).

Judá "volverá a reunirse a los hijos de Israel" (Miqueas 5:3). El Padre los "*traerá a Su pueblo*" y, le "será de ayuda contra sus enemigos" (Deuteronomio 33:7). Entonces Judá reconocerá a Efraín, y en ese tiempo, las diez tribus perdidas entre las naciones se asirán a él: "Acontecerá en aquellos días que *diez hombres* de las naciones de todos los idiomas se asirán del manto de un judío y dirán '¡Déjanos ir con

---

237 Esto no significa que Efraín cesará de proclamar la salvación en Yeshua.
238 *Strong*# H 4749, 4748; *TWOT*# 2086. Vea Exo 25:18,31; Núm 10:2. El se dará cuenta de la "sabiduría" de la Torá *Bíblica* (Torá significa Enseñanzas) (Deut 4:6).

vosotros, porque hemos oído que Dios está con vosotros!"
(Zacarías 8:23, NVI).

La Plenitud del Mesías

¡Las riquezas aparecerán cuando Judá entre en el rebaño!
¡La Plenitud viene! Judá y Efraín todavía servirán y traerán
una victoria a la tierra para *Yahveh Tsavaot*, el SEÑOR de
los Ejércitos. [239] En "la *plenitud* del tiempo, todas las cosas
serán "sumarizadas en el Mesías." Y, nosotros somos parte
de esa "plenitud." Nosotros somos el "cuerpo del Mesías, la
plenitud de Aquel que todo lo llena en todo" (Gálatas 4:4;
Efesios 1:10-11,23). Así es que busquemos "atener a la
unidad de la fe y....a la *plenitud* del Mesías." Por cuanto
agradó al Padre "que en El habitase toda *plenitud*." "Porque
en el Mesías Yeshua habita corporalmente toda la *plenitud*
de la Deidad" (Romanos 11:25; Efesios 4:13; 3:19;
Colosenses 1:19; 2:9).

Si, la plenitud, la totalidad, la perfección por las que Israel
añora, se encuentran solamente en nuestro Mesías Divino—
El es el verdadero Israel de Dios.

---

239 Al igual que su Señor, algunos pueden encontrar "victoria" en la muerte (Apo
11:8-13).

21

Llamados A Ser Centinelas

*E*fraín "fue un centinela con mi Dios, un profeta; ahora le pone trampas en todos sus caminos" (Oseas 9:8).

Sin embargo, Yahveh promete, "Porque habrá un día en que gritarán los guardias en la región montañosa de Efraín: '¡Levantaos, y subamos a Sion, a Yahveh, nuestro Dios'" (Jeremías 31:6). El también declara que, "al final de los días lo entenderéis." (Jeremías 30:24).

Al igual que hubo siete días de creación, muchos creen que hay siete días en la saga de la humanidad; que vivimos en el sexto día, y que mañana comienza el Sábado. Aun así, Pedro dijo que estábamos en los "últimos días." Y nos avisó, "Pero, amados, una cosa no paséis por alto: que delante del Señor un día es como mil años y mil años como un día" (Hechos 2:17; 2 Pedro 3:8). Hasta los tiempos de Pedro, "cuatro días" de la semana adjudicada al hombre habían pasado. Y ahora, los últimos dos días casi han terminado (en comparación sólo quedan minutos). Próximo en el horizonte, es el último día, el día milenario de descanso.

Pero si es así, *hoy* es ese día. *Ahora* es el tiempo determinado para que los centinelas del Padre se levanten.

El Notzrim

En Israel, los cristianos son llamados *Notzrim* (נוצרים)—esta palabra se deriva de una raíz hebrea que es la fuente para: *Notzrim* (*notesreem*), *centinelas o guardias. Netzer* (*natsiyr*), *preservados. Nazaret* (*natz'rat*), hogar de los *Nazarenos* (Yeshua). *Ramas* (*netzer*). Todos proceden de *n tz r* (נצר), que esencialmente significa observar, conservar, preservar.[240]

Isaías dijo que de un "árbol cortado" el "Retoño de Jesse" aparecería. Y de este crecimiento verde vendría un *netzer*, un *retoño* (Isaías 11:1).[241] Esta profecía predijo la venida del Mesías. Porque, un "*retoño*" nuevo "*preserva*" un árbol, y Yeshua es el Retoño preservante, que trajo vida renovada al Arbol de Olivo de Israel. El es el Siervo nombrado Israel, Aquel designado para "levantar las tribus de Jacob, y restaurar los *preservados* [*netzer*] de Israel" (Isaías 49:1-6).

El Efraín desparramado está siendo *liberado, preservado* en Yeshua. Habiendo "sobrevivido la espada" (de Asiria), él "ha encontrado gracia en el desierto." [242]

Viendo y Declarando La Verdad

Nuestro Dios es un "*centinela/notzer* de hombres*" (Job 7:20). Por ser Sus *preservados*, debemos cumplir a cabalidad la profecía de Jeremías:

"Porque habrá un día en que gritarán los guardias en la región montañosa de Efraín: '¡Levantaos y subamos a Sion, a Yahveh, nuestro Dios!.'" (Jeremías 31:6).

En estos días, Yahveh está impartiendo una visión a Sus *centinelas*. Nos está permitiendo vigilar durante la noche,

---

240 Strong # H 5341 y 5336.
241 "Una rama de sus raíces dará fruto" Soncino *Isaías* (Soncino, 1985) p 56.
242 Vea, Jer 31:2; Ezeq 20:15,17,35; Oseas 2:14; el Heraldo de la Casa de David, Vol. 6 Libro 1, *La Experiencia del Desierto*, y, Vol. 8 Libro 5, El Señor, El es Dios Vol. 10 Libro 7, *La Restauración de Todas las Cosas*, por Ephraim y Rimona Frank.

para poder predecir lo que viene. El quiere que nosotros veamos, entendamos y seamos fieles para declarar Su plan de los últimos días para *todo* Israel.

Como los *preservados*, debemos trabajar para preservar *a todo* Israel. Debemos ser como Manasés, Rubén y Gad, quienes tenían su *propia* herencia, pero no "descansaron" hasta que sus hermanos también tuvieron su herencia. (Josué 1:12-15).

El Secreto del Padre---Los Escondidos

"Te hago oír cosas nuevas,...y cosas *ocultas /netzer* que tú no sabes," dice Yahveh (Isaías 48:6) (*La Biblia Enfatizada* de Rotherham dice "*cosas secretas*" [243]). Con este sentido de *netzer* en mente, los ciudadanos israelitas, Efraín y Rimona Frank escriben:

"La historia de los "*escondidos*" de Efraín ha sido eliminada de las crónicas de la humanidad, como ha sido profetizado en la Palabra. Hoy, se necesita un proceso de desenterramiento de las capas de polvo y las cenizas del olvido, para poner de manifiesto la verdad que ha sido sepultada por siglos y más —la verdad de una promesa de convenio hecha hace mucho tiempo sobre Efraín, hijo de José" [244]

Nosotros somos los "escondidos" del Mesías. Y la verdad de quienes somos, (la *otra* casa de Israel) ha sido "escondida" de nuestros ojos por muchos, muchos años. [245] Fuimos castigados con una "ceguera" que ha prevalecido hasta el día de hoy. Sin embargo, el fin de nuestro castigo está cerca.[246]

---

243 *La Biblia Enfatizada* por J. B. Rotherham, *26 Traducciones de la Santa Biblia*, Zondervan, 1985, Mathis. Vea *BDBL*, Hendrickson, 1979, # 5341, p 666.
244 El Heraldo de la Casa de David, Vol. 2, Libro 6, *El Juramento del Centinela*.
245 Vea Col 3:3; Isa 8:14; Rom 11:25; Salmos 31:20; 83:3; Mat 13:35; Lucas 18:34.
246 Para entender el castigo de Efraín vea Ezeq 4:5; Lev 26:18,21; Oseas 1-2, y *Restaurando el Reino de Israel*, por Angus Wootten, 2000, Llave de David—el cual
(continued...)

Guardando Nuestro Mandato

Otra palabra hebrea asociada con *centinela* es *shamar* (שומר), lo cual enseña la intención de: guardar, proteger, atender, tomar cuidado, conservar, marcar, mirar estrecha- mente, observar, preservar, ser circunspecto, tener cuidado, guardar para ser un centinela. [247] Esta palabra es usada para describir a nuestro Dios como uno Quién nos "vigila" (Job 33:11; 29:2); y también para describir a Sus seguidores: "Sobre tus muros, oh Jerusalén, he puesto guardias/ *shomrim*. Jamás callarán ni en todo el día ni en toda la noche. ¡Los que hacéis que Yahveh recuerde, no reposéis! Tampoco le deréis reposo, hasta que el restablezca a Jeru- salén y haga de ella una alabanza en la tierra" (Isaías 62:6).

También, *tsaphah* (צפה) habla de inclinarse hacia adelante para mirar con atención en la distancia, observar, aguardar, contemplar, espiar, mirar hacia arriba, esperar por, hacer guardia. [248] "¡Una voz! Tus centinelas/ *tsophim* alzan la voz. Juntos dan gritos de júbilo; porque verán con sus propios ojos cuando Yahveh restaure a Sion" (Isaías 52:8). Estos centinelas, predicen el bien venidero a los escogidos de Sion.

Algunos No Oirán

Yahveh dijo a nuestros padres, "He puesto centinelas / *tsophim* [plural] sobre ti diciendo, "¡Escuchad el sonido de la corneta! Pero dijeron: 'No escucharemos.' (Jeremías 6:17). Aun así, en estos últimos días hemos sido llamados a sonar "dos trompetas *unificadas.*" Porque, Israel fue instruída a sonar dos trompetas en *Yom Teruah*, el *Día de las Trompetas* (Números 10:2).[249]

---

246 (...continued)
explica su castigo, su tiempo, y lo requerido para una completa restauación
247 *Strong* # H 8104.
248 *Strong* # H 6822.
249 Como Cuerpo del Mesías, ¿Cumplimos esta Fiesta de los últimos días? *Vea*

Sin embargo, al igual que hubo aquellos que no escucharon en los días de Jeremías, de la misma manera será en nuestros días. Pero, no permitamos que sea debido a nuestros propios pecados. Porque, a pesar que Efraín fue llamado a ser un centinela *tsopheh*....un profeta, aun, "le pone trampas en todos sus caminos" (Oseas 9:8). Por esta razón, él ahondó en "depravación" y fue "entregado a avergonzarse."

Así, Yahveh dijo de ellos: "¡Cual ave volará la gloria de Efraín—sin nacimiento, sin embarazo y sin concepción!" (Oseas 9:9-11).

En el pasado, Efraín ha sido una gente ligera, incapaz de dar a luz a más que un poco de viento. Pero ahora es el tiempo de dar a luz a los Hijos del Dios Vivo. Es hora de levantarse y comenzar a "*vigilar* la casa de Yahveh," para ser centinelas que toman cargo, preservan, y ponen a salvo[250] (Isaías 26:18; 66:7-10; 2 Reyes 11:7).

Los Deberes de Un Centinela

Habakkuk 2:1 explica los deberes de un centinela:

"En mi guardia (vigilancia) estaré de pie y sobre la fortaleza (torre) estaré firme. Vigilaré para ver qué *me* dirá y le contestaré cuando soy *reprobado*.."

Un centinela vigila sus *propias* acciones. Y *asume* que *él* será reprendido, castigado, corregido. El observa el andar de sus pies para que sus caminos puedan ser establecidos; y de su corazón del cual fluyen los manantiales de vida. El vigila y ora para no entrar en tentación, y que su (supuesta) luz no sea (en realidad) oscuridad. El medita en la Palabra durante la vigilia de la noche (Mateo 26:41; Lucas 11:35; Proverbios 4:26,23; 2 Juan 1:8; Salmo 119:148).

---

249 (...continued)
el Heraldo, Vol. 6, Libro 8, El calendario de Yahveh versus Compromiso con Babilonia y Roma.
250 *Strong* # H 4931.

El centinela vela por los propósitos de Yahveh en la tierra, lo que significa—que él cuida de Judá. Porque, Yahveh ha jurado: "En aquel día...golpearé con pánico todo caballo, y con locura al que cabalga en él. Pero vigilaré sobre la casa de Judá, pero heriré con ceguera todo caballo de los pueblos" (Zacarías 12:4).

El centinela ora y alza la voz, "O Yahveh, salva a Tu pueblo al remanente de Israel" (Jeremías 31:7; Salmo 5:3). El conoce que, "la oración efectiva, y ferviente de un hombre justo puede mucho" (Santiago 5:16, VKJ): *Efectivo*: él contempla el problema, *Ferviente*: él se preocupa en resolverlo. *Justo*, él se encuentra cubierto por la sangre del Mesías.

Debemos ser como la mujer de Proverbios 31, quien vela sobre su familia con la compasión y disciplina del amor de una madre. Debemos ser como Ezequiel y declarar lo que vemos y escuchamos del Padre. No podemos conocer la ver-dad, y quedarnos sentados ociosamente, y dejar que la sangre esté en nuestras manos (Ezequiel 3:17; 33:2-7). También debemos vivir la profecía de Isaías: "¡Cuán hermosos son, sobre los montes, los pies del que trae *buenas* nuevas" (vs 52:7-8).

La Restauración del Reino de Israel son verdaderamente *buenas noticias* (Mateo 24:14). De hecho, es el "*evangelio* del Reino." Debemos proclamar esas buenas noticias para ambas casas, [251] a la vez de animar a levantarse a un Israel reunido, completamente restaurado.

¿Donde Vigilamos?

Yahveh le prometió al Efraín dispersado que: "Y sucederá que *en el lugar* donde se les dijo: 'Vosotros no sóis mi pueblo,' *allí se les dirá*, 'Hijos del Dios viviente'" (Oseas 1:9,10).

Esta declaración fue hecha *en las colinas de Efraín*. Y, a esas colinas Efraín regresará: "Los rescatados....volverán, y entrarán en Sion con cánticos. Y sobre sus cabezas habrá

---

251 Lucas 16:16; Mat 4:23; 24:14; Jer 50:4,5; Hechos 15:16; vea Restaurando el Reino a Israel por Angus Wootten, 2000, Key of David.

alegría perpetua. Alcanzarán gozo y alegría, y huirán la tristeza y el gemido." (Isaías 35:10). "Después volverán los hijos de Israel y buscarán a Yahveh su Dios y a David, su rey. Temblando acudirán a Yahveh y a su bondad en los días postreros" (Oseas 3:5; también vea versículo 11:10).

¡Nuestros ojos siempre deben estar en la Tierra Santa! Debemos cuidar de la Ciudad escogida, y "orar por la paz de Jerusalén." Entonces, "prosperaremos" (Salmo 122:6). Debemos orar para que ella se alce sobre su presente condición destruída por la guerra, de su estado atormentado y se vuelva la Ciudad de nuestro Gran Rey. Porque Yahveh ha jurado:

"Sobre tus muros, O Jerusalén, he puesto guardias. Jamás callarán ni en todo el día ni en toda la noche. ¡Los que hacéis que Yahveh recuerde, no reposéis! Tampoco le deis reposo, hasta que El restablezca a Jerusalén y haga de ella una alabanza en la tierra" (Isaías 62:1-7).

Las Preguntas Que Debemos Hacernos

Aunque Efraín inicialmente falló en su llamado de ser centinela y profeta, él todavía caminará en el. Porque Yahveh ha declarado que él *será* un centinela: "Porque habrá un día en que gritarán los guardias en la región montañosa de Efraín: '¡Levantaos y subamos a Sion, a Yahveh, nuestro Dios!'" (Jeremías 31:6).

Ha sido decretado desde la antiguedad que los centinelas *irán* al frente. Pero, ¿seremos nosotros numerados entre ellos? *¿Alzaremos nuestras voces* como los centinelas antiguos? "Oh Señor, sobre la torre del centinela estoy de pie continuamente de día y todas las noches estoy apostado en mi guardia" (Isaías 21:8 NVI).

Tomando El Voto Del Centinela

Habakkuk 2:1 perfila el voto del centinela, "En *mi* guardia estaré firme y....vigilaré para ver que *me* ha de decir."

Mientras que hay un llamado colectivo para centinelas, el llamado a ser *un* centinela es dado en bases individuales—porque el Padre tiene diferentes posiciones para cada uno de nosotros.

Cada *Notzrim* tiene una posición, un lugar que ocupar, un trabajo que hacer. Si cualquiera de nosotros falla nuestra posta, entonces hay un hueco en el muro colectivo que guarda a Israel. Cada posición es importante para el bienestar de la comunidad entera: El sacerdote necesita al agricultor, porque sin él no puede comer.[252] El campesino necesita al sacerdote porque el "preserva el conocimiento" del Santo de Israel (Malaquías 2:7). Todos necesitan a la madre piadosa en Israel, porque ella educará la próxima generación. Todos necesitan al sastre, al carnicero, al panadero, y al fabricante del candelero. Cada uno tiene una posición escogida, y cada uno debe caminar en esa posición como para el Padre mismo.

Cada *Notzrim* también debe prestar atención a la voz del Santo. Cada uno debe gemir: "O *Elohim*, ¿qué usted me diría a *mí*?" Porque el Padre tiene para cada uno una parte que cumplir en Su plan final glorioso para la Casa restaurada de Israel.[253] Tomemos entonces el voto de centinela, sabiendo que todos los que en verdad claman a El, oirán Su voz a sus espaldas diciendo, "¡Este es el camino; andad por él" (Isaías 30:21, VKJ).[254]

---

252 Tomamos libertad con este versículo y lo usamos para aquellos que se dedican al "liderato" de congregaciones/grupos. Sin embargo, también reconocemos que todos en Israel son llamados a ser "sacerdotes" para el Todopoderoso (Exo 19:6; 1 Pedro 2:9; Apo 1:6).
253 Jer 29:11; 1 Cor 14:26.
254 Gracias a nuestros amigos de tanto tiempo, Efraín Frank,(Botánico) y Rimona Frank (Editora hebrea), por declarar esta verdad, y ayudarnos con este capítulo. También le damos las gracias al difunto Rabino Isidor Zwirn, "el Rabino de Burbank," quién a menudo enseñó sobre la pofecía de Isaías 11 y sobre el "Notzrim" restaurado.

22

¡Regresa, O Virgen De Israel!

Levanta señales, pon indicadores de caminos. Pon atención al camino principal, el camino por el cual caminaste. Regresa, oh virgen de Israel; vuelve a estas tus ciudades. (Jeremías 31:21).

Yahveh está clamando por el regreso de Efraín. Es especialmente una llamada de arrepentimiento y regreso *a la rectitud* (Ezequiel 37:23; Jeremías 3:14-18). Pues, el llamado es para una "*virgen*." que regresa.

El problema es que "las canas se han esparcido sobre él (Efraín), pero él no se da cuenta" (Oseas 7:9). Si aclaramos, Efraín es el mismo del Israel antiguo, pero no se da cuenta. Pasarían muchos años, antes que notara que su problemática de siempre ha sido su inclinación al paganismo. Y, que antes de regresar al hogar, él tendrá que arrepentirse de los pecados de su juventud (Jeremías 31:18-19).

Pero, debemos también entender que Efraín ha estado bajo un castigo corporativo, y por eso no podía ver la verdad sobre su herencia antes de estos tiempos. Porque, a él le fue dado un largo castigo de trescientos noventa años (Ezequiel 4:4-6). Esto fue debido a que él sería "*LoAmmi*" (Oseas 1-2). Y, porque él no se arrepintió de inmediato del paganismo de su juventud, su castigo de *anonimosidad* fue aumentado siete veces más (Levítico 26:18-28). Consecuentemente Efraín "*No ha sido Pueblo*" por los últimos dos mil setecientos años. [255]

Pero ahora, el fin de su castigo corporativo está a la mano. Es tiempo que el oscurecido Efraín se levante. Al igual que Yeshua llamó a Lázaro de la tumba, ha llegado la hora para que este antiguamente porfiado oiga un llamado similar. Pero, para ser totalmente restaurado, para poder salir de su tumba de dispersión, él debe dejar atrás los sudarios andrajosos en los cuales en tiempos antiguos se embozó.

Para restaurar lo que se perdió, Efraín tiene que encontrarse él mismo—darse cuenta de ciertas verdades—y reaparecer en justicia.

Encontrando Lo Perdido

Para encontrar las tribus "perdidas" no necesitamos ir en busca, hasta ahora, de una isla que no figura en el mapa. Mientras que los de Judá han encontrado unos pocos perdidos amontonados en regiones apartadas, [256] aun así, debemos realizar que el pueblo de Efraín perdió/ha "perdido" ¡su identidad! Están perdidos a la verdad de *quiénes son* (Oseas 1-2). Están perdidos a su llamado de ser un pueblo separado.

Perdidos A La Verdad del Padre

Por siglos, vagando entre las naciones, Efraín también ha estado "perdido" a los mandamientos del padre: "Mi pueblo es destruído porque carece de conocimiento. Porque tú has rehusado el conocimiento, Yo te echaré del sacerdocio; y porque te has olvidado de la ley de tu Dios, yo también me

---

255 Vea *Restaurando el Reino a Israel* por Angus Wootten.
256 *Busqueda de las Tribus Perdidas* Simcha Jacobovici A&E TV: www.biography.com.

olvidaré de tus hijos" (Oseas 4:1,6).[257]

Efraín siempre ha tenido un problema con la Torá: "Yo escribí para él las grandezas de mi ley, pero han sido tenidas como cosas extrañas" (Oseas 8:12).

La Torá siempre fue, y todavía es, vista como una cosa *extraña* por muchos de Efraín. Creyendo que son *"Gentiles"* sólo acentúa el problema. La Torá continua siendo *extraña* como en *extranjero,* porque: *¡Extranjeros Gentiles = extranjeros a la Torá!* Así es que, todo aquel que desee enseñarle la Torá a Efraín, debe primero darle una lección acerca de su herencia israelita. Porque cuando él vea que la Torá es parte de *su propia herencia israelita,* la abrazará más fácilmente.

¿Fuera De La Sartén Caemos Al Fuego?

Al presente, muchos Creyentes buscan la verdad, y en el proceso descubren sus "raíces hebraicas." Sin embargo, en esta búsqueda algunos se han enamorado erróneamente del Judaísmo En lo que se refiere a errores de la "Iglesia", son tan pro-judíos que sus juicios están fuera de balance, por ejemplo: correctamente condenan los errores del Emperador Romano Constantino, pero se olvidan que la jerarquía judía fueron los primeros en expulsar de las sinagogas a los del Camino.[258] (Esta acción ciertamente animó una respuesta negativa hacia cualquier "raíz judía" que la "Iglesia" podía tener [259]).

Efraín no es llamado a abrazar todas las "cosas judías", porque Judá también tropezó. Hay cosas que enseña el judaísmo que son meramente ideas defectuosas del hombre.

Adicionalmente, cuando Efraín comience a abrazar los principios de la Torá, y las fiestas de Israel—él está destinado a cuestionar lo que por mucho tiempo ha sido enseñado acerca de estas cosas. Y de esta manera, el Padre

---

257 Aun así, Yahveh dice que Efraín nunca será olvidado (Jer 31:20; Oseas 11:9).
258 Juan 9:22; 12:43; 16:2; Hechos 9:2; 26:9-11.
259 En verdad, nuestras raíces son *Hebreas, Israelitas.*

lo usará para ayudar a traer a toda la casa de Israel a un mayor entendimiento de nuestro llamado colectivo. Efraín (Y *todo* Israel restaurado) debe animar a sus hermanos a regresar a la fe simple de Abraham, y a basar su fe en la verdad de la Escritura.

Entonces, nosotros que vemos las dos casas de Israel, debemos igualmente exponer las acciones erradas de ambos, José y Judá. Porque los israelitas están llamados a usar pesas y medidas iguales:

"No tendrás en tu bolsa pesa grande y pesa chica. No tendrás en tu casa medida grande y medida chica. Pesa exacta y justa tendrás....medida exacta y justa tendrás, para que tus días se prolonguen en la tierra que Yahveh tu Dios te da. Porque cualquiera que hace estas cosas, cualquiera que hace injusticia, es una abominación a Yahveh tu Dios" (Deuteronomio 25:13-16; también vea Proverbios 20:10).

Examinando las relaciones Cristianas y Judías, debemos usar un equivalente perfecto. Algo menos perpetuará sus hostilidades. [260]

Los Pecados De Jeroboam

Al presente, muchos de Efraín están dejando atrás los pecados, que una vez fueron animados por Jeroboam, el rey decadente de Israel. Están percibiendo que su pecado trajo, y todavía trae muerte.

Jeroboam indujo a Israel al pecado cuando, después de la división del Reino, él comenzó a temer lo que pasaría si *"su"* pueblo "subía a Jerusalén." El temió por su *"posición"* si Efraín se reunía con Judá. Para mantenerlos en casa, él animó la adoración a ídolos. El dijo, "¡Bastante habéis subido a Jerusalén! ¡He aquí tus dioses, O Israel..."

Jeroboam también construyó "casas (de prostitución) en lugares altos." El "instituyó sacerdotes de entre la gente

---

común, que no eran hijos de Leví." Instituyó una fiesta en el octavo mes en el quince día del mes, semejante a la fiesta.... en Judá...Entonces él subió al altar que había hecho...en el mes que él inventó en su propio corazón; e hizo fiesta para los hijos de Israel...." (1 Reyes 12:27-33).

Jeroboam trató de mantener a Efraín lejos de la verdadera fe—de "subir a Jerusalén," porque temió perder su "posición de ministerio." Con esto él animó otro tipo de prostitución espiritual; el reunió personas para *sí mismo.* Instituyó sus propios "sacerdotes." Reunió un grupo de "sí" hombres. Se rodeó con aquellos que harían las cosas a la *manera de él.* Pero su manera no era la manera del Padre.

Los Pecados Similares de "La Iglesia"

Este rey aberrante creó sus propios días "festivos." El habló contra el plan del Todopoderoso e intentó "cambiar las festividades y la ley." El desdeñó las fiestas prescriptas de Yahveh y creó celebraciones de sustitución (Exodo 31:16-17; Daniel 7:25; 1 Reyes 12:27-33).

Peor todavía, sus acciones presagiaron las de "la Iglesia." Porque ella también ha hecho sus propias proclamaciones, ha cambiado el Sabbath y los días de fiesta.[261]

De estos pecados, todos los Creyentes se deben arrepentir. Porque, somos llamados a ser un sacerdocio real que pro-clama la restauración de todo Israel. Y las fiestas esbozan las tres fases del plan de salvación del Padre. Cada una de ellas debe ser para nosotros como "una *asamblea* sagrada, una *miqra* santa (מקרא), significando un *ensayo*" (Exodo 12:16).[262]

Al celebrar (conmemorar) estas fiestas, *bosquejamos* el plan de redención del Padre: Pascua (redención personal),

---

261   Heraldo Casa de David, Vol. 5, Libros 12,13, *Camino de los Gentiles* (Wootten), *Tiempos de Enterrar a Jeroboam,* Vol. 6, Libro 4, *Una Llamada a Libertad,* Brian Hennessy.
262 Strong # H 4744: llamados, ensayo, asamblea, convocación, lectura.

Shavuot, Pentecostés (llenura del Espíritu), y Tabernáculos (completa restauración del reino dividido).

Las fiestas son solamente una "sombra" de la gloria encon-trada en Yeshua (Colosenses 2:17; Hebreos 10:1), y ya son objetivamente "cumplidas" (y serán cumplidas) en El. Y sin embargo, ellas están siendo subjetivamente cumplidas en los corazones de aquellos que son reunidos: "Yo reuniré a los que gimen sobre las fiestas señaladas—salieron de ti, O Sion; el reproche del exilio es una carga para ellos" (Sofonías 3:18).[263]

Justamente, como las sombras están unidas a la sustancia, de la misma manera "los *ensayos* anuales de las fiestas de Yahveh deben estar unidas a Su pueblo. Porque, ellas nos recuerdan del llamado en nuestras vidas como parte del pueblo de Israel. Ellas nos recuerdan de nuestra necesidad de "examinar el corazón" regularmente.

Así es que dejemos a Efraín que celebre. Pero no le permitamos ser legalista acerca de esto (Santiago 2:10). Puesto que, es imposible "*guardar las fiestas con exactitud*" Por ejemplo, aparte de las instrucciones de la Pascua del Nuevo Pacto de Yeshua, los útimos mandamientos sobre la Pascua fueron:

"No podrás sacrificar la víctima de la Pascua en ninguna de las ciudades.....Sólo en el lugar que Yahveh tu Dios haya escogido, sacrificarás la víctima de la Pascua, al atardecer, a la puesta del sol, a la hora en que saliste de Egipto" (Deuteronomio 16:5,6).

El Templo y el sistema sacrificatorio fueron destruídos. Esto significa que o el Dios de Israel está dormido, o nos envía un mensaje.

Sabemos que El "que guarda a Israel, no duerme ni descansa" (Salmo 121:4, VKJ). Y el mensaje es: Yeshua,

---

263 *Cumplido.* La Navidad también ha sido "cumplida" sin embargo (bien o mal), las personas continuan celebrándola, o ensayándola. Para saber de Navidad (versus Tabernáculos): Vea el Heraldo de la Casa de David: Vol. 6, Libro 8, *El Calendario de Yahveh....*

nuestro Cordero Pascual, fue ofrecido "una vez y para siempre cuando El se ofreció" (Hebreos 7:27; 9:12; 10:10; 1 Pedro 3:18). Así es que celebremos en Yeshua, regocijándonos libremente en los *miqra's santos del Padre,* guiados por Su Santo Espíritu.

Regresando A Las Cabañas de Tabernáculos

El Padre dice de Efraín: "Sin embargo, desde la tierra de Egipto Yo soy Yahveh tu Dios. Aún te haré habitar en tiendas como en los días de la fiesta" (Oseas 12:9).

No morando en las cabañas de Tabernáculos adecuadamente describe a Efraín, pues él por mucho tiempo le ha dicho a Judá: "*No necesito tus fiestas ni festivales.*" Y mientras Efraín correctamente no necesita tradiciones hechas por el hombre, él está equivocado en apartarse de "las fiestas de Yahveh" (2 Crónicas 2:4). Entonces, el Padre quiere ahora corregir a Efraín en este respecto: El quiere enseñarles a celebrar *nuevamente* las tradiciones antiguas de Israel.

Regresando A Jerusalén

Hoy día, muchos están respondiendo al llamado del Espíritu Santo de "subir a Jerusalén." Allí, se adjuntan a la celebración anual de la fiesta de Tabernáculos de Israel. Allí, Creyentes de todas partes del mundo van a mostrar apoyo al pueblo de Judá.

No Más Aguas Enlodadas

Actualmente, Efraín está dejando atrás a aquellos que agrupan gentes para sí. El rehusa beber de las "aguas enlodadas" de pastores errantes. En su lugar, él busca a aquellos que buscan el corazón del Padre, que alimentan la manada en conocimiento y entendimiento. De los que beben de las "aguas vivas" que fluyen de *Yeshua, el Pastor* (Ezequiel 34; Jeremías 3:15).

A pesar que Jeroboam creó sus propios días festivos, y trató de cambiar los tiempos establecidos, hoy día los santos de Efraín celebran el Sabbath del Padre y se regocijan en *Sus* fiestas (Levítico 23:44; Isaías 42:21).[264]

Como fue profetizado, Efraín ahora está siendo "instruido," y así es que "llega a conocerse a sí mismo." Viendo la verdad acerca de *todo* Israel, se arrepiente del paganismo de su juventud. [265] Y, comienza a ver la verdad de, y a examinar más de cerca, su herencia israelita.

Más Cambios de Días Festivos

Judá, también es culpable con referencia a cambiar las fiestas. Ellos erróneamente llaman el Día de Trompetas (*Yom Teruah*) *Rosh Hashanah* (Cabeza del Año). Pero Yahveh dice:

"Este mes [Aviv] os será el principio de los meses; será para vosotros el primero de los meses del año." (Exodo 12:2). (Los rabinos dicen que es una celebración "civil" de año, sin embargo alrededor de este tiempo, en lugar de hacerlo al comienzo indicado del año, empiezan nuevamente su ciclo anual de lecturas de la Torá. Por esta, y otras razones, Judá también es encontrado culpable. [266]) Porque, Israel ha de tener una constitución (que siendo la esencia de la Torá) es basada en las instrucciones de Yahveh. No deben tratar de gobernar a su nación basados en las interpretaciones/ decretos imperfectos del *hombre.*

---

264 Vea Heraldo de la Casa de David: *¡Celebrando La Pascua como nunca antes! Shavuot y Los Panes Levados* (Vol. 9 Libros 3,5); *El Calendario de Yahveh's versus Compromiso con Babilonia y Roma* (Vol. 6, Libro 8); *Restaurando el Tabernáculo Caído de David Junio 17,2001 Una Celebración de Tabernáculos; El Camino de los Gentiles* (Vol. 5 Libros 9,12).

265 Salmo 106:6; Jer 3:22-4:1; 31:18-19; Dan 9:7-8.

266 Heraldo de la Casa de DAvid, Vol. 6, Libro 8, *El Calendario de Yahveh versus Compromiso con Babilonia...*

La Experiencia Del Desierto

Nuestro Padre dijo que El "seduciría" a Israel al "desierto", y allí, entraría en juicio con nosotros "cara a cara" (Ezequiel 20:11-44).

Por esta "experiencia desértica" muchos se han sentido perdidos, solos, y/o alienados. Pero, a Israel se le llevó a este lugar por una razón.... los *Libros Soncino de la Biblia* dicen:

"Como en el desierto de Egipto fue constituído el pueblo de Dios, así en este desierto, cortados completamente de coito con naciones paganas, serán convertidos de nuevo en Su pueblo. Allí Dios suplicará, esto es, protestará y razonará con ellos, *de cara a cara* con nadie que les distraiga su atención de El" (Ezequiel 20:35).[267]

En adición a nuestra experiencia desértica, el Padre dice que El nos dará "el valle de Acor como puerta de esperanza" (Oseas 2:15). Acor significa problema. Y después de una estación de "problemas" Efraín será restaurado.[268] El arrepentimiento de los pecados que llevó la nación al exilio, finalmente resultará ser una puerta de esperanza. Durante esta experiencia desértica, los nombres de los Baales serán removidas de ella, y se desposará con el Mesías. Y, una vez que ella entre a través de esa puerta, Efraín "cantará allí como en los días de su juventud" (Oseas 2:14-20).

Reparando la Brecha

Nosotros que entendemos estas cosas, debemos tratar de "reparar la brecha" en Israel. Debemos trabajar para romper todo yugo, para que el oprimido pueda ser libre. Debemos ayudar a "levantar las fundaciones de antaño." Entonces seremos llamados, "Reparadores de brecha, restauradores de las calles donde habitamos."

---

267 Vea Deut 8:2, y el Heraldo, Vol. 6 Libro 1, *La Experiencia en el Desierto*
268 *Strong* # H5911.

Cuando aprendamos a llamar el sábado un deleite, y a deleitarnos en Yahveh, entonces El, "nos hará cabalgar sobre las alturas de la tierra, y nos dará a comer de la heredad de nuestro padre Jacob." (Isaías 58:1-14; Hebreos 4:1,9).

Deleitándose En Nuestra Herencia

Nosotros que deseamos sentarnos a la mesa del Señor debemos estar correctamente vestidos para la ocasión. Debemos descartar nuestros harapos manchados de pecados y vestirnos con el cambio que Yeshua nos trae en este tiempo. Porque, Aquel cuyas misericordias son nuevas cada mañana ahora va a hacer una cosa nueva en nosotros y con nosotros (Lamentaciones 3:22-23; Jeremías 31:22; Apocalipsis 2:17).

Es ahora el tiempo para que nosotros sigamos las instrucciones de Yahveh:

"Mirad a Abraham, vuestro padre; y a Sara, que os dio a luz. Porque cuando él era uno solo, yo lo llamé, lo bendije y lo multipliqué" (Isaías 51:2).

En nuestra búsqueda, no tratemos que los cristianos se vuelvan judíos—ni los judíos se vuelvan griegos, Cristianos occidentalizados. En su lugar, seamos convertidos conjuntamente en un pueblo dispuesto a destruír todo vestigio de falsa religiosidad, la que en el pasado ha sido considerada nutritiva. Porque, por ser el *Yisrael* de Yahveh solamente podemos transmitir las verdades nutritivas de cada campamento:

"De esta manera, será perdonada la iniquidad de Jacob, y esto eliminará su pecado: que él ponga todas las piedras del altar como piedras de cal desmenuzadas, de modo que no vuelvan a levantar árboles rituales de Asera ni altares de incienso." (Isaías 27:9).

Alimentémonos de la herencia de Jacob. Caminemos en la fe simple, que cambia vidas, de nuestro antepasado, Abraham.

Ellos Verán—Ellos Regresarán

"En los últimos días," los Efrateos regresarán "al lugar" de donde fueron esparcidos. Porque Yahveh ha jurado: "Porque los haré volver de la tierra de Egipto, y los recogeré de Asiria. Los traeré a la tierra de Galaad y al Líbano, y *no les bastará*" (Zacarías 10:10). ¡El *melo ha'goyim* todavía regresará a su Tierra en grandes cantidades, y redimidos!

El Arco de Judá—La Flecha de Efraín

Yahveh dijo, que en los últimos días, El "fortalecería a la casa de Judá" y que de nuevo "Efraín sería un hombre poderoso (héroe)" (Zacarías 10:6-7). También El dijo: "Pues he preparado a Judá como mi arco; lo he cargado con Efraín como flecha" (Zacarías 9:13). Estos dos implementos de guerra retratan a Judá y a Efraín en los últimos días. Porque ambos instrumentos están hechos de "árboles," y a pesar de ser diferentes uno depende del otro para poder funcionar. En esencia, uno no tiene valor sin la ayuda del otro.

Como se ha dicho, las riquezas vendrán cuando Judá regrese al redil del Mesías: "Porque si la exclusión de ellos resulta en la reconciliación del mundo, ¡qué será su readmisión, sino vida de entre los muertos!" (Romanos 11:15; Zacarías 8:23; Juan 10:16).

Siendo el arco, y porque una vez estaba "muerto," Judá trae cierto *poder de resurrección* a la mesa de reunión. Sin embargo, la flecha la cuál es Efraín, está destinada a determinar la dirección. Los hijos de José tienen que señalar el camino. Y, deben señalar hacia el Mesías. Hacer menos que esto es fallar el blanco. Es salirse del camino. Efraín siempre debe señalar hacia, y levantar a Yeshua (Juan 12:32).

23

Yeshua:
Epítome de Todo Lo Que Es Israel

Jacob le dijo a sus hijos: "Las bendiciones de tu padre....sean sobre la cabeza de José" (Génesis 49:22-26, VKJ). Como sabemos, la bendición de José le fue dada a Efraín (Génesis 48:19; Ezequiel 37:19). Sin embargo, está escrito que "Judá prevaleció" (1 Crónicas 5:2).

¿Cómo entonces puede Efraín tener la bendición primogénita de Jacob, si Judá *"prevaleció"*[269] Efraín debió tener el derecho de *posición gobernante* en su familia (Deuteronomio 21:17). ¿Cómo puede ser esto?

La respuesta es que la bendición de Judá fue condicional. Jacob dijo que Judá sería *preeminente "hasta* que venga Siloh y a El le obedecerán los pueblos" (Génesis 49:10). Siloh es el Sumo Sacerdote, el Príncipe, el Leon de Judá,.... El es Yeshua, el Hombre con muchos nombres.[270]

A través de esta bendición, Jacob bendijo a Judá con el papel principal de ayudar a dar a luz al Verdadero

---

269 Strong', *BDBL,* # H1396: *gabar,* tener fuerza, ser poderoso, poder
270 1 Cro 5:2; Isa 9:6,7; 11:1-4; Ezeq 21:27; Dan 7:14; Lucas 1:31-33.

Primogénito. La tribu de Judá es verdaderamente privilegiada por tenerlo a El como descendiente. Porque el Santo de Israel vino a esta tierra como hombre: Vino como un Judío. De acuerdo con la Ley de Moisés, Yeshua fue presentado en el Templo como primogénito hijo de Judá (Lucas 2:21-24). Debido a esto, el pueblo judío fue, y para siempre será hon-rado por encima de todos los pueblos de la faz de la tierra. Sólo este privilegio, los hace preeminente entre todas las naciones. Ningún otro pueblo será honrado como lo es Judá.

Pero aún, "a pesar que Judá fue el más fuerte de sus hermanos y un gobernante vino de él, los derechos del primogénito le pertenecieron a José." (1 Crónicas 5:2, NVI).

¿Cómo es eso?

Si miramos con los "ojos del Espíritu," vemos que la *plenitud* de la herencia del primogénito de Jacob, no se le dió a Judá su cuarto hijo. Ni tampoco le fue dada a Efraín, hijo de José, ni a ninguno de sus descendientes. En su lugar, Jacob hizo que los beneficios de la bendición del "*Primogénito*" fueran disponibles a "*todos*" los hijos de Israel. ¿Cómo fue que esto sucedió, se aclara a través del estudio de dos de los títulos de Yeshua: *El Hijo Unigénito, y el Primogénito de Muchos.*

El Hijo Unigénito

Hablando de Su nacimiento *terrenal,* Juan le llama a Yeshua, "el unigénito del Padre" (Juan 1:14). A nosotros, el Padre "ha dado Su *Hijo Unigénito*" (Juan 3:16).

En griego, la palabra usada es *monogenes*, que significa único, exclusivo, uno, solamente nacido. [271] Yeshua es el único Hijo de Dios Unigénito. Sin embargo, El no fue engendrado en el sentido de *creado.* Yahveh dijo de Yeshua, "Tú eres Mi hijo; Yo te engendré hoy" (Salmo 2:7). La

---

271 *Strong* # G 3439; *Lexicon Thayer's Griego-Inglés*, Baker, 1983, # 3439.

palabra hebrea es *yalad*, y es aquí usada para describir a un padre ayudando a nacer a un niño. [272]

No habla de Yeshua siendo *creado*. Porque El es Aquel "quién es, quién fue, y quién ha de venir, el Todopoderoso" (Apocalipsis 1:8). El es el "YO SOY" (Juan 8:58).[273]

En lugar de eso, Yeshua fue engendrado en el sentido que el Padre veló y así ayudó a Su nacimiento como niño humano (Filipenses 2:5-12). En este papel, Yeshua, es "Hijo Unigénigo." El es el único ser "humano" nacido de esta manera.

Como Hijo Unigénito, Yeshua le cumplió la promesa a Judá. Vino como Siloh, y le fue dado el *cetro* de Judá. Como fue profetizado, el pueblo del Nuevo Pacto de Israel comenzó a "unirse" a El (Génesis 49:10; 2 Crónicas 13:5; Lucas 1:33; Hebreos 1:3; 10:12).[274]

Entonces, el Rey de los Judíos, se ofreció a Sí mismo como Sacrificio. Como fue dicho en el Salmo 22, el Unigénito Hijo de Dios murió en el Madero.[275] Pero entonces, este Leon de la Tribu de Judá triunfó (Apocalipsis 5:5). A través de Su sacrificio, El triunfó sobre el pecado y la muerte, y entonces, ¡El se levantó de nuevo!

Sin embargo, Yeshua se levantó de nuevo como un tipo de hombre diferente.

---

272 Como fue interpretado por el difunto erudito hebreo Rev. Robert Lindsey, autor de, *Jesús, Rabino, y Señor* (Cornerstone, 1990). También vea *Strong* # H 3205.
273 Yeshua es un "hombre-Dios." El "compartió" en humanidad (Heb 2:14, NVI). El "tomó parte" en humanidad. El tomó la forma de *carne* humana —para poder redimir Su creación, pero no "*participó*" de la sangre pecaminosa de Adán. En su lugar, su linea de sangre vino de Su Padre Celestial, y por tanto era "sangre pura." La Biblia Ampliada (Zondervan, 1964) dice, "Grande e importante y de gran peso, confesamos es la verdad escondida—el secreto místico—de santidad. El (Dios) fue hecho visible en carne humana" (1 Tim 3:16).
274 Esto parece ser una profecía muy parecida a las del Reino: significando, fue, es, y será venidero (vea páginas 51, 119). Sin embargo, Judá continua siendo el "dador de la ley" de Yahveh. (Salmos 60:7; 108:7).
275 Murió: De esto decimos el pasar de esta vida a la próxima, y no de "cesar de existir" (Como muchos erróneamente piensan de la muerte). Como Deidad, Yeshua no podía cesar de existir. Pero El podía pasar por la misma puerta que pasan los mortales.

Efraín: El Primogénito Entre Muchos Hermanos

Está escrito que cuando Yeshua resucitó, El se levantó como el "primogénito entre "*muchos hermanos*" (Romanos 8:29). "El es la imagen del Dios invisible, el *primogénito de toda la creación*." "El es también la cabeza del cuerpo, que es la iglesia; y El es el principio, el primogénito de entre los muertos, para que en todo El sea preeminente." Y, "cuando el Padre trajo Su primogénito al mundo, El dijo 'Adórenle todos los ángeles de Dios'" (Colosenses 1:15,18; Hebreos 1:6).

Como fue dicho antes, en el caso de Isaac, y Jacob se necesitó un acto de intervención divina para que nacieran. Mientras que la Escritura no nos da tal acción en el nacimiento del hijo de José, Efraín, sí vemos intervención Divina en el nacimiento del *"Primogénito* de Yahveh." De nuevo, si miramos con los ojos del Espíritu, vemos que en este papel, Yeshua, el Hombre con muchos nombres, es ahora *"Efraín el Primogénito."*

No Puede Haber Sino Uno......

El Padre dice, "Israel es Mi primogénito." Y, "Efraín es Mi primogénito." Y está escrito que, "Su Hijo amado....es el....primogénito de toda la creación" (Exodo 4:22; Jeremías 31:9; Colosenses 1:13-15).

Yahveh llama a Israel, Efraín y Yeshua, Su primogénito. Pero de hecho, sólo puede haber *un* "primogénito." Por tanto, debe ser en el espíritu de "profecía Mesiánica" que el Padre dice, "Efraín es Mi primogénito" (Jeremías 31:9).

Yeshua es ambos "Israel" y "Efraín." Cuando El se levantó de la tumba, El resucitó como "Efraín", el Primogénito—El Hijo de la doble porción—El primer Hombre con vida en este mundo y con vida en el mundo venidero.

Efraín: El Primer Hombre Inmortal

Cuando Yeshua fue concebido como hijo varón, el Padre mismo abrió la matriz de María. Y, después que Yeshua fue ofrecido como sacrificio, una vez más, con otra acción genial de divina intervención,. El nació de nuevo. Pero, esta vez, ¡el Padre abrió el vientre de la tumba.!

Esto fue en cumplimiento de Su promesa a Israel: "¿Los redimiré del poder del Seol. Los rescataré de la Muerte? ¿Donde está, oh Muerte, tu espina? ¿Donde está, oh Seol, tu aguijón?" (Oseas 13:14, VNI).

La plaga de la muerte fue removida cuando Yeshua resucitó. Pues El fue resucitado como "Efraín," ¡El Primer Hombre Inmortal!

Esta resurrección fue predicha por David. Porque a través de él Yahveh anunció, "Yo también lo pondré por Primogénito" (Salmo 89:27). En hebreo, la palabra *Poner es natan*, que significa, establecer, poner, dar, hacer, levantar, dar a luz, ordenar, nominar. [276] Quizás el Padre escogió esta palabra porque Su Espíritu *levantó* a Yeshua en el tercer día, y lo *sacó de la tumba*, *nominándolo* como Primogénito— Aquel ordenado a quién se le entregaría las naciones.

En este papel, vemos a Yeshua como el "Primogénito Efraín," el Primogénito entre muchos hermanos. Y, El está llamando a todo Israel a Su "ekklesia del Primogénito," a Su convenio renovado del Reino de Israel (Hebreos 12:22-24).

Yeshua es el primogénito de *muchos,* porque, desde que El abrió las puertas de gloria, *muchos* lo han seguido como hermanos eternos, y así comparten en Su doble porción.

A través de estos dos papeles separados, Yeshua cumplió las promesas a ambos, Judá y Efraín: El Hijo unigénito es un cumplimiento de la bendición a Judá; el primogénito entre muchos hermanos es el cumplimiento de la bendición a Efraín.

---

[276] *Strong' BDBL,* # H 5414.

Efraín: The Maoz

En Hebreo, *maoz* (מעוז) significa, un lugar o significa seguridad, protección, refugio, fortaleza. [277] La Escritura nos dice, "*Dios* es mi [*maoz*] fortaleza" (2 Samuel 22:33). También, el Rey David dijo de Yahveh: "Tu eres mi [*maoz*] fortaleza" "Dios [Quién] es nuestro amparo y fortaleza, nuestro pronto auxilio en las tribulaciones." (Salmo 31:4; 46:1). Sin embargo, también se nos dice: "Dios ha hablado en su santuario....*Efraín* es la fortaleza [*maoz*] de mi cabeza" (Salmo 108:7-8, VKJ).

Yahveh, Yeshua, Efraín: Todos son *maoz*—la fortaleza siempre presente; el refugio siempre presente que es Salvación.

Cumplido En Yeshua

La bendición de Jacob es verdaderamente cumplida en el Mesías Yeshua. Porque "El Mismo es nuestra paz, quién de ambos grupos hizo uno." (Efesios 2:14). Yahveh planeó esto a través de Yeshua, "para crear en Sí mismo de los dos hombres un solo hombre nuevo, haciendo así la paz" (Efesios 2:15). En El, la barrera de la pared divisoria, la enemistad, entre Judío y Gentil (Efraín)—es terminada. (Efesios 2:14). Porque, es el deseo del Padre que haya paz manifestada en el Israel del Nuevo Pacto. Así, El no exaltó un pueblo sobre el otro. A pesar que a cada casa se le ha permitido jugar un papel especial —aun así, el heredero primario es Yeshua.

Jacob Sabía.....

Jacob no le dio su bendición preciosa a un mero mortal solamente. El sabía que un mero mortal no podía en sí mismo cumplir a cabalidad el llamado alto de "*Yisrael*." El

---

277 *BDBL* palabra # H4581.

sabía, que solamente podía ser cumplido cuando una persona se encuentra, forcejea con, se somete a y es transformada a la imagen del "Primogénito."

De nuevo, "Los profetas que profetizaron...han inquirido e investigado diligentemente, para conocer qué persona y qué tiempo indicaba el Espíritu de Cristo que estaba en ellos,...A ellos les fue revelado que, no para sí mismos sino para vosotros, administraban las cosas que ahora os han sido anunciadas por....el Espíritu Santo..."(1 Pedro 1:10-12).

Si, Jacob sabía. Cuando el alma y carácter de uno se conforma al de Yeshua, entonces uno se convierte en *Yisrael*.

Preservando Al Justo

Yeshua fue mandado a restaurar a los "preservados." Y, aquellos que se refugian en El "son para siempre preservados." Ellos son "los justos (quienes) heredarán la tierra (prometida) y morarán en ella para siempre" (Salmo 16:1; 37:28).

A cambio, estos preservados deben "guardar la justicia y mantener rectitud" (Isaías 56:1; Lucas 17:30-33; Juan 10:28-29). Están supuestos a orar unos por los otros para "ser preservados completos, sin culpa, a la venida de nuestro Señor el Mesías Yeshua." Deben ser, "Hombres justos perfeccionados" (1Tesalonicenses 5:23; Hebreos 12:23-24).

Yeshua La Semilla Imperecedera

Nuestro Padre juró acerca de Su Primogénito: "Mi pacto será firme para con El, estableceré su linaje para siempre." (Salmo 89:28-29).

En cumplimiento de esta promesa, Yeshua tiene miríadas de *semillas* que vivirán eternamente. Si es posible, El ha "dado nacimiento" a hijos por los cuales estuvo de parto—un parto doloroso, un parto difícil en el Arbol.[278] Fue un parto que daría a luz a una nueva creación. Fue una labor tan dolorosa que El "murió" de ella. El murió para que nacieran los hijos de justicia.

A través de la fe en Su sacrificio a nuestro favor, somos convertidos en hijos de Dios. Porque, "a todos los que le recibieron a los que creen en su nombre, les dio derecho de ser hechos hijos de Dios" (Juan 1:12).

Cuando uno cree en el Nombre de Yeshua, la "simiente de Yahveh permanece en el...porque ha nacido de Dios" (1 Juan 3:9). Como Hijos, hemos "nacido de nuevo, no de simiente corruptible sino de incorruptible, por medio de la palabra de Dios que vive y permanece" (1 Pedro 1:23).

Estos "renacidos" son los descendientes eternos prometidos al "Primogénito Israel." Son un pueblo que tienen la semilla imperecedera del Santo de Israel permaneciendo en ellos. Ellos son, "el Israel de Dios" (Gálatas 6:16).

Sin embargo, una vez nacido de nuevo, Yahveh quiere que sean hecho conforme a la imagen de Yeshua: "Sabemos que a los que antes conoció, también los predestinó para que fuesen hechos conformes a la imagen de su Hijo; a fin de que El sea el primogénito entre muchos hermanos" (Romanos 8:29).

La Porción Doble del Primogénito

Esto herederos comparten en la porción doble del Primogénito, la cual es dada por el Ungido de Yahveh. [279] Y, Yeshua declaró ser el Ungido cuando en la sinagoga, se paró, tomó el libro de Isaías y leyó:

"El Espíritu del Señor está sobre Mi, porque El me ungió para anunciar las buenas nuevas...para proclamar libertad a los cautivos....para poner en libertad a los oprimidos" (Lucas 4:17-21).

---

278 El Arbol es la Cruz. Vea Hechos 5:30, VKJ.
279 El "Ungido" habla del Mesías, del Rey de Yahveh.. *TWOT* # 1255.

Isaías dijo que el Mesías iba a "consolar los que están de duelo....para darles....aceite de regocijo....,manto de alabanza....ellos serían llamados.... plantío de Yahveh....En lugar de verguenza habrá doble porción....se regocijarán por su heredad....poseerán doble porción en su tierra, y su gozo será eterno" (Isaías 61:2-7).

Esta porción doble es reservada para todos aquellos que reciben las Buenas Nuevas del Mesías, para aquellos que lloran por sus pecados. Ellos son ungidos con el aceite del perdón de Yeshua. En lugar de verguenza, tienen una bendición o porción doble. Moisés dijo de la porción doble, "Mirad que Yahveh os ha dado el sábado, y por eso en el sexto día os da pan para dos días." (Exodo 16:29, NVI). Los hijos de Israel, teniendo una porción doble, descansaban en el Sabbath. Y, se nos dice que, "queda todavía.... un reposo sabático para el pueblo de Dios" (Hebreos 4:9).

Esta promesa es cumplida en que, aquellos quienes reciben al Mesías en sus corazones reciben en esta vida (sexto día), "el pan de vida" , y en Yeshua, tendrán vida (pan) en el mundo venidero. [280] Ellos descansaron en el Sabbath del Mesías. Ellos son herederos de Su porción doble.

La Congregación de los Primogénitos

Estos mismos hijos son llamados a "la asamblea general y *ekklesia* de los primogénitos que están inscritos en los cielos ....a Yeshua, el mediador del nuevo pacto" (Hebreos 12:22-24).

En este verso, la palabra griega traducida *primogénito* no se refiere al Mesías, puesto que es usada en el *plural*. Por esto, Jay P. Green, en *La Biblia Interlinear* lo traduce así: Hemos llegado a "la iglesia de *los* primogénitos" Y, la *Nueva Versión Internacional de la Biblia lo traduce*: "A la *ekklesia* del primogénito cuyos nombres están escritos en los cielos...."

---

280 Juan 6:35,48-51; 10:10; 20:31; 1 Cor 2:14

Estos primogénitos se han convertido en uno con el Primogénito—Yeshua el Mesías. Porque El es la "cabeza del cuerpo, la *ekklesia*; El es el principio y el primogénito de entre los muertos, para que en todo El sea preeminente" (Colosenses 1:18, NVI).

En Israel, Yeshua tiene supremacía primogénita y la porción doble. El es el Sumo Sacerdote y Rey de Reyes. Sólo El, cumple todos los requisitos para ser el heredero de Jacob.

Yeshua es ambos, Israel el Primogénito, y Efraín el Primogénito. Ambos títulos son de El, porque El es el epítome del Príncipe Predominante, Poderoso de Israel—El es el Unico capaz de reinar con Yahveh Elohim. Sólo El pudo haber pagado el precio. ¡Y qué pago fue el que hizo!

¡Bendito sea Su Nombre Justo Por Siempre!

24

Un Israel Todavía Por Venir

Al igual que el Rey David reinó sobre todo Israel, de la misma manera, un día no muy lejano, el Mesías Yeshua será un Rey muy evidente sobre todo Israel. "En aquel tiempo, 'declara Yahveh,' Yo seré el Dios de todas las familias de Israel, y ellos serán Mi pueblo" (Jeremíah 31:1).

Nuestro Padre declaró su intención de reunir a Sus dos familias escogidas en los últimos tiempos. "Así ha dicho Yahveh de los Ejércitos: Acontecerá en aquellos días que diez hombres de las naciones de todos los idiomas se asirán del manto de un judío y le dirán '¡Dejadnos ir con vosotros, porque hemos oído que Dios está con vosotros!'" (Jeremías 33:24; Zacarías 8:23).

Diez a uno. Estos números fueron usados cuando el Padre le dijo a Jeroboam: "Yo....a ti te daré diez tribus....pero a su hijo (de David) le daré una tribu" (1 Reyes 11:31,36). Efraín excedió a Judá en número de diez a uno: "Los hijos de Israel eran 300,000, y los hombres de Judá 30,000" (1 Samuel 11:8).

Cuando el Padre reúna completamente a ambas casas de Israel, "En aquellos tiempos la casa de Judá caminará con la casa de Israel, y vendrán juntas de la tierra del norte a la tierra que hice heredar a vuestros padres" (Jeremías 3:18).

Efraín y Judá vendrán juntas. Diez tomarán el manto de un judío, y el judío comenzará a "caminar con Israel." Los dos se alcanzarán uno al otro, y se unirán uno con el otro.

"Acontecerá en aquel día que las naciones buscarán a aquel que es la raíz de Isaí.... y acontecerá en aquel día que YAHVEH volverá a poner su mano por segunda vez para recobrar el remanente de Su pueblo....Y levantará bandera para las naciones, y juntará a los desterrados de Israel, y reunirá a los dispersos de Judá desde los cuatro extremos de la tierra" (Isaías 11:10-12). En aquel día glorioso, "en aquel tiempo, a Jerusalén le llamarán Trono de Yahveh" (Jeremías 3:17).

Nuestro Padre reunirá a Judá y a Israel.[281] Juntos, le llamarán a Jerusalén "el Trono de Yahveh." Los hermanos en otros tiempos divididos, se volverán uno al otro, y comenzarán a darse honra uno al otro por las cosas Santas que cada uno pudo llevar a cabo en esta Tierra (Romanos 13:7).

Un Efraín Tembloroso Todavía Será Reunido

Ya hemos comenzado a ver el milagro que es la reunión de Judá. Pero, todavía no hemos visto el cumplimiento del glorioso plan del Padre de reunir al dispersado Efraín: "¿Cómo he de dejarte oh Efraín? ¿Cómo he de entregarte, O Israel? ....Toda Mi compasión se inflama....no volveré a destruír a Efraín....Caminarán en pos de Yahveh, El rugirá como león; sí rugirá como león, y Sus hijos acudirán temblando del occidente" (Oseas 11:8-10).

Mientras esté en el Oeste, Efraín será "instruído." Allí, él llegará a un completo "arrepentimiento." Allí, él comenzará a "ver" (Jeremías 31:18-19). Y el ver lo hará "temblar." Y finalmente, el Padre "silbará" por él. (Zacarías 10:8).

---

281 En su pié de página de Jeremías 3:18 la NVI de Estudio de la Biblia,, Zondervan, 1995, dice: "En la era Mesiánica el pueblo dividido de Dios será de nuevo unido (vea e.g., Isa 11:12; Eze 37:15-23; Oseas 1:11)," p 1119.

Efraín comenzará a entender lo impresionante del Dios a Quién él sirve. El temblará a la gloria de Su plan para Su pueblo restaurado. Entonces, Efraín se convertirá en "una vasija adecuada para uso honorable" (Oseas 8:8; Romanos 9:21-23). Por fin, él estará listo para caminar en las huellas de su padre José; porque Efraín también se convertirá en una fuente de protección y provisión para su familia.

¿De Donde Vienen Todos Estos?

Isaías habla enigmáticamente de la reunión entrante de Israel. El dice a esos que son obediente al Santo:
"¡Gritad de júbilo, oh cielos! ¡Regocíjate, oh tierra! ¡Prorumpid en cántico, oh montes! Porque Yahveh ha consolado a su pueblo y de sus afligidos tendrá misericordia" (Isaías 49:14).

En respuesta a la tribulación de Sion en los últimos tiempos (Judá) dice, "El SEÑOR me ha abandonado; y *Adonai* (מאדני)[282] se ha olvidado de mi."

A cuál queja el Padre responde:

"¿Acaso se olvidará la mujer de su bebé, y dejará de compadecerse del hijo de su vientre? Aunque ellas se olviden, yo no me olvidaré de ti. 'He aquí que en las palmas de mis manos te tengo grabada; tus murallas están siempre delante de mí. Tus edificadores vendrán aprisa, y tus destructores y desoladores se irán de ti.'"

"'Alza tus ojos alrededor y mira: Todos éstos se han reunido y han venido a ti. ¡Vivo yo, 'declara Yahveh, que con todos ellos te vestirás como si fueran joyas! ¡Y con ellos te adornarás como una novia! En cuanto a tus ruinas, tu desolación y tu tierra destruida —ciertamente ahora serás demasiado estrecha para los habitantes; y tus destructores estarán lejos'.

---

282 *Strong* #136. Forma de H113; (usado como nombre propio de Dios). *Mi Señor*, especialmente usado por la casa de Judá para hablar del Todopoderoso.

'Aun los hijos (la Sion antigua gloriosa que una vez fue la capital de todo Israel) de los cuales fuiste privada (los esparcidos de Israel) te dirán a los oídos: 'Este lugar es demasiado estrecho para mí; dame espacio para habitar.'"

"Entonces dirás en tu corazón [Judá], 'Quién me dio a luz a éstos? Porque yo estuve sola y estéril, desterrada y apartada. He aquí que yo fui dejada sola: ¿de dónde, pues, han venido éstos? ¿Quién los crió?

A lo cuál el Padre responde:

"He aquí, Yo alzaré mi mano hacia las naciones, y levantaré mi bandera a los pueblos. Ellos traerán en su seno a tus hijos, y tus hijas serán traídas en hombros...." (Isaías 49:13-23).

Sí, Efraín regresará a su tierra natal, y él felizmente traerá a los de Judá con él.

Las Dos Varas

El Padre habla de unificar las dos familias a través de la unión de las "dos varas" que las representan. Hablando de ese día, el Santo le dice a Ezequiel:

"Tú, oh hijo de hombre, toma una vara y escribe sobre ella: 'Para Judá y los hijos de Israel, sus compañeros.' Toma después otra vara y escribe sobre ella: 'Para José (vara de Efraín) y toda la casa de Israel, sus compañeros.' Luego únelas, la una con la otra, para que sean una sola; y serán una sola en tu mano."

"Y cuando los hijos de tu pueblo te pregunten: '¿No nos enseñarás qué significan para ti estas cosas?' les dirás que así ha dicho el SEÑOR Dios, 'He aquí, yo tomo la vara de José (que está en la mano de Efraín) y las tribus de Israel, sus compañeros, y la pondré junto con la vara de Judá. Los haré una sola vara, y serán una sola en mi mano....' 'He aquí yo tomaré a los hijos de Israel de entre las naciones a las cuales fueron; y los traeré a su propia tierra. Haré de ellos una sola nación en la tierra, en los montes de Israel, y todos ellos tendrán un solo rey. Nunca más serán divididos en dos reinos.'"

"No se volverán a contaminar con sus ídolos, ni con sus cosas detestables, ni con ninguna de sus transgresiones.....Y ellos serán Mi pueblo, y Yo seré Su Dios....habrá un solo pastor para todos ellos.... y Yo....pondré Mi Tabernáculo en medio de ellos para siempre" (Ezequiel 37:16-27).

Un Ejército Invencible

Cuando Efraín y Judá sean unidos en Yahveh Elohim, cuando su reunión sea totalmente manifestada, se convertirán en un ejército invencible —un ejército poderoso, príncipes prevalecientes, capaces de pelear las batallas del Dios de Israel.

La *Biblia Ampliada* dice de este ejército futuro: "Pero [con fuerzas unidas] Efraín y Judá se abalanzarán sobre el hombro de la tierra de los Filisteos, inclinándose hacia el oeste; y conjuntamente desnudarán a los pueblos del este (los Arabes). Colocarán su mano sobre Edom y Moab, y los Amonitas les obedecerán" (Isaías 11:14).

De ese día, Yahveh dice:

"Pues he preparado a Judá como mi arco; lo he cargado con Efraín como flecha. ....Entonces Yahveh será visto sobre ellos...y Yahveh tocará la trompeta....*Yahveh Tsavaot* los defenderá....y Yahveh su Dios los salvará; como a rebaño pastoreará a Su pueblo; serán sobre su tierra como piedras preciosas de una diadema.....Porque Yahveh de los Ejércitos ha visitado a su rebaño, a la casa de Judá, y los convertirá en su corcel de honor en la batalla,....y serán como los valientes que en la batalla pisotean al enemigo en el lodo de la calle. Combatirán, porque Yahveh estará con ellos, y los que montan a caballo serán avergonzados."

"Porque Yo fortaleceré la casa de Judá y libraré la casa de José....Efraín será como un héroe, y el corazón de ellos se alegrará como por el vino. Sus hijos también lo verán y se alegrarán; su corazón se alegrará en Yahveh."

"Les llamaré con un silbido y los reuniré, porque los he redimido; y serán tan numerosos como lo fueron antes...Aun en la lejanía se acordarán de Mí; criarán a sus hijos y regresarán. Porque los haré volver de la tierra de Egipto, y los recogeré de Asiria. Los traeré a la tierra de Galaad y al Líbano, y no les bastará" (Zacarías 9:13-10:10).

Sí, "Los hijos de Judá y de Israel serán congregados en uno." Su reunión será gloriosa, "porque grande es el día de *Jezreel*" (Oseas 1:11)

Un Día De Santidad

Gran y santo será el día cuando el Padre reuna completamente a Su pueblo escogido. Será un "día santo" porque el Santo ha jurado: "Pero a espada morirán todos los pecadores de mi pueblo que dicen: 'no se acercará ni nos alcanzará el desastre'" (Amós 9:10). "En aquel día sucederá que eliminaré de la tierra los nombres de los ídolos, y nunca más vendrán a la memoria,' dice Yahveh de los Ejércitos 'y eliminaré de la tierra, tanto a los profetas, como al espíritu de impureza'" (Zacarías 13:2). Sí, el Todopoderoso ha declarado, "porque entonces quitaré de en medio de ti a los que se alegran en su soberbia. Y nunca más te ensoberbecerás en el monte de mi santidad. En medio de ti dejaré un pueblo humilde y pobre, el cual se refugiará en el nombre de Yahveh. El remanente de Israel no hará iniquidad ni dirá mentira, ni habrá lengua engañosa en boca de ellos" (Sofonías 3:11-13).

El Padre todavía hará Su voluntad. El tendrá una Casa de Israel unida y obediente.

El tendrá una Casa de Israel que lo ama, que ama a Su pueblo, y a Su Mesías.

La Respuesta A La Pregunta

Un día no lejano, el cielo se partirá y un Mesías Yeshua glorioso será revelado. Sentado en un caballo blanco, el Príncipe, *Quién es Yisrael, estará sentado en alto* en su silla de montar.

En ese día, Yeshua estará vestido de una túnica sumergida en sangre y escrito sobre Su muslo un título: *Rey de Reyes y Señor de Señores.* El tendrá un cetro en su mano—éste siendo de dos varas que han sido hechas una en Su mano.

En ese momento, el mundo entero contemplará Su gloria. Entonces, El se aproximará de Su lugar hacia la Tierra. Y en aquel instante, todos los que son de El serán cambiados. Los mortales que lo aman serán cambiados instantáneamente en inmortales. En un abrir y cerrar de ojos, un pueblo redimido se encontrará súbitamente sentado en caballos blancos. Porque han sido alistados para servir a su Maestro eternamente—están listos para regresar y reinar con su Rey. Y en aquel momento impresionante, para siempre y eternamente, la pregunta de *Quién es Israel* será contestada.

Que por Su gracia, nosotros seamos parte de Su respuesta.

Terminado

*Luz del Mundo,
Ayúdanos a ir y ser luz a otros...*

Mapas Y Gráficas

Las Diferentes Dispersiones Y Tiempos de Efraín Y Judá

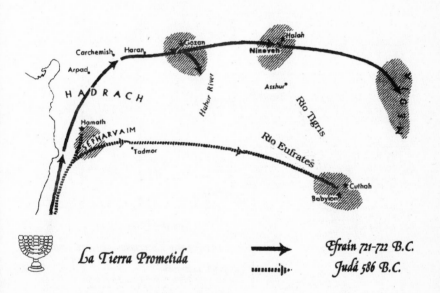

La Tierra Prometida

Efraín 721-722 B.C.
Judá 586 B.C.

Para compreder a Israel, debemos ver que Efraín y Judá fueron dispersados en diferentes tiempos, y que fueron llevados a diferentes lugares.

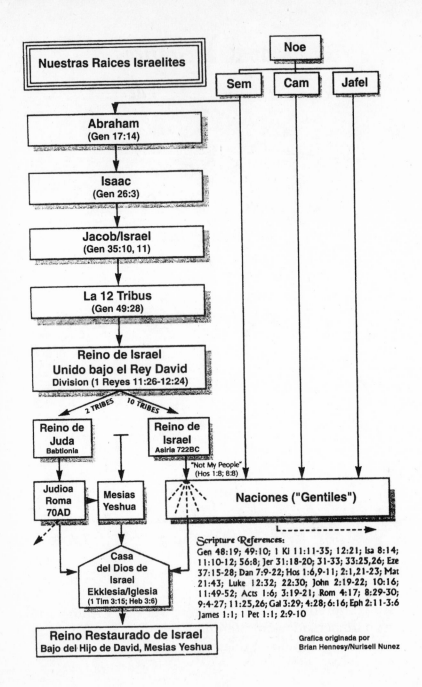

Nuestras Raices Israelites

Noe

Sem **Cam** **Jafel**

Abraham
(Gen 17:14)

Isaac
(Gen 26:3)

Jacob/Israel
(Gen 35:10, 11)

La 12 Tribus
(Gen 49:28)

Reino de Israel
Unido bajo el Rey David
Division (1 Reyes 11:26-12:24)

2 TRIBES   10 TRIBES

Reino de Juda
Babtlonia

Reino de Israel
Asiria 722BC

"Not My People"
(Hos 1:8; 8:8)

Judioa Roma 70AD

Mesias Yeshua

Naciones ("Gentiles")

Scripture References:
Gen 48:19; 49:10; 1 KJ 11:11-35; 12:21; Isa 8:14; 11:10-12; 56:8; Jer 31:18-20; 31-33; 33:25,26; Eze 37:15-28; Dan 7:9-22; Hos 1:6,9-11; 2:1,21-23; Mat 21:43; Luke 12:32; 22:30; John 2:19-22; 10:16; 11:49-52; Acts 1:6; 3:19-21; Rom 4:17; 8:29-30; 9:4-27; 11:25,26; Gal 3:29; 4:28; 6:16; Eph 2:11-3:6 James 1:1; 1 Pet 1:1; 2:9-10

Casa del Dios de Israel
Ekklesia/Iglesia
(1 Tim 3:15; Heb 3:6)

Reino Restaurado de Israel
Bajo del Hijo de David, Mesias Yeshua

Grafica originada por
Brian Hennesy/Nurisell Nunez

-236-

Hay Dos Ramas Principales En El Arbol de Olivo de Israel: Efrain y Judá

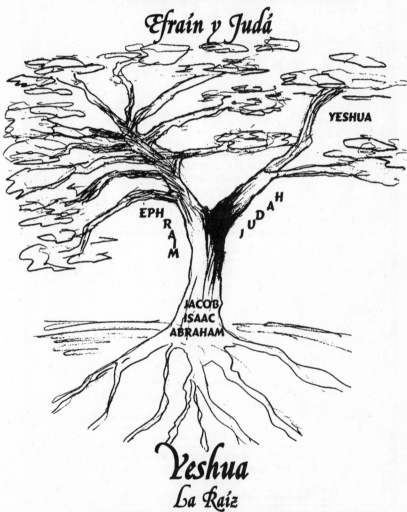

Yeshua
La Raíz

Cuando el Padre por primera vez llamó a "Israel"un "árbol de olivo."
El específicamente dijo que El le hablaba a:
"La casa de Israel y la casa de Judá (Jeremías11:10).
Yeshua dijo, "Yo soy la *raíz* y el *linaje* de David" (Apocalipsis 22:16).

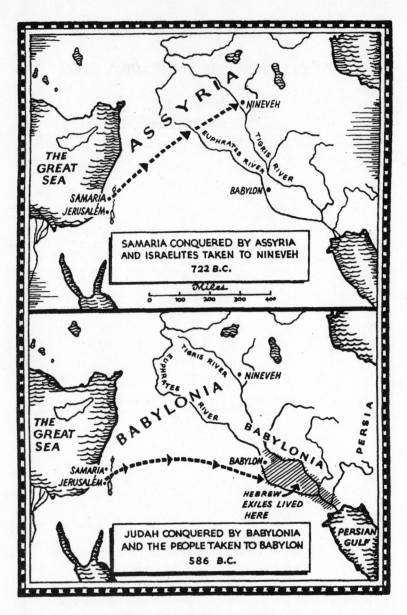

From *A Map Book For Bible Students* by Frederick L. Fay, pg 18, Old Tappan, NJ: Fleming H. Revell, 1966. Used by permission.

Israel en Progreso
Una Comprensión de las Dos Casas de Israel

- A Abraham le fue prometido miríadas de descendientes físicos:
  Gén 12:3; 15:1-6; 17:1-6; Rom 4:19-22.

- Abraham, Isaac and Jacob son co-herederos:
  Gén 26:3; 28:4; 1 Crón. 16:16-17; Heb 11:9,39-40.

- Las multitudinarias bendiciones de Abraham les fueron dadas a Isaac, a Jacob, a José, y después a Efraín:
  Gén 12:3; 15:5; 17:4; 26:4; 24:24,60; 28:3,14; 32:12; 48:4,16,19.

- Efraín fue el primogénito heredero de Jacob:
  Deut 21:17; Gén 48:1-22; 1 Cró 5:1-2; Ezeq 37:19.

- La semilla de Efraín se volvería un *melo hagoyim*, una plenitud de Gentiles:
  Gén 48:19; Rom 11:25; Isa 8:14 (*melo*. vea Salmo 24:1).

- Israel fue dividida en dos casas: Israel (Efraín) y Judá:
  1 Reyes 11:11-13,26,31-35; 12:15,24; 2 Cró 11:4; Isa 8:14.

- Más adelante, Efraín fue llevado a la cautividad en Asiria, y Judá a Babilonia:
  2 Reyes 17:6,24; 1 Cró 5:26; Ezeq 1:1; 1 Reyes 14:15.

- Efraín se volvió *LoAmmi*—No Un Pueblo y fue tragado por todas las naciones. Así, perdieron contacto con su identidad israelita:
  Oseas 1:10; 2:1,21-23; 8:8; Rom 9:23; Amós 9:9.

- Israel siempre escogida para escoger: deben escoger a seguir, o no seguir, al Santo de Israel: Deut 28:1-68; 30:19; Josué 24:15.

- Existe un llamado eterno sobre todos los descendientes de Israel, el hecho de su herencia biológica no puede ser cambiado basado en la fe de una persona (o la falta de ella): Deut 4:37; 7:6-8; 10:15; Exo 19:4-6; Jer 31:37; 33:25-26; Rom 11:28-29.

- A pesar que fueron esparcidos, al igual que Judá, los efrateos continuan siendo israelitas físicos: Jer 31:20; 2 Reyes 17:23; Zac 11:14; Dan 9:7; 1 Cró 5:26; Ef 2:17. Oseas 5:3; 8:8; Amós 9:9; Deut 28:64.

- Efraín ha "perdido" su, o es ignorante de su herencia israelita: Oseas 1-2; 4:1,6: Jer 31:18-19.

- Sobre el sacrificio de Esdras por "todo" Israel, "todo" define a los que allí se encontraban presente, y no sirve para probar que todos los israelitas biológicos estaban presentes: Esdras 8:25; 1 Reyes 12:20.

- El Israel reunido será puro, y no será desarraigado de la Tierra, y Yeshua reinará sobre ellos:: Isa 11:11-14; Jer 3:14-18; 16:11-16; 50:4-5,20; Zac 8:3,7,13; 9:13; 10:7,8,10; Oseas 11:10; Abdías 1:18; 1 Sam 17:45; Ezeq 37:22-26; Isa 27:9.

- Efraín y Judá son las dos familias escogidas de Yahveh: Jer 33:23-26; Ezeq 35:10; 37:22; Isa 8:14; Zac 2:12; 1 Pedro 1:1; 2:9.

- El pueblo escogido de Israel son los testigos de Yahveh: Isa 43:8-13; 44:8; Núm 35:30; Deut 17:6; 19:15; Juan 8:17; 10:35; 2 Cor 13:1.

- Yahveh dividió Sus testigos en dos casas: 2 Cró 11:4; Isa 43:10; Núm 35:30; Deut 17:6; 19:15; Juan 8:17; 2 Cor 13:1; Núm 13:2,6,8; Apoc 11:3,4; 1:20 Zac 4:11,14.

- El Mesías Yeshua es también llamado Israel: Isa 49:1-6; 42:6-7; 9:2; Mat 1:18-,21; 2:15; 4:14-16; Apoc 2:16; Ezeq 34:10; Juan 10:11; Lucas 2:32.

- Yeshua hizo Su Nuevo Pacto con los hijos de Israel: Jer 31:31-33; Lucas 22:20; Heb 8:6-12; 1 Cor 5:7.

- Yeshua tiene un rebaño, y El es uno con el Padre. Juntos, tienen un pueblo: Juan 10:16,27-30; 17:11,20-21; Mat 2:6; 15:24; 1 Juan 5:8; Ezeq 34.

- En el antiguo Israel, los extranjeros se podían unir a ellos observando la circuncisión, la Pascua, y la estadía, después eran considerados como naturales de la Tierra: Lev 19:34; Núm 9:14; 15:15,16; Deut 18:15-19; Isa 56:3,6-8; Ezeq 47:23.

- Las tres reglas de ciudadanía fueron continuadas en el Nuevo Pacto y son, 1) circuncisión del corazón, 2) la Pascua de Pan y Vino de Yeshua, 3) vivir en armonía con los otros de Su Reino: Mat 21:43; Lucas 12:32; 22:30; Dan 7:9-22; Hechos 1:6; 1 Pedro 1:1; 2:9; Heb 7:12; Juan 1:29; 1 Cor 5:7; Apoc 3:20; Jer 4:4; Heb 7:27; 9:12; 10:10; Hechos 15:21; Jer 31:33; Ef 2:12-19.

- En el Nuevo Pacto, los Creyentes no judíos ya "no son considerados *gentiles*" No son vistos como *paganos*, sino como israelitas. Ef 2:11-22.Mat 18:17; 5:47; 6:7; 2 Cor 6:17; 1 Tes 4:5; 1 Pedro 2:12.

- La *iglesia/ekklesia* en el desierto, no se puede separar de Israel," como es a menudo enseñado: Hechos 7:38; Hebreos 4:2.

- Los Creyentes pertenecen a la *ekklesia* del primogénito de Yeshua: Heb 12:22-23.

- La palabra "adopción" es usada cinco veces en la Escritura. Y, habla de los Creyentes cuando se convierten en hijos de Dios. Todos los que serían Sus hijos—Judío o no Judío —deben recibir el espíritu de adopción: Rom 8:15,16,23; 9:4; Gál 4:5; Ef 1:5.

- Los verdaderos adoradores deben adorar en espíritu y verdad. Por tanto, todo israelita físico son llamados a ser espirituales.: Juan 4:23.

- El árbol de olivo de Israel tiene dos ramas mayores, Efraín y Judá; la Raíz del árbol es Yeshua: Jer 11:10,16; 2:18,21; Rom 11:25; Isa 8:13-14; Apoc 22:16.

- Los Creyentes en el Mesías no deben ser arrogantes hacia las ramas judías que fueron desgajadas por incredulidad. A lo contrario, de una manera positiva, los Creyentes deben provocarles a celo, para que sean injertados de nuevo: Abdías 1:12; Joel 2:32-3:1; Lucas 13:1-5; Rom 11:11,18-21.

- Efraín tiene celos de Judá, y Judá hostiliza a Efraín: Isa 11:13.

- Efraín se arrepiente de los pecados de su juventud cuando es instruído: Jer 31:18,19.

- Efraín es llamado a ser un centinela: Oseas 9:8; Jer 31:6; 30:24; Isa 48:6; Hab 2:1.

- Efraín es llamado a regresar en justicia: Jer 31:21; Ezeq 37:23.

- El primer ejemplo de dos testigos que dieron un buen reporte sobre el Dios de Israel fueron Caleb y Josué —un judío y un efrateo: Núm 13:2,6,8.

- Yeshua le da a Sus dos testigos el poder de profetizar, y los describe como dos árboles de olivo: Apoc 11:3,4.

- Los dos testigos de Yeshua son llamados "dos candelabros." Candelabros son... *ekklesias*, asambleas, congregaciones:Apoc 1:20; 11:3,4; 16:3-4.

- Zacarías dice que los dos árboles de olivo son ungidos para servir al Señor de toda la tierra: Zac 4:11,14.

- Yahveh está llamando a dos congregaciones de pueblos —Judá y Efraín—y está uniendo estas dos varas (árboles) en Su mano: Ezeq 37:15-28.

- Nuestro Padre declaró un plan a seguir, para reunir las dos casas, en los últimos días:
  Zac 8:23; Jer 3:17-18; Daniel 7:27; Oseas 11:8-10; Amós 9:11; Lucas 12:32; Rom 11.

- Judá creerá en el Mesías cuando vea a Efraín correctamente representanto tanto al Mesías como a la Torá del Padre. Al igual que Judá ha sido cegado al Mesías, y Efraín ha sido cegado a la verdad de la Torá, así ambos tiene que comenzar a ver. Será entonces la "rama salvaje que es Efraín" la que tiene que ayudar para que esto suceda.: Mat 23:37-39; Rom 11; Isa 8:14

- Cuando Efraín y Judá son reunidos en Yahveh Elohim, y su reunión es completamente manifestada, se convertirán en un ejército invencible—uno poderoso para luchar las batallas del Dios de Israel: Isa 11:14; Zac 9:13-10:10; 13:2; Oseas 1:11; Amós 9:10; Sof 3:11-13.

- *Shema Yisrael... Escucha y obedece O Israel.*
  Gén 49:2; Deut 6:4; Oseas 5:1; Ezeq 36:1.

¿Quién es Israel?

La Esperanza del Israel Mesiánico

El Israel Mesiánico cree que Yeshua Ha'Natzaret (Jesús de Nazaret), fue y es el verdadero Mesías, el Leon de Judá, la Rama quién totalmente reunirá a todo Israel; que El murió y resucitó de entre los muertos y vive a la mano derecha del Todopoderoso; y que de acuerdo con la Sagrada Escritura, Yeshua es Yahveh Elohim aparecido en la carne, como Yeshua mismo demostró (Deut 18:18-19; Juan 8:58; 10:33; Mat 12:6-8; 9:35; 15:31; Isa 11; 53; Miqucas 5:2-4; Lucas 24:46; Isa 8:14; Juan 2:22; Hechos 3:15-17; Heb 13:20; 1 Juan 4:2; 2 Juan 1:7; Apoc 5:5; Juan 1:1).

El Israel Mesiánico cree que somos justificados en el Mesías Yeshua (El es el corazón del pacto incondicional de Abraham). La señal del Nuevo Pacto es la circumcisión del corazón, la cual nos lleva a confesión, salvación, fe, gracia, y buenas obras en el Mesías. El Pacto condicional Mosaico presenta las eternas verdades de la Torá (las bendiciones y enseñanzas de Dios) a su pueblo, escucharlas trae como consecuencia las bendiciones o maldiciones (responder trae bendición, desobedecer trae pérdida). En el Nuevo Pacto, la Ley del Nuevo Pacto en Yeshua, es escrita en nuestros corazoner por el Espíritu (Rom 4:13-16; 5:2; 10:10; 1 Pedro 1:19; 2 Cor 5:21; Gál 3:16,29; Tito 3:5; Heb 10:38; 1 Juan 1:9; Ef 2:8; Santiago 2:14; Deut 28; Ezeq 36:26; Jer 31:31-33; Heb 10:16; Gál 2:16; Juan 5:46; 10;30; 14:2; 15:10).

El Israel Mesiánico desea en su corazón reunir en su totalidad al Arbol de olivo de Israel—ambas ramas— Efraín y Judá—en una sola nación redimida de Israel—a través del Mesías Yeshua. Ellos buscan levantar a Efraín del olvido, y con su ejemplo, despertar a Judá a la realidad del Mesías—y así apresurar tanto el regreso de Yeshua a la tierra, como la restauración del Reino a Israel (Mat 6:10; 12:25; 21:43; 24:43; Lucas 22:29-30; Marcos 13:34; Lucas 22:29-30; 2 Cró 11:4; Ezeq 37:15-28; Jer 11:10,16; 2:18,21; Rom 11:17,24; Ef 2:11-22; Hechos 1:6).

El Israel Mesiánico considera al pueblo judío como los representantes identificables y descendencia de Judá "los hijos de Israel, sus compañeros," y los no-judíos seguidores del Mesías de todas las naciones han sido, hasta ahora, los representantes no identificados y descendencia de Efraín y "toda la casa de Israel, sus compañeros" (Gén 48:19; Oseas 1-2; 5:3; Eze 37:16; Jer 31:6-9; Gén 15:2-5; 26:3; 28:4; Heb 11:9; Isa 56:3,6-8; Ef 2:11-22).

El Israel Mesiánico afirma que el pueblo judío ha sido mantenido identificable como semilla del patriarca Jacob, el pueblo del Pacto de Yahveh, para preservar Su Santa Torá (Ley), Fiestas, y Shabbat (Sábado); que la salvación del pueblo judío con su aceptación del Mesías Yeshua, será el acto que coronará la redención final de la humanidad, y es necesario para la restauración del Reino a Israel. Además, el Padre planea que Efraín, ellos siendo "las ramas de olivo silvestre," estimulen a Judá a querer tener lo que ellos poseen; son llamados a caminar de tal manera, que hará a Judá celoso de su relación con el Dios de Israel (Gén 48:19; Isa 11:13; 37:31,32; Zac 2:12; Ezeq 37:15-28; Oseas 1:7; Rom 10:19; 11:11,14; Mat 23:39).

El Israel Mesiánico cree que los no judíos seguidores de Yeshua son predominantemente de la descendencia de Efraín que ha regresado, aquellos que estaban entre los Gentiles como "LoAmmi," "No Un pueblo," pero que ahora han sido restaurados a la ciudadanía de Israel a través del pacto con el Mesías de Israel; que ya no son más gentiles, así cumpliendo la promesa de restauración a los desarraigados de Efraín, y la profecía de Jacob que Efraín se volvería el "melo hagoyim," "la plenitud de los gentiles." Por ser Efraín, han sido preservados en misterio, hasta recientemente, y usados para mantener el testimonio de Yeshua, el Mesías de Israel. Su despertar, reconocimiento, y actuación como Efraín, y su unión con Judá es de necesidad para la salvación de "todo" Israel, y la restauración del Reino a Israel (Gén 48:19; Oseas 1:9-10; 5:3; 8:8; Amós 9:9; Jer 31:18-19; Zac 10:7; Rom 9:24-26; 11:26; Ef 2:11-22).

El Israel Mesiánico declara que los Creyentes en Yeshua no han reemplazado a Judá como Israel; y por ser Efraín, son parte de los llamados (*ekklesia*), y que en los útimos días, el Padre los dirige, lo más Escrituralmente posible, a unirse con Judá; que Judá (judíos fieles que recibirán al Mesías) y Efraín (fieles seguidores no judíos del Mesías) finalmente cumplirán el destino de las dos casas de Israel; para que juntos puedan cumplir las profecías del unificado y victorioso pueblo de Israel (Jer 31:9; Rom 8:29; Col 1:15,18; 2:12; Heb 12:22-24; Lev 23:2-36; Exo 19:5; 1 Pedro 1:1; 2:9; Jer 3:18; 23:6; Zac 8:13; 12:1-5; Mat 25:31-46; Exo 12:48-49; Núm 15:15-16; Isa 56:3,6-8).

El Israel Mesiánico mantiene que hasta este tiempo en general, una "ceguera parcial" ha acontecido a (ambas casas) de Israel, y al quitarse la venda, los seguidores no judíos en Yeshua ganarán entendimiento sobre su destino como Efraín, y se convertirán en defensores de la Torá Escritural y de Judá, y por este cambio de carácter, muchos judíos aceptarán a Yeshua como Mesías. Este proceso ya ha comenzado como es indicado por el Movimiento Mesiánico (Judá), y el Movimiento Cristiano Sionista (Efraín), y el Movimiento del Israel Mesiánico (unión de Judá y Efraín)) (Isa 8:14; 11:13; Rom 11:25,26; Jer 33:14-16; 31:18-19; Ezeq 37:15-28).

La reunión y completa restauración de las dos casas:
Esta es la esperanza que quema en el corazón del Israel Mesiánico.....

© *2001 House of David, PO Box 700217, Saint Cloud, FL 34770*
www.mim.net

Abreviatcones Y Bibliografía

Abreviaciones:
ArtScroll: *Serie del ArtScroll Tanach*
BDBL: *El Nuevo Brown-Driver-Briggs-Gesenius*
Lexicon Hebreo-Arameo
NVI: *Nueva Versión Internacional de la Biblia*
NVI: *Nueva Versión Internacional Biblia de Estudio:*
Strong: *Strong Concordancia Exhaustiva*
TAB: *La Biblia Ampliada*
TWOT: *Libro de Palabras Teólogicas del Antiguo Testamento.*
TNKH: *Tanakh, Las Sagradas Escrituras*

Lo siguiente es un listado de los escritos usados para hacer este libro:.

Adler, Mortimer J. *Diez Errores Filosóficos.* New York: Macmillian, 1997.
Aharoni, Yohanan; Michael Avi-Yonah. *Atlas de la Biblia Macmillan.* New York: Macmillan, 1977.
Barraclough, Geoffrey. *Atlas de Tiempos de Historia Mundial.* Maplewood New Jersey: Hammond, 1979.
Beitzel, Barry J. *Atlas de Tierras Bíblicas por Moody* Chicago: Moody, 1985.
Bromiley, G.W, *Enciclopedia Bíblica Estándar Internacional 4 Vols.* Grand Rapids: Eerdman's, 1979.
Brown, Frances. *El Nuevo Lexicon Brown-Driver-Briggs-Gesenius Hebreo- Arameo.* Peabody, MA: Hendrickson, 1979.
Atlas de Cartas Históricas de Israel. Jerusalén: Carta, 1983.
Cohen, A. *Isaías.* London: Soncino, 1987.
_____ *Los Doce Profetas.* London: Soncino, 1980.
DeHaan, M. R. *La Química de la Sangre.* Grand Rapids: Zondervan, 1971, 1989.

Derk, Frances H. *Los Nombres de Cristo*. Minneapolis: Bethany.

Edersheim, Alfred. *La Vida y Tiempos de Jesús el Mesías*. Grand Rapids: Eerdman's, 1979.

Enciclopedia Judaica, 16 Vols. Jerusalén: Keter, 1972.

Elwell, Walter A., ed. *El Diccionario de Teológica Evangélica*. Grand Rapids. Baker, 1984.

Even-Shushan, Avraham. *Nueva Concordancia del Tanach*. Jerusalén: Sivan, 1983.

Fay, Frededrick L. *Un Libro de Mapas Para Estudiantes de la Biblia*. Old Tappan, NJ: Revell, 1966.

Gilbert, Martin. *Atlas de la Historia Judía*. New York: William Morrow, 1993.

_____ *Israel: Una Historia*. New York: William Morrow, 1998.

Gesenius *Hebreo-Caldeo Lexicon del Antiguo Testamento*. Grand Rapids. Baker, 1979.

Green, Jay P. *La Biblia Interlinear*, Hebrew, Greek, English. Grand Rapids: Baker, 1979.

Harris, R. Laird, Gleason L. Archer Jr., y Bruce K. Waltke, *Libro de Palabras Teológicas del Antiguo Testamento 2 Vols*. Chicago: Moody, 1981.

Hatch, Edwin, y Henry A. Redpath. *Hatch y Redpath Concordancia de la Septuaginta, 2 Vols*. Grand Rapids: Baker, 1983.

Holladay, William L. Editor. *Lexicon Conciso Hebreo y Arameo del Antiguo Testamento*. Grand Rapids: Eerdman's, 1971.

Heraldo de la Casa de David. Saint Cloud, FL: 1982-2000.

Diccionario para Traductores, 5 Vols. Nashville: Abingdon, 1962.

Jahn, Herb. *El Nuevo Pacto en Arameo*. Orange, CA: Exegeses, 1996.

Jenkins, Simon. Libro de Mapas de la Biblia . Herts, England: Lion, 1985.

Knapp, Christopher. *Los Reyes de Judá e Israel*. Neptune NJ: Loizeaux, 1983.

Lamsa, George M. *La Santa Biblia de Antiguos Manuscritos Orientales*. Nashville: Holman, 1968, 1984.

Leil, C.F.; F. Delitzsch. *Comentario del Antiguo Testamento en Diez Volúmenes*. Grand Rapids: Eerdman's, 1981.

Lindsey, Robert. *Jesus, Rabino y Señor*. Oak Creek, WI: Cornerstone, 1990.

Miller, Madeline S., y J. Lane. *Nuevo Diccionario Bíblico de Harpers*. New York: Harper & Row, 1973.

Mordecai, Victor. *¿Es el Islam Fanático una Amenaza Mundial?* Jerusalén: 1996.

La Nueva Enciclopedia Británica, 29 Vols. Chicago: Enciclopedia Británica, 1985.

La Nueva Biblia en Inglés Con Apócrifa. Oxford, England: Oxford University Press, 1970.

La Nueva Versión Internacional de Estudio de la Biblia. Grand Rapids: Zondervan, 1985.

_____ Grand Rapids: Zondervan, 1995.

Newsome, James D. Jr., ed. *Una Armonía Sinóptica de Samuel, Reyes y Crónicas*. Grand Rapids: Baker, 1986.

Pearl, Chaim, ed. *La Enciclopedia de Vida y Pensamiento Judío* Jerusalén: Carta, 1966.

Pfeiffer, Charles F., Howard F. Vos, y John Rea, eds. *Wycliffe Enciclopedia* Bíblica. Chicago: Moody, 1983.

Richards, Lawerence O. *Diccionario Expositorio de Palabras de la Biblia*. Grand Rapids: Zondervan, 1985.

Scherman, Nosson, y Meir Zlotowitz, eds. *Génesis. Serie ArtScroll Tanach*. Brooklyn: Mesorah, 1987.

Smith, William, L.L.D. *Diccionario Bíblico de Smith*. Peabody, MA: Hendrickson, 1997.

Strong, James. *La Nueva Concordancia Exaustiva de Strong*. Nashville: Thomas Nelson, 1984.

Stern, David H. *Comentario Judío del Nuevo Testamento*. Clarksville, MD: Jewish New Testament, 1995.

TenBoom, Corrie. *El Escondite*. Chosen Books.

Tenny, Merrill, ed. *Zondervan Enciclopedia Pictórica de la Biblia, 5 Vols*. Grand Rapids: Zondervan, 1976.

Tessler, Gordon S. *La Dieta de Génesis* . Raleigh, NC: Se Sano Well, 1996.

Thayer, Joseph Henry. *Lexicon Thayer's Griego-Inglés del Nuevo Testamento*. Grand Rapids: Baker, 1983.

Thomas, Winton, ed. *Documentos de los Tiempos del Antiguo Testamento*. New York: Harper & Row, 1961.

Turner, Nigel *Palabras Cristianas Words*. Nashville: Thomas Nelson, 1981.

Unger, Merrill F. *Diccionario Bíblico de Unger.* Chicago: Moody, 1974.

Vaughn, Curtis, ed. *26 Traducciones de la Santa Biblia.* Atlanta: Mathis, 1985.

Vincent, Marvin R. *Estudio de Palabras del Nuevo Testamento por Vincent.* McLean, VA: MacDonald.

Vine, W.E. *Diccionario Expositorio Expandido de Vine.* Minneapolis: Bethany, 1984.

Walton, John H. *Mapas Cronológicos del Antiguo Testamento.* Grand Rapids: Zondervan, 1978.

Webster's Tercer Nuevo Diccionario Internacional, 3 Vols. Chicago: Enciclopedia Británica, 1981.

Whiston, William, trs. *Los Trabajos de Flavio Josefus, 4 Vols.* Grand Rapids: Baker, 1974.

Wilson, William. Wilson, Antiguo Testamento Estudio de Palabras McLean, VA: MacDonald.

Wootten, Angus. *Restaurando el Reino de Israel.* Saint Cloud, FL: Key of David, 2000.

Wootten, Batya Ruth. *En Búsqueda de Israel.* Lakewood, NY: Destiny Image/House of David, 1988.

_____. *El Arbol de Olivo de Israel.* White Stone, VA: House of David, 1992.

_____. *¿Quién es Israel? Y, ¿Porqué Debe Usted Saber?* Saint Cloud, FL: Key of David, 1998.

_____. *¿Quién es Israel?* Saint Cloud, FL: Key of David, 2000.

Wuest, Kenneth S. *Weust's Palabras de Estudio del Nuevo Testamento Griego.* Grand Rapids: Eerdman's, 1981.

Young, G. Douglas. *Diccionario Bíblico de Young.* Nashville: Masada, 1984.

Young, Robert. *Concordancia Analítica de Young.* Nashville: Thomas Nelson, 1982.

Batya Ruth Wootten

En el 1977, Batya Wootten operaba una compañía de librería/catálogo primariamente financiada por su esposo, Angus. La librería necesitaba alguien que la financiara porque los Wottens se especializaban en materiales y libros sobre Israel, el pueblo judío, cristianos y todo lo relacionado con ello. En aquel tiempo, el interés creado en este asunto era marginal. Algunos aun reaccionaban con hostilidad....

Debido a que Batya sintió la responsabilidad de conocer los materiales que ellos ofrecían, ella se dedicó a leer innumerables libros sobre el asunto de Israel.

Muy a su disgusto, ella descubrió una amplia variedad de opiniones sobre el verdadero papel de Israel en el mundo, su futuro y más importante aun, sobre la identidad de Israel. A lo mínimo, ella se sintió frustrada.

Batya y Angus tuvieron incansables discusiones sobre "Israel." Entonces, encontrándose en angustia espiritual sobre el asunto, Batya en honestidad, le comenzó a gemir a su Padre Celestial, pidiéndole una respuesta, Su respuesta a la pregunta siempre presente, *"Quién Es Israel."*

Al igual que El nos promete respondernos, así el Dios de Israel le respondió. El comenzó a abrirle la Escritura y a satisfacer el gemir de su corazón, lo cual llevó a este libro que usted tiene en sus manos.

"¿Quién es Israel?" representa décadas de estudio, discusión, oración y meditación sobre este asunto crucial. Los lectores, para siempre serán cambiados por la revelación y profundidad contenida en sus páginas. Ciertamente, este libro ayudará a restaurar una hermandad rota hace mucho tiempo atrás

Batya es también la autora de *En Búsqueda de Israel*, y de *El Arbol de Olivo de Israel*. Ella está casada con su mejor amigo, el Coronel (retirado) Angus Wooten, quién a su vez es el autor de un libro nuevo retante, titulado *Restaurando el Reino de Israel*.

Juntos, Angus y Batya tienen diez hijos y catorce nietos. Trabajando de acuerdo, ellos fueron pioneros del Catálogo de la Casa de David (primero en su clase). Este "negocio sin lucro" prontamente se convirtió en un "ministerio sin lucro (5013(c) en el 1982). Este cambio, no solamente de condición jurídica sino también de enfoque, los llevó a la publicación de un boletín informativo mensual, el "*Heraldo de la Casa de David*." También desarrollaron la página de web para el Israel Mesiánico (www.mim.net)— lo que llevó a la fundación de la *Alianza Mesánica Israel*—una alianza de congregaciones, sinagogas, y grupos de hermandad que concuerda con la *Esperanza del Israel Mesiánico* .

Todos sus esfuerzos han servido—y continuarán sirviendo —a desarrollar un mayor entendimiento y sabiduría fresca del DIOS de Israel y Su pueblo escogido.

Lea sus escritos y sea bendecido.

"El que recibe instrucción en la palabra comparta toda cosa buena con quien le instruye" (Gálatas 6:6).

Si a través del estudio de este libro, algo bueno ha sucedido en su vida, por favor escriba y comparta sus buenas nuevas con nosotros.

Escriba a:

Batya Wootten
PO Box 700217
Saint Cloud, FL 34770
e-mail: Batya@ mim.net

Natalie Pavlik

Natalie Pavlik es la esposa de David Pavlik, el Pastor de la Congregación Beit Yisrael, en Orlando, FL. El deseo del corazón de David y Natalie es la restauración de toda la casa de Israel. Ambos sirven en la directiva de, y son muy activos en la Alianza Mesiánica Israelita.

David y Natalie tienen 3 hijos, y 7 nietos.

Ambos siempre están disponibles para ministrar, especialmente a las congregaciones hispanas....

Por favor dirija todas las comunicaciones en español sobre este libro a:

Natalie Pavlik
PO Box 700217
Saint Cloud, FL 34770
e-mail: Natalie@ mim.net

Visite nuestro

Messianic Israel Ministries

website:
http://www.mim.net

House of David

PO Box 700217, Saint Cloud, FL 34770
Phone: 800 829-8777 (Orders Only)
Fax: 407 348-3770
Web: www.mim.net
Since 1977
Ministering to "both the houses of Israel" (Isaiah 8:14)

RESTORING ISRAEL'S
KINGDOM

by Angus Wootten
(Inglés Solamente)

What was the last question Messiah Yeshua's disciples asked of Him?

As they stood there on the Mount of Olives—knowing that He was about to depart—what mattered most to these men? What was the last question they asked of their Teacher? Do we—those who, today claim to be the followers of Israel's Messiah—even bother to ask the question that so mattered to His chosen twelve?

With olive groves serving as a back-drop, these fathers of our faith asked the King of Israel, "Lord, is it at this time You are restoring the kingdom to Israel?" (Acts 1:6).

Why did Yeshua's disciples—who had been trained by Him for more than three years—ask this particular question? Could it be because He had taught them to pray to our Father in Heaven, "Thy Kingdom come, on earth, as it is in Heaven...."? (Matthew 6:10).

Are we a people who are looking to help bring Yeshua's Kingdom here—to this earth? Or, have we lost sight of the vision that burned in the hearts of Yeshua's first disciples? As part of His "chosen people" (1 Peter 1:1; 2:9), have we lost sight of what should be our ultimate goal? For that matter, have we lost sight of our heritage— as part of the people of Israel? Could we be part of the Ephraimite people so long ago blinded to the truth of their Israelite roots? (Genesis 48:19; Hosea 1-2; 8:8; Amos 9:9).

Even as Judah is beginning to see the Messiah, is the veil likewise being lifted from our "partially blinded" Israelite eyes? Do we belong to Israel's "olive tree" in a greater way than previously imagined? (Isaiah 8:14; Romans 11:25; Jeremiah 31:18-19; 11:10,16; 2:18,21). Is that why we are feeling a longing in our hearts for something more? Do we now feel a hunger deep within because the "set time" to restore Israel's Kingdom is upon us? If so, are we prepared to work toward that goal?

ISBN 1-886987-04-1 $14.95 plus shipping

Distributed by: House of David, PO Box 700217, Saint Cloud, FL 34770
1 800 829-8777

RESTORING ISRAEL'S KINGDOM
CONTENTS

ISBN 1-886987-04-1 $14.95 plus shipping

Distributed by: House of David, PO Box 700217, Saint Cloud, FL 34770
1 800 829-8777

Apéndice

Del Reporte de Jerusalén:

Lo siguiente apareció en la edición del 10 de mayo del 1999 en *"The Jerusalem Report Magazine"*. También fue reimprimido bajo el mismo nombre, con permiso, en el *Heraldo de la Casa de David.* Les ofrecemos aquí la mayoría de los pasajes.

Decodificando el Sacerdocio

Nuevas investigaciones genéticas enseñan que la vasta mayoría de los "kohanim," la clase sacerdotal judía, desciende de un solo antepasado—este encuentro ha sido la confirmación científica de una tradición oral pasada de generación en generación por más de 3,000 años.

Excepcionalmente, el "gene" sacerdotal ha sido encontrado en gran frecuencia entre los Lemba, una tribu negra del sureste de Africa, la que por mucho tiempo ha reclamado tener ascendencia judía.

Pascua 5759:

Cientos de miles de judíos llenan la plaza de la amplia Pared Occidental. Cerca de las antiguas piedras, el tumulto de adoradores era sofocante. Hombres cargan pergaminos sobre sus hombros. La voz áspera.... de un rabino anciano, conduciendo la oración, hace eco por el altoparlante. Súbitamente, la línea de hombres más cercanos a la Pared, levanta sus mantos de oración sobre sus cabezas, creando un inmenso dosel.

Estos son los *kohanim*, descendientes de la antigua clase sacerdotal. Están aquí para recitar el *birkat hakohanim*— "Que el Señor te bendiga y te guarde, el Señor haga resplandecer su rostro sobre ti"—las palabras que, de acuerdo con Números 6, el sacerdote usa para bendecir....

La bendición, recitada por cientos de años por el *kohanim*, es el momento más alto de adoración durante la fiesta en la Pared. Es también uno de los remanentes de la multitud de deberes que se llevaban a cabo en el Templo por hombres que, de acuerdo con la cadena de tradición, eran de los padres de los padres, de los padres.

Unos minutos más tarde, en una esquina de la plaza, como a 150 metros de la Pared, la tradición es expuesta a una prueba científica. Lo que luce como un curso de higiene bucal, un grupo de hombres—jóvenes y viejos, askenazis y sefarditas, todos Ortodoxos o ultra-Ortodoxos—se reunen alrededor de una mesa, frotando el interior de sus bocas con un hisopo largo. Cuando terminan, uno de los investigadores, rompe la punta mojada del hisopo y la pone en una pequeña cápsula que contiene una solución transparente.

Estas muestras son coleccionadas como parte de un projecto mundial, que usa los últimos adelantos en tecnología genética, para estudiar el antiguo linaje del.....sacerdocio. Si la tradición es correcta, todos los hombres que recitaban la bendición sacerdotal y sus hermanos en todo el mundo judío, son descendientes directos de Aaron, ungido como primer sumo sacerdote por su hermano Moisés, lo menos 3,000 años atrás.

Ahora, usando las células que estos hombres han raspado de sus mejillas, junto con los de otros *kohanim* en los E.U. y Gran Bretaña, los científicos pueden escudriñar sus cromosomas. Lo que están descubriendo es espectacular: Por lo menos el 70 por ciento de los *kohanim*, (un veinte por ciento de los hombres judíos) tienen el mismo indicador común en sus cromosomas Y, el cromosoma que todos los varones reciben casi intacto de su padre—y de hecho, de su padre, y del padre de su padre, y del padre de su padre antes de él.

La conclusión de la investigación:

La tradición del sacerdocio judío, o *kehunah*, tiene una base genética que señala a un solo antepasado—posiblemente Aaron. Además, este indicador genético sacerdotal puede también ser la firma de la antigua población hebrea, preservada en el *kehunah*, porque es un club cerrado: Usted puede convertirse al judaísmo, pero no se puede convertir al sacerdocio. Este rastro genético.... puede llegar más allá de Aaron, a su tatarabuelo, Jacob, más conocido como Israel.

La abilidad de poder escudriñar en este pasado destrozado, a través de la ventana de la investigación del ADN, puede vástamente expandir lo que conocemos sobre la historia comunal de los hijos de Jacob.

Sin embargo, esto es solamente la mitad de la historia. La segunda mitad es potencialmente aun más espectacular. Porque los científicos han descubierto una comunidad que no es parte de la población normal judía—una tribu sureña Africana llamada Lemba—cuyos miembros exhiben un alto por ciento del cromosoma *kohen*. Y sucede, que Lemba, que por mucho tiempo ha insistido en su ascendencia Abrámica, se da a sí misma el nombre de "judíos negros," y tienen costumbres muy parecidas a ciertos aspectos del *halakhah*.[283]

....Finalmente, es una herramienta científica que puede apoyar el reclamo de tener heredad judía.

Por su parte, los científicos permanecen cautelosos cuando discuten cómo puede ser usado el cromosoma *kohen*. Pero, ellos notan, que aparte de Lemba, no se ha encontrado ningun otro grupo no judío con más de un cinco por ciento de índice del cromosoma. Así, dicen ellos, puede proveer pistas —junto con la evidencia antropológica y etno-gráfica—sobre si existen bases para reclamar tener descendencia de los hebreos o de alguna forma de antepasados hebreos.

---

283 Nota del editor: Código de Ley, ética, moral, judicial, etc.

Como parte de una amplia investigación en "antropología genética" los investigadores están ahora probando los ADN de grupos en Africa, India y el Medio Oriente. En sus análisis, buscan si los indicadores de *kohen* aparecen entre los no judíos.

"Luce como si este tipo de cromosoma era parte de la población hebrea," dice David Goldstein, un experto en el campo de la evolución genética de la Universidad de Oxford. "Si esta inferencia continua, significa que podemos probar los orígenes de ciertos grupos que parecen tener un buen potencial de conexión a la población judía ancestral."

Encontrando el Gene Sacerdotal

Cuatro años atrás, Karl Skorecki estaba sentado en una sinagoga ortodoxa en la ciudad de Toronto, cuando de pronto se le ocurrió una idea. Siendo un *kohen* y también nefrólogo de profesión, Skorecki observaba a sus hermanos *kohen* cuando eran llamados a leer la Torah en el primer *aliyah*, que tradicionalmente es reservado para los *kohanim.* ¿Tengo algo en común con este hombre? se preguntó.,... ¿Existen bases genéticas a la tradición que nos une?

El se dió cuenta que posiblemente podía investigar: Bajo leyes religiosas, la posición de *kohen* es obtenida a través de la herencia patrilineal. Debido a que el cromosoma Y es pasado de padre a hijo, es posible que los *kohanim* compartieran rasgos definidos—esto por supuesto, si todos descendían de una sola fuente.

Skorecki contactó a Michael Hammer, un experto en genética evolucionaria en la Universidad de Arizona, en Tucson, Arizona, y ambos decidieron colaborar.. [Más adelante...Skorecki también se unió a Neil Bradman, presidente del Centro de Antropología Genética de la Universidad Colegio London, quién también trajo la idea de seguir la pista de los *kohanim.*

Así fue como comenzó la colecta de ADN de varones judíos

—*kohanim* y miembros de otras dos clases antiguas, los levitas y los israelitas. El trabajo, bajo los auspicios de las universidades de los respectivos investigadores, es parte de un proyecto aun mucho más amplio, el Programa de Diversidad Humana....principalmente conducido en Inglaterra y en los E.U., el cual analiza el desarrollo de (comunidades)....

En su primer estudio, Skorecki, quién ahora reside en Haifa, donde trabaja como director del departamento de nefrología en el hospital Rambam, y en el personal de Technion, revisó el cromosoma Y de 188 varones judíos, mitad *Askenazi y mitad Sefardita*... Las muestras incluyeron a *68 kohanim*. Los resultados apoyaron su genial idea: Más de la mitad de los *kohanim* tenían un grupo común de indicadores en su cromosoma Y. El indicador también fue encontrado entre el 10 y el 14 porciento de israelitas y solamente entre un pequeño porcentaje de los levitas.

"Al principio yo estaba preocupado que esto fuera solo un artfacto de muestra (un resultado de casualidad del grupo escogido) por la alta frecuencia," dijo Hammer...."Fue increiblemente exitante encontrar rastros paternales, características heredadas de 40 a 50 generaciones, tres o cuatro mil años de historia. Esta es la primera vez que hemos podido hacer una correlación con el registro etnográfico en esta escala de tiempo. Algunas personas guardan registros que datan tres, quizás cuatro generaciones. ¡Pero, 50 generaciones!"

Desde sus conclusiones iniciales, los investigadores han identificado indicadores adicionales....Otros estudios.... han demostrado, que el incidente de estos indicadores de cromosomas Y en el sacerdocio, excede quizás al 70 o al 80 por ciento.

Para Skorecki, la conclusión es clara: "La tradición oral del sacerdocio," dijo él, "tiene un ADN o equivalente genético. La información científica confirma que la vasta mayoría de los varones judíos que se identifican como *kohanim*, son descendientes de un común antepasado varón quién fundó una dinastía patrilineal consistente con la tradición del sacerdocio judío..... Esto sería igual a si se encontrara un remanente de las ropas usadas por la familia sacerdotal, y como si usted hubiera estado en el Sinaí y hubiera encontrado algún remanente del aceite ceremonial de Aaron."

Los resultados también señalan a otra conclusión—ha existido un alto grado de fidelidad entre las esposas de los *kohen*. Si alguna de ellas, hubiera tenido un varón, resultado de relaciones extra maritales con una persona que no era *kohen*, la linea geneológica sacerdotal hubiera sido interrumpida. "No quiere decir que ha existido tal grado de fidelidad entre las esposas de los que no son *kohanim*," dice Skorecki asegurando, "simplemete no podemos probarlo."

La próxima pregunta que los investigadores hicieron fue la de establecer una fecha de origen al *kehunah*. Puesto que el cromosoma *kohen* ha sido encontrado tanto entre los sefarditas como los askenazitas, el origen del sacerdocio puede ser datado, por lo menos, desde la división de las comunidades judías, sucedida siglos atrás. Pero ¿ es posible datarlas más atrás, durante los tiempos cuando Aaron fue supuestamente ungido como Sumo Sacerdote?

Goldstein Entra A La Escena....

Entra Goldstein, el experto en Evolución Genética de Oxford. Usando un método para data genética basado en el ritmo de mutación de ciertas partículas del cromosoma Y, Goldstein llegó a un estimado consistente con la tradición oral de 3,000 años de antiguedad (Goldstein nota que un americano de 34 años de edad que se identifica como judío secular, es israelita pero también tiene el gene *kohen*].)

Mientras que él es cauteloso en señalar que la metodología no es a prueba de error, Goldstein dice que, "con cierto grado de certeza, podemos descartar un origen reciente."

Los investigadores no pueden usar su método para probar ascendencia común a todos los judíos: No solamente han habido conversiones a través de los siglos, sino que también la membresía en el pueblo judío es matrilineal, haciendo imposible el uso del cromosoma Y. Pero, la existencia del gene *kohen* entre los grupos no judíos es, a primera vista, una pista de que algunos de sus miembros también descienden de esta fuente única del sacerdocio.

Los Descendientes Negros de Abraham

Arropados al pie de las colinas de Soutpansberg en la región norteña de Sur Africa, rodeados de lychee, mango, y árboles de guayaba, campos tras campos de un verde brillante sembrados de te, descansa el remanente de la aldea de los Lemba. Levantándose sobre la yerba alta se ve una escuela antigua de ladrillos rojos de un solo cuarto; cerca se puede divisar un pequeño cementerio.

John Mbangambanga Mulungwa Haji, el líder de los Lemba en la región, es el único habitante remanente de la aldea. El rehusó mudarse cuando el gobierno blanco apartheid expulsó a los negros de la región en el 1964....

De acuerdo con la tradición oral de los Lembas, ellos son descendientes de Abraham, una tribu perdida que emigró algunos 2,500 años atrás a...Zimbabwe y Sur Africa. Hoy día se estima alrededor de 50,000 a 70,000 Lembas en ambos países.

Los Lemba, la mayoría cristianos, generalmente no ven contradicción en creer en Jesús mientras insisten ser judíos. Pero también insisten en que su afiliación religiosa no es tan importante como su historia ancestral.

Haji, por ejemplo, es un presbiteriano devoto. Una foto de colores brillantes de Jesús y María con la inscripción "Jesús es la Luz del Camino," cuelga en la pared de su sala. "Yo soy cristiano de religión, pero soy judío de nacimiento" dice él." "Mis antepasados eran judíos. Y eso es lo que soy." Hoy día, unos cuantos estan adoptando más prácticas religiosas judías....

El cuento de los Lembas no es poco comun. No faltan grupos,.....en el mundo entero, por ejemplo los Kashmiris, o los Chiang-Min en la frontera de la China y Tibet, o los Ibo de Nigeria—quienes afirman herencia judía, o creen ser descendientes de las Diez Tribus Perdidas, que desaparecieron después de la conquista del Reino del Norte de Israel por Asiria en el siglo 8 A.C, que fueron dispersadas entre las naciones, y que reclaman herencia judía, o creen que son.

Evidencia Cosquilladora

Pero ahora, hay una evidencia cosquilladora que parece apoyar el reclamo de descendencia judía de los Lembas. Los varones Lemba despliega una alta indicación del cromosoma *kohen*. Es más, el Buba, un clan antiguo de los Lemba, despliegan una indicación mucho más alta del cromosoma, un 8.8 por ciento—una frecuencia similar a la de los israelitas (varones judíos), casi un 53.8 porciento se han probado descendientes.

De acuerdo con la tradición Lemba, al clan de los Buba, se le dio el nombre por la persona que los sacó de Judea. "Buba significa Judá," dice Efraín Selamolela, un Buba rico de la región norteña, el cual se da a sí mismo el nombre de Sela (hebreo que significa roca). "Somos igual que los Lemba," dice Sela, "pero nuestras narices y color de piel son diferentes. Los Buba tampoco se casaron con otros grupos raciales. Nos casamos con primos. Somos como una clase de familia real."

Tudor Parfitt, el director del Centro de Estudios Judíos en la Escuela de Estudios Orientales y Africanos de la Universidad College London, por mucho tiempo ha seguido la pista de los Lemba. El fue la estrella de un documental recientemente salido al aire en la televisión inglesa.....en el cual—en su Landrover blanco, recorrió la misma ruta migratoria de la historia oral de los Lemba—de Sur Africa, de regreso a Zimbabwe, Mozambique, hasta Yemen. En el camino, excitosamente persuadió a los jefes de Lemba a que dieran muestras bucales para el ADN...el mismo método usado en la Pared Occidental.

"Los Lemba quienes viven en casuchas de barro y hablan el lenguaje Bantu," dice Parfitt, "son de un origen diferente (a sus vecinos). Tienen origenes semíticos y, ahora hemos aprendido llevan un aplotipo (indicadores genéticos) raramente encontrados en Africa, pero encontrado entre los sacerdotes judíos. A menos, suena intrigante."

Una posible explicación para la presencia del cromosoma kohen entre los Lemba ha sido, las relaciones sexuales que tuvieron los marineros judíos que llegaron en barcos mercantiles portugeses cientos de años atrás con las mujeres de los Lemba. Pero, Parfitt dice que es posible que algunos de los antepasados de los Lemba eran judíos que vivieron en el sureste de Arabia, probablemente antes del siglo 13 CE....

Goldstein dice: "Existe una definitiva contribución semítica en los Lembas. Esto sugiere que el aplotipo llegó a los Lemba de una fuente judía....con una condición: Todavía no hemos confirmado la existencia de una fuente no semítica que contribuyera a ese tipo de cromosoma."

Uno de los pocos Lembas que han puesto pie en el moderno Israel es Matshaya Mathivha, presidente de la Asociación Cultural de los Lembas....El ha visitado dos veces siempre con la esperanza de regresar al año siguiente.

Mientras que la mayoría de los Lemba no expresan un deseo activo de mudarse a Israel, su líder es different. "Toda persona debe tener su lugar de orígen," dice Mathivha, quién tiene cuadros de un anciano de la tribu vestido con pieles de leopardo, junto con una tapiz de Jerusalén en una pared de su casa, al igual que tiene tarjetas de Hanukkah, una pequeña menorá y una madera tallada con la palabra "shalom" sobre una repisa. "Esto es lo que hace a una persona. Y este es nuestro lugar de orígen Cuando vamos a

Palestina nos sentimos mucho mejor....Me siento como en mi hogar."

La devoción de Mathivha's por la Tierra Santa puede consternar a las autoridades israelitas con pesadillas de multitudes de "judíos perdidos" descendiendo al aeropuerto de Ben Gurion, principalmente de los países tercer mundistas.

Pero, por supuesto, pensar que los Lemba puedan ser reconocidos como judíos y permitirles establecerse en Israel requiere un brinco imaginario: primero, el estado y las autoridades religiosas tienen que aceptar las pruebas genéticas como bases para determinar quién es un judío, segundo, que acepten la descendencia patrilineal, puesto que el cromosoma Y es heredado del padre.

Bradman dice que el grupo investigador recibió una carta del consejero del Sumo Rabino Inglés Jonathan Sacks, donde dice que él rehusa la prueba genética para determinar la descendencia judía. Presumadamente, el jefe rabino de Israel tendrá la misma respuesta. El asunto de "Quién es un judío" dice Bradman, "es un asunto para los rabinos. No para los científicos."

Skorecki añade: "Existe dificultad en establecer conecciones genealógicas basado en la descendencia matrilineal"...

"Y me alegro que así es. Esto pudiera abrir una caja de Pandora, lo cual está muy lejos de la intención de los sabios. Sería peligroso, porque muchas personas comenzarían a pensar en alguna clase de prueba biológica (para determinar su judaísmo). Esto suena terrible. Por eso, yo creo que fue visionario del Talmud y del halakhah el no opinar de estos asuntos. Ser judío es un estado espiritual metafísico. ADN es una característica física, como el tamaño de la nariz. Al igual que no nos atrevemos a decir que vamos a determinar quién es judío por el tamaño de su nariz. De la misma manera, no vamos a determinar quién es judío por la secuencia de su ADN."

Mathivha sonó desafiante cuando se le sugerió que las autoridades rabínicas en Israel no iban a reconocer a los Lembas como judíos. "No nos pueden negar la historia y el origen. Cuando hay guerras en Israel, nuestra simpatía se encuentra con ellos, porque son nuestros hermanos y hermanas. Estamos aquí en Africa, aquí nos hemos establecido.....hemos desarrollado una comunidad. Pero somos judíos de Palestina, gústele o no a los judíos en Israel." Al presente, Bradman también está analizando data de una variedad de grupos judíos. Estos incluyen a las aisladas comunidades como Beta Yisrael (Judíos de Etiopia) Bene Israel de la India, junto con judíos de Iraq, Moroco, Yemen y Bukharan.

En general, says Goldstein, él y sus compañeros investigadores no han encontrado el cromosoma *kohen* en grandes cantidades de las poblaciones no judías que han analizado, tales como los palestinos, ingleses y griegos. "Si este patrón continua—esto es, si no lo vemos en poblaciones que no tienen asociación cultural con las judías," dice él, "entonces lo podemos usar como una cierta firma de algun tipo de asociación étnica con las poblaciones judías."

¿Quién es Un 'Kohen'?

En una de las calles complejas del barrio de la Antigua Ciudad de Jerusalén se encuentra la pequeña Yeshivat Kohanim, donde alrededor de 10 miembros de la casta sacerdotal estudian los diferentes deberes y rituales que hacían sus antepasados en el Templo, antes de haber sido destruído, los cuales ellos creen que tendrán que hacer de nuevo cuando se reconstruya. Vestido con traje oscuro, y yarmulke negra, el rabino americano Ya'akov Kleiman se entusiasma sobre la revelación del cromosoma *kohen* de la que él dice es una señal que la redención se acerca. "No puede ser coincidencia, dice Kleiman—él siendo kohen y co-director del Centro de Kohanim estacionado en Jerusalén, cuyos proyectos incluyen una base de datos internacionales de la casta sacerdotal—que uno tiene tantos eventos significativos juntos: la reunión de tantos judíos, y ahora el gene *kohen*."

"Esto es poderoso," dice él. "Demuestra que el linaje de los *kohanim* es verdadero. El final es la redención y parte de ella es el funcionamiento del Templo. Ahora vemos, que el exilio está terminando. No somos mesiánicos y no estamos empujando el tren, pero está caminando. Este gene enseña que Dios guarda sus promesas. Que no continuaremos permanentemente esparcidos."

"También enseña que hemos guardado nuestra promesa a El," exclama Moshe Tenner, un dentista de Manhattan que estudia en la Yeshivah. "El creador de esta herramienta, de este indicador genético, es Dios. Esto probablemente regresará hasta Shem (de acuerdo con Génesis, el hijo mayor de Noé y progenitor de los pueblos semíticos). Esta es una herramienta que El ha puesto en nosotros para desenredar. No es coincidencia. ¿Qué? ¿La idea le vino de súbito a la cabeza de Skorecki?"

Kleiman, quién fue probado positivo de cromosoma *kohen*, está trabajando en el registro de los *kohanim*—"Tal registro existía en los días del Sanhedrin," dice él — junto con sus colegas *kohen* de los E.U. y Francia. Más sin embargo, él insiste que cuando se trata de determinar el estado sacerdotal, la llave no es la genética sino la tradición. Cuando se le preguntó cómo se sintió cuando recibió los resultados de su exámen, se sonrió, "me dió un fuerte sentir de seguridad," dijo él. Pero repitió: "la tradición determina, no la prueba."

Aparentemente no todos los *kohanim* lo ven de la misma manera. Tanto Skorecki como Hammer han recibido llamadas telefónicas de *kohanim* que quieren hacerse la prueba. Los pedidos han sido casi todos de miembros de la casta que se quieren casar con divorciadas o convertidas—ambos prohibidos para los *kohanim*—y desean saber si verdaderamente poseen el cromosoma *kohen* (Skorecki también ha sido cuestionado por la autoridad rabínica principal del mundo ultra-ortodoxo, queriendo saber más sobre sus encuentros).

Científicos Ansiosos

Pero los científicos, también están ansiosos de señalar que la prueba de ADN no puede sustituir la tradición oral en determinar si una persona es *kohen* o no. Esto es, porque hay *kohanim* que no exhiben el cromosoma sacerdotal, al igual que hay varones judíos que no son *kohanim* que lo exhiben. "Probablemente nunca llegaremos a un 100 porciento," dice Hammer, en el asunto de la prueba. "Pero, esto es una bendición."

La infidelidad de una, o más de una, de las esposas de los *kohen* es una posibilidad para explicar el porqué todos los *kohanim* no poseen el gene indicador. También existe la posibilidad de que en algun tiempo en la historia judía, por razones inciertas alguien declaró tener el estado de *kohen*, y sus hijos continuaron la tradición.

De la misma manera, la presencia del gene sacerdotal entre los israelitas puede ser el resultado de una emanación del cromosoma de *kohanim* a israelitas. Esto, como resultado de infidelidad por *kohanim*, o por el *kohanim* contrayendo matrimonio con mujeres prohibidas a ellos, dando hijos que no son considerados miembros de la clase sacerdotal....

El cromosoma *kohen* también ha sido encontrado con baja frecuencia entre algunos grupos no judíos, como los griegos. Esto no sorprende a los científicos. "Esto puede ser como resultado del linaje compartido antes de Abraham," dice Hammer, "la herencia genética de los hombres judíos pre-datan el advenimiento del (judaísmo)....y algunos de estos linajes existían en grupos que habitaban cerca de donde se originaron los antepasados judíos."

Considerando la lucha amarga y altamente divisoria sobre el asunto de "¿Quién es judío?" es probablemente fortuito que la firma genética de *kohen* pueda servir solamente para identificar positivamente, y no podrá ser usada para determinar que un grupo específico no es judío. Después de todo, si un grupo no exhibe una alta frecuencia del cromosoma *kohen*, no significa que no puede reclamar ser judío, puesto que la vasta mayoría de los hombre judíos no la poseen.

Y, además, los *kohanim* son solamente una pequeña sección del pueblo judío. Es completamente posible, por ejemplo, que los antepasados de una aislada comunidad judía no incluyera *kohanim*—o que todos eran conversos.

Alerta a los posibles tonos raciales que algunos quisieran atribuir a sus conclusiones, Skorecki ansía señalar que el cromosoma *kohen* no es más que una característica biológica. En ninguna manera, él aclara, confiere características especiales a los miembros del sacerdocio.

"Cuando le hablo a grupos de judíos religiosos," dice Skorecki...." siempre trato de enfatizar esto. Cito del Talmud—que el gran atributo de Aaron es que fue un hombre de paz.... quién trató de reconciliar diferencias. Y es interesante que en el Talmud hay una referencia de Hillel 'Sead un estudiante de Aaron. Amad la paz y perseguirla' No dice sead descendencia de Aaron. Para mí, esto significa que estos atributos son adquiridos, no heredados y que cualquiera puede desarrollar los atributos de Aaron. No hay monopolio genético en ellos."

La Mágia del Y

Para perseguir el pasado, los investigadores genéticos dependen de indicadores de cromosomas humanos. Estos indicadores son ampliaciones del ADN que no aportan ninguna instrucción al cuerpo—no afectan como lucimos o funcionamos—pero varían de una persona a otra. Pero persiguiendo estos indicadores presenta un problema: Durante la reproducción, los genes de la madre y del padre son mezclados, o recombinados, como cartas en dos barajas. Así es que, el indicador en uno de los cromosomas de una persona, puede venir de cualquiera de los cuatro abuelos, o de cualquiera de los 16 bisabuelos de ella.

Con una excepción: el cromosoma Y. Los genes son ordenados en 23 pares de cromosomas; uno de estos pares determina el sexo. La hembra recibe un cromosoma X de cada padre; el varón recibe un cromosoma Y del padre, y un cromosoma X de su madre. La mayoría del material en el cromosoma Y no se recombina porque no existe otro igual para poderse mezclar. En principio, el cromosoma Y de un hombre debe ser idéntico al de su padre y del padre de su padre.

Pero, al pasar las generaciones, todo gene cambia o transforma ligeramente. De hecho, con el pasar del tiempo, resulta cierta acumulación de diferencias en la secuencia del ADN del cromosoma. Y en los hombres. En algunos lugares, del cromosoma Y, un "cambio estable" puede ocurrir, creando un indicador fijo. En otros lugares, pueden ocurrir mutaciones en frecuencia relativamente rápida que los científicos pueden determinar.

Al encontrar indicadores fijos de cambios únicos—un aplotipo—en el cromosoma Y, —se demuestra que todo hombre que lo comparte, comparte un antepasado paternal. Después, estudiaron los lugares donde repetidas mutaciones han ocurrido. Mientras más diferencias se encuentren entre estos hombres, más lejano en tiempo vivió su antepasado compartido.

Mirando a los *kohanim*, los investigadores encontraron un número de aplotipos. Conclusión: Comparten un mismo antepasado.

Cuando investigaron las repetidas mutaciones, e hicieron los cálculos matemáticos, la respuesta fue intrigante:

aparentemente, el padre de todos los *kohanim* vivió cerca de 3,000 años atrás, justamente cuando la historia judía ubica a Aaron el sumo sacerdote.

Boletín---De Los Alrededores—¿Genealogía Judía?

Shinlung: un grupo de tribus en el noroeste de la India, en Burma, Tailand, y Bangladesh tienen unos 1.5 millones de miembros que trazan sus antepasados a la tribu bíblica de Manasés. Ellos llaman Y'wa a su deidad, y tienen su propia historia del Exodo, sus días festivos corresponden a las fiestas judías, y muchos dicen que quieren inmigrar a Israel siguiéndole los pasos a unas cuantas decenas de ellos.

Telugu: Algunas 30 familias de la aldea India de Kottareddipalem, quienes se han convertido al judaísmo, creen que sus antepasados pertenecían a la tribu perdida de Efraín.

Iddao Ishaak: Esta pequeña tribu, que declara ser de orígen judío, habitan en el Valle Asakrei en Nigeria.

Kaifeng: Descendientes lejanos de los judíos chinos de Kaifen, todavía se marcan "judíos" como identidad étnica en el censo gubernatorial. Algunos creen que sus antepasados descendían de una de las tribus perdidas de Israel que se establecieron entre el Tibet y Szechuan.

Pathans: De los 15 millones de Patans, musulmanes Sunni, consiste en un 40 por ciento de los afganos y también habitan en Pakistan, algunos se dicen ser "Bani Israel" y se consideran descendientes de los israelitas que encontraron un hogar en el antiguo Indostán.

Americanos nativos: Los Mormones creen que los americanos nativos eran una de las tribus perdidas de Israel cuyos antepasados hebreos zarparon a las Americas antes de la caída de Jerusalén en el 586 A.C.

Cristianos: Una doctrina que evolucionó del Sionismo Cristiano y del Judaísmo Mesiánico, basada en una nueva interpretación de la Escritura, afirma que la mayoría de los verdaderos cristianos son descendientes de las Tribus Perdidas de Israel. [Enfasis Añadido.]

Los Ingleses: Algunos creyentes protestantes todavía endorsan una teoría popular de la Reforma, en la que los Ingleses son una tribu perdida de Israel, y por tanto "el pueblo escogido" de Dios.

Hebreos negros: Algunos 2,000 americanos-africanos, expatriados de Detroit y Chicago, ahora residen en Dimonah en el Negev de Israel, y creen que son descendientes de la tribu bíblica de Judá.

Compilado por Tibor Krausz

Reproducido Con Permiso:
The Jerusalem Report
P.O. Box 180, Jerusalem, 91017, Israel
http://www.jrep.com   Fax: 972-2-629-1037

De: PBS NOVA Online:

El cromosoma Y también guarda el tiempo....examinando las diferencias del cromosoma Y en los Cohanim, los investigadores ahora pueden estimar cuantas generaciones atrás los miembros del sacerdocio compartieron un antepasado común.. ...La evidencia sugiere que los cromosomas del Cohanim, se conectan a la fecha correspondiente cuando se piensa que el sacerdocio comenzó.. De acuerdo con los recuentos bíblicos, el....sacerdocio comenzó cerca de 3,000 años atrás cuando Moisés ungió a su hermano mayor Aaron....Desde entonces, a través del tiempo, el estado sacerdotal ha sido pasado de padre a hijo...."

"NOVA Online: Lost Tribes of Israel / Why the Y Chromosome," accessed 07 June, 2000 <http://www.pbs.org/wgbh/nova/israel/familyy.html>

De: *NoticiasABC: Raíces en el Medio Este*
Un Cromosoma Compartido Ilustra el Mapa Genético del Pasado

por Maggie Fox Washington, 9 de mayo ....Michael Hammer [Universidad de Arizona, Tucson] y colegas...compararon los genes de más de 1,300 hombres de 29 diferentes pueblos....Estos incluyeron siete diferentes tipos de grupos judíos—los askenazitas (Europeos), romanos, africanos del norte, kurdos, iranies, yemenitas y judíos etíopes.... los investigadores examinaron el cromosoma Y, el cual solamente los varones tienen y el que es pasado de padre a hijo con muy poco cambio.... El Dr. Harry Ostrer, [Director, Genética Humana, Universidad de la Escuela de Medicina en Nueva York)....dijo....."Y todos han preservado sus raíces genéticas del Medio Oriente, por más de 4,000 años.

Yair Davidy, Autor de "Las Tribus" Dice:

"Yo creo que las Diez Tribus Perdidas fueron hacia el oeste de Europa y se asimilaron entre los pueblos de allí. En su final, el análisis del ADN o algo parecido, hasta cierto grado deberá confirmarlo." Mayo/2000 britam@netvision.net.il (yair davidi)

Shalom b' Yeshua!

Notas

Notas

Notas

Notas

Notas

Notas

Notas

Notas

Notas

Notas

—Who Is— Israel?

Enlarged/Expanded Edition

by Batya Wootten

This phenomenal book is causing a stir among Bible Believers! Could it be that it is serving as a harbinger of the greatest change in Messiah's Body since the Reformation? Read this Enlarged Edition and find out why so many are getting so excited!!

Who is Israel? Why do *you* even need to know? Because knowing who you are and where you are going is vital to your relationship with the GOD of Israel.

You need to read this book because it will: Inspire and encourage you, even change your life — Help you discover your own Hebraic Heritage — Put your feet on the road to Zion. Read this Scriptural account of Israel and understand: Israel, the Church, the Bible — The mystery of the "fulness of the Gentiles" — The "blindness of 'Israel'" — The Father's master plan for Israel — This guidebook will explain why you: Feel something is "missing" in your life — Have an unexplainable love for Israel and Jewish people — Feel an urge to celebrate the feasts of Israel.

This handbook will help you to: Move from religion to relationship — Unmuddle the muddled doctrines of Christianity — Properly intercede for "all Israel" — Remove the stones from Israel's road home — Live the *Shema*, the heart of New Covenant faith — Fulfill the latter-day desires of the Father's heart. The Biblical truths unveiled in this volume will help: Put an end to "Christian" anti-Semitism — Heal divisions in the Body of Messiah — Cure the plague of "Believer's Boredom" — Relieve "rootlessness" in non-Jews who love "Israel." This book: Leads us back to our First Love — Lifts up Messiah Yeshua — Gives Him His proper place — Shows how He is the epitome of all that is "Israel." The revelation that unfolds on these pages will enrich your relationship with the Holy One of Israel; it will lead Jewish and non-Jewish Believers (Judah and Ephraim) to become the promised "one new man."

Read them and be blessed.

Contents:

ISBN 1-886987-03-3
$14.95 plus $3.75 shipping for delivery in the U.S.
Key of David, PO Box 700217, Saint Cloud, FL 34770
1 800 829-8777
www.mim.net